高职高专经济管理类通用教材

基础会计

JICHU KUAIJI

刘生华 ◎主 编
吴梅 虞依娜 李立新 ◎副主编

暨南大學出版社
JINAN UNIVERSITY PRESS

中国·广州

图书在版编目（CIP）数据

基础会计/刘生华主编；吴梅，虞依娜，李立新副主编．—广州：暨南大学出版社，2011.6
（高职高专经济管理类通用教材）
ISBN 978-7-81135-595-6

Ⅰ.①基…　Ⅱ.①刘…②吴…③虞…④李…　Ⅲ.①会计学—高等学校：技术学校—教材
Ⅳ.①F230

中国版本图书馆 CIP 数据核字（2010）第 155920 号

出版发行：暨南大学出版社

地　址：中国广州暨南大学
电　话：总编室（8620）85221601
营销部（8620）85225284　85228291　85228292（邮购）
传　真：（8620）85221583（办公室）　85223774（营销部）
邮　编：510630
网　址：http://www.jnupress.com　http://press.jnu.edu.cn

排　版：广州市天河星辰文化发展部照排中心
印　刷：广州怡升印刷有限公司

开　本：787mm×1092mm　1/16
印　张：16
字　数：380 千
版　次：2011 年 6 月第 1 版
印　次：2011 年 6 月第 1 次
印　数：1—2000 册

定　价：29.00 元

前　言

2006 年，财政部颁发了《企业会计准则》基本准则和 38 项具体准则，同年 10 月，财政部又颁发了《企业会计准则——应用指南》，标志着我国会计准则与国际会计准则日益趋同，昭示着我国会计发展进入了新的历史发展时期。新的企业所得税法也从 2008 年 1 月 1 日起执行，增值税从 2009 年 1 月 1 日起在全国范围内实行转型，由生产型增值税转为消费型增值税。税法在变，会计法规也在变。作为会计基础知识的《基础会计》，本教材在编写时及时反映了我国会计理论、会计理念和会计实务等方面的新变化，以会计法律、法规和税收法律、法规为准绳，全面阐述了会计核算的基本理论、基本方法和基本技能，突出了会计工作的科学性、系统性和实用性。

结合教育部对高职院校“校企合作，工学结合”的要求，适应高职院校教学模式改革的新形势，满足高职院校培养学生职业能力的要求，本书突出的特点如下：

第一，科学设计核算体系。在理论上，对基本概念均按照新准则的要求表述并作相应解释；在方法上，以会计核算方法为主线构成会计循环工作程序。

第二，系统编排全书内容。以理论提纲、以方法贯通，强调技能训练与动手能力的培养。按照从填制和审核凭证、登记账簿到编制报表的工作程序设计内容，做到了形式与内容的有机统一。

第三，突出体现职业特点。根据高职毕业生就业岗位的实际状况，以会计岗位的各种业务为主线，注重内容的实用性和针对性，体现职业教育课程的本质特征。通过案例引入、学做合一、能力训练等手段，培养学生动手能力。

全书由广东轻工职业技术学院刘生华任主编，广东轻工职业技术学院吴梅、广东白云学院李立新、华南农业大学虞依娜任副主编。全书的具体分工如下：广东轻工职业技术学院周莹萍编写第一章，刘生华编写第二章至第四章；吴梅编写第五章、第十一章；李立新编写第六章；虞依娜编写第七章；广东轻工职业技术学院彭焕文编写第八章、第九章；广东轻工职业技术学院方贵仁编写第十章；广东轻工职业技术学院叶枫编写第十二章。全书由刘生华编写提纲并总纂定稿。

本书参考引用了国内诸多学者的观点和有关资料，在此谨向相关学者表示衷心感谢！由于编写时间仓促，加之水平有限，书中错漏之处在所难免，恳请广大读者和同行专家批评指正。

编　者

2011 年 2 月

目　录

官职的设置，如“司会”，掌管钱粮赋税收支，“以参互考日成，以月要考月成，以岁会考岁成”，类似今天的旬报、月报和年报；西汉与东汉时账簿产生，如“草流”和“誊清簿”，设“钱谷账”；唐宋时期创建了“四柱清册”，即“旧管+新收-开除=实在”，类似于今天的期初余额+本期增加发生额-本期减少发生额=期末余额；明末清初创建“龙门账”，把全部账目分为四部分，它们之间的关系为：“进-缴=存-该”，分别相当于现代会计的收入、支出、资产和负债，期末编制“进缴表”（资产负债表）和“存该表”（利润表）。我国在清朝后期从国外引进了借贷复式记账法。

2. 近代会计

一般认为近代会计始于复式簿记形成前后。1494年，意大利数学家卢卡·帕乔利在《算术、几何、比及比例概要》中专门阐述了复式记账的基本原理，这是会计发展史上第一个里程碑。

复式簿记首先出现在意大利，随后传播至荷兰、西班牙、葡萄牙，又传入德国、英国、法国等。工业化革命后，会计理论和方法出现了明显的发展，完成了由簿记到会计的转化。

（1）折旧的思想。

在工业革命出现以前，耐用的长期资产比较少，商人们一般都是将耐用财产在报废时一次性冲销，或者将耐用财产当作存货（未销售的商品），继而在年终通过盘存估价增减业主权益。但是随着长期资产的日益增多和在生产经营过程中的重要性日益突出，人们逐渐意识到传统的做法已经无法正确地确定盈亏，因此长期资产应该在其经济寿命期内采取一定的方式进行分摊，“折旧”概念便应运而生了。

（2）划分资本与收益。

企业规模日益扩大，投资者与经营者日益分离并更加关心投入资本的报酬。因此，必须将业主的投资与投资报酬收益进行严格的区分，使得会计人员必须严格区分收益性支出与资本性支出，同时也要求进行收入与成本费用的恰当配比，更使收益表成为对外披露的重要报表之一。

（3）成本会计。

重工业的发展与生产规模的扩大使企业的制造费用激增，成为产品成本一个不容忽视的组成部分。同时，伴随着企业生产日益复杂化，制造程序与费用的归集与分配也相应复杂。这些变化都为成本会计制度的出现提供了契机。最终，以存货的计价作为突破口，形成了以历史成本为基础的成本会计核算方法。

（4）财务报表审计制度。

所有者与经营者的分离日益明显。作为不参加企业日常经营管理的所有者，必然关心投入资本的保值、增值情况，因此要求管理当局定期提供反映企业财务状况、经营成果的财务报表。但是又由于管理当局与所有者之间微妙的利益对立关系，同时也由于两者之间的信息不对称，使得所有者（可能并不具备会计专业知识）对管理当局提供的财务报表不可能完全信任，所以希望能够由客观、中立的会计师进行验证，以增加财务报表的可信程度，这就形成了财务报表审计制度。

1854年，苏格兰成立了世界上第一家特许会计师协会，这被誉为是继复式簿记后会计发展史上的又一个里程碑。

3. 现代会计

会计科学在20世纪30年代逐步形成了为企业内部经营管理提供信息的管理会计体系，管理会计的产生与发展，是会计发展史上的一次伟大变革，从此，现代会计形成了财务会计和管理会计两大分支。在以“公认会计准则”（General Accepted Accounting Principles，GAAP）的“会计研究公报”（ARB）的出现为起点的这一会计发展阶段中，会计理论与会计实务都取得惊人的发展，标志着会计的发展进入成熟时期。

其一，公认会计准则：1929—1933年的经济危机起到了催产作用。经济危机过后，人们认为松散、不规范的会计实务是经济危机爆发的主要原因之一。为了挽救会计职业，会计界认为必须着手制定会计准则。1934年，第一批会计准则得到纽约证券交易所和会计师协会的共同认可，这批准则共包括六项内容：①利润必须实现；②资本盈余不得用以调剂任何一年的当年收益；③子公司并购前存在的盈余不得算作母公司的已赚取盈余；④公司职员的应收票据与应收账款单独列示；⑤库藏股股利不得作为收益；⑥捐赠资本不作为盈余。

1937年，证券交易委员会（SEC）开始公布与上市公司信息披露有关的法规《会计系列公告》（Accounting Series Releases，ASR），并在ASR No.4中将制定会计准则的权利赋予会计职业界，而证券交易委员会则保留有监督权与最终的否决权。以后，会计准则制定团体先后经历了“会计程序委员会”（CAP）、“会计原则委员会”（APB）以及现在的“会计准则委员会”（FASB）。其中，FASB自成立以来，迄今已经公布了133份财务会计准则公告（SFA Cor-FAS）。

其二，会计理论与会计实务都取得可喜进展：除了公认会计准则的出台外，新的会计分支——管理会计逐步形成与发展。早期的管理会计主要体现为执行性管理会计，侧重于标准成本、预算控制和差异分析。从20世纪50年代开始，管理会计逐渐由单纯的执行性管理会计阶段过渡到以“决策与计划会计”和“执行会计”为主体、把决策会计放到主要位置的现代管理会计阶段。管理会计从传统的、单一的会计系统中分离出去，是会计发展史上第三座里程碑。

其三，会计研究方法得以拓展。20世纪70年代以前，规范性会计研究法占据主导地位，之后实证会计研究开始出现并逐渐取得了与传统会计研究方法共领风骚的地位。

两种方法的有机结合逐步实现了“实践—理论—再实践”这样一种不断循环往复的科学研究思路，从而既保证了会计理论体系的逻辑一致性，也能使会计理论在实践中经受检验，避免了“空中楼阁”式的尴尬。

二、会计的含义

会计作为经济管理的重要组成部分，是适应社会生产的发展和管理需要而不断发展和完善的。在社会生产中，会计一方面对生产过程中人力、物力的消耗及劳动产品的数量进行记录、计算；另一方面还要对生产过程的耗费和劳动成果进行分析、控制和审核，以促使人们节约劳动耗费，提高经济效益，确保公平合理的收益分配。正是因为在社会生产中人们就注意到提高经济效益的重要性，客观上就需要有一种以经济数据的记录、计算、分析、控制、审核为中心的经济管理工作。会计就是在这种需要的基础上应运而生并发展成为一种以对生产经营活动进行核算与监督的价值管理为主要特征的经济管理活动。

会计的含义可概括为：会计是经济管理的重要组成部分，它是以货币为主要计量单位，对企业、事业、行政单位的经济活动进行核算和监督，讲求经济效益的一种管理活动。上述概念中，会计是一种管理活动，这点是会计的本质；核算和监督是会计的基本职能；讲求经济效益是会计管理的目的。

三、会计的职能

会计的职能是指会计在经济管理过程中具有的功能。马克思认为，会计是对“过程的控制和观念的总结”——即对经济活动的核算与监督。核算与监督是会计的两大基本职能。在社会主义市场经济条件下，每个企业都是一个自主经营、自负盈亏、自我发展和自我约束的经济实体和市场竞争的主体。市场竞争的法则是优胜劣汰，每个企业只有遵照价值规律的要求，依据市场需要生产、出售产品，不断推陈创新、不断降低成本、增加利润，才能在激烈的市场竞争中生存和发展。在这种情况下，资金、成本、利润与企业生死攸关。为了有效地筹集和使用资金，不断地降低成本、提高盈利水平，企业必然要对包括会计工作在内的各项经营管理工作提出更高的要求，以适应市场竞争的需要。随着经济的不断向前发展，经济关系日益复杂，会计的职能也开拓了新的领域，除了核算与监督之外，会计还参与企业预测、决策，并对经济活动进行控制和分析。

（一）会计的核算职能

会计核算是通过价值量对经济活动进行确认、计量、记录，并进行公正报告的过程。因为任何企业单位要进行经济活动，都要求会计提供真实、正确、完整、系统的会计信息，这就需要会计对经济活动进行记录、计算、分类、汇总，并将经济活动的内容转换成会计信息，以提供对反映经济活动过程和结果有用的信息。会计核算职能就是通过记账、算账、报账以及分析、预测来达到提供会计信息的目的。

应当明确的是：

（1）会计核算是对企业经济活动的全过程反映，包括对企业已发生的经济活动进行事中、事后的核算，也包括事前的核算（主要形式是预测、参与计划与决策）。

（2）会计以货币作为主要量度，侧重于价值管理。

（3）会计核算具有连续性、系统性、完整性和综合性。

（二）会计的监督职能

会计监督是指利用会计信息对经济活动进行控制和指导，以达到预期的目的。会计监督的核心，就是要干预经济活动，使之遵守国家有关法律、法规的规定，保证制度的实施；同时，还应对本单位经济活动的合理性、有效性进行事前、事中以及事后的控制、分析、检查。通过控制、分析、检查，发挥会计的监督、考核和促进作用，引导人们在经济生活中权衡利弊，比较得失，讲究经济效益。

会计监督的依据是各种法规、制度、计划、预算。

会计核算与会计监督的关系：会计核算是执行会计监督的前提，没有会计核算提供数据，会计监督就没有客观依据，但如果只有会计核算而不进行监督，会计核算就缺乏质量保证，就不能发挥会计核算的作用。

（三）会计的其他职能

1. 预测职能

会计的预测职能是依据会计已有的核算资料及其他经济资料，运用一定的技术方法，对企业会计对象的各个方面的未来发展趋势或状况进行估计和测算，为企业进行经营决策、制订计划服务，以提高企业在经营活动中的预见性与主动性。

2. 决策职能

会计的决策职能是会计面向未来的一种管理活动。企业经营活动中的优点与不足，在会计核算资料上都可以得到反映。例如，一个企业成本费用水平高，利润水平必然低，甚至可能发生亏损，那么成本费用和利润（或亏损）就综合地说明了一个企业经营管理水平的高低。在企业进行经营决策时，会计可充分发挥会计信息的反馈作用，帮助企业领导分析不同方案的利弊和得失，协助企业领导作出正确的经营决策，选择出最佳方案，也就是说，会计可参与企业的经营决策。

3. 控制职能

会计的控制职能是指运用会计提供的信息对生产经营过程中的价值运动进行的一种管理活动，主要是通过制度、预算（计划）、定额等手段，对经济活动进行事前、事中、事后的控制和调节，把生产经营活动纳入社会所要求和经营管理者所希望的轨道，以便实现生产经营的预期目的。

4. 分析职能

会计的分析职能是指以会计资料为主要依据，结合计划、统计和其他经济资料，对企业的财务状况、经营过程及其结果或计划（预算）执行情况进行比较、分析、研究，以便总结经验、巩固业绩、揭露矛盾、查明原因、改进工作，提高经济效益的一种管理活动。分析的过程是在占有大量资料的基础上，去伪存真，由表及里，条分缕析，解剖得失，从感性认识上升到理性认识，再用以指导实践的过程。

总之，会计的职能是客观存在的，并随着社会生产的发展和经济管理水平的提高而不断地被人们所认识，为人们所利用。

第二节 会计的对象和任务

一、会计对象

会计应对哪些事物进行计算、记录，并收集有关资料加工转换为对用户有用的会计信息，这就是会计对象所要解决的问题。

会计对象又称为会计内容，是指会计所要核算和监督的内容。它是会计的客体，是由会计的目标决定。

前面曾指出，会计是经济管理的重要组成部分，也是管理社会再生产过程及其结果的一种活动。社会再生产过程是由生产、分配、交换和消费四个相互联系的环节构成，它包括各种各样的经济活动。会计管理的内容总的来说是价值运动，也就是能够用货币表现的经济活动。但是在再生产过程中，有些经济活动是不能用价值形式来表现的。因此，会计并不能核算和监督再生产过程中的全部经济活动，而只能核算和监督再生产过程中可以用货币表现的那些内容。在再生产过程中，什么经济活动能用货币来表现呢？下面以企业为例加以说明，如图 1－1 所示。

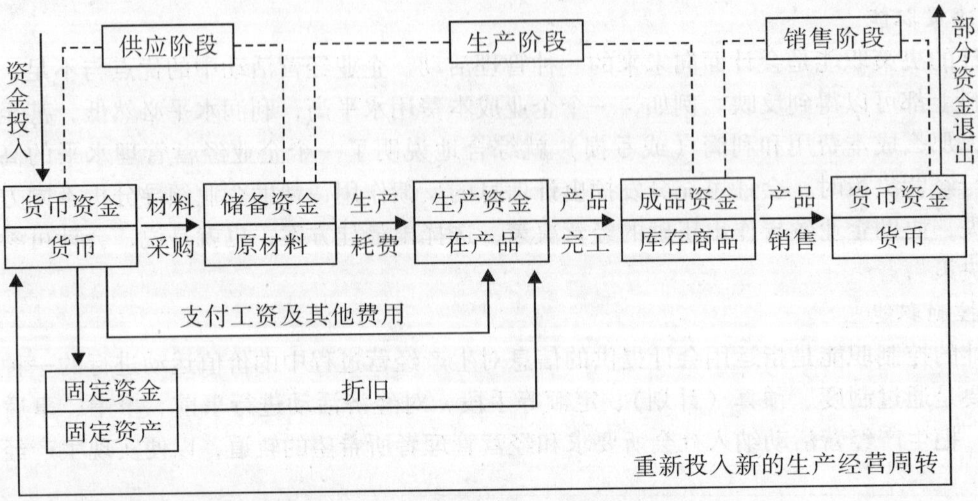

图 1－1 工业企业资金运动示意图

首先，企业为了进行生产经营活动，必须拥有和控制一定数量的财产物资，作为进行生产活动的物质基础。对企业来讲，这些财产物资可由国家投资、法人单位投资，也可以通过发行债券、向银行借款等方式取得。企业所拥有和控制的财产物资都需要利用价值形式，通过货币计量来确定其占用额及其在经济活动中发生的增减变化情况。

其次，企业在生产经营过程中，所发生的物化劳动和活劳动消耗也需要利用价值形式通过货币计量加以综合计算，以便了解和控制全部生产经营耗费。这些耗费，在企业中表现为生产费用、流通费用、管理费用和销售费用等。

最后，企业通过销售产品、商品或提供劳务等形成营业收入，将营业收入同成本费用、销售税金加以比较就可确定企业的财务成果即利润或亏损，并将已实现的利润进行分配。

以上部分是通过价值形式表现的有关社会再生产过程中的生产、交换、分配、消费等方面的经济活动。这些能用货币表现的经济活动就是会计要核算和监督的经济内容，即会计对象。所以，会计对象是指社会再生产过程中能够用货币表现的经济活动。此外，还有学者认为会计对象是指社会再生产过程中的资金运动。

二、会计的任务

会计的任务是指对会计对象进行核算和监督所应担当的责任和工作。会计的任务取决于会计对象的特点及会计职能和经济管理的要求。概括地讲，会计的基本任务是：

1. 核算和监督各项经济业务

会计核算要正确计算各项收入和支出，严格控制成本和开支范围，合法、真实、正确、完整地核算经济利益，如实反映财务状况和经营成果，为管理者和决策者提供真实、准确的会计信息，满足企业内部和外部管理的需要。企业应建立健全的会计监督制度，定期审查会计资料的真实性、正确性、完整性和财务收支的合法性，保证会计信息质量，监督企业生产经营过程中的重大对外投资、资产处理、资金调度和其他重要经济业务事项的决策，控制企业各项收入、费用、利得、损失和利润的实现，保护企业财产的安全与完整。

2. 维护和遵守经济法规、会计准则和制度

严格遵守《会计法》、《企业会计准则》等会计法规与会计制度，规范会计处理工作和会计行为，坚决同违法犯罪行为作斗争，保护所有者和债权人的权益，维护市场经济秩序。

3. 维护所有者权益和债权人权益

所有者和债权人都是出资者，维护出资者权益是现代企业财务的基石。企业必须通过有效的财务管理来促进出资者财务目标和经营者财务目标的同时实现。出资者出资，是为了实现出资增值。经营者之所以能够让出资者出资，是因为经营者依法事先承诺对出资者的财产责任，即保证出资的保值增值。因此，出资者财务和经营者财务应统一，确保出资者的出资保值增值，而增值又以保值为基础。

4. 加强经济管理

现代企业制度下，所有权与经营权分离。两权分离往往存在激励不相容、信息不对称、责任不对等等问题，尤其我国现阶段尚未真正建立起现代企业制度，这些问题表现得更为突出。资产经营者用出资者的出资从事生产经营活动，出资者投放资本的目的是谋求资本收益最大化，而这必须通过资产经营者的生产经营活动才能达成。但事实上，资产经营者很可能损害出资者权益，如将资产据为己有或拱手送人，导致出资者资产流失，或者经营不负责任，导致低效或无效经营，使出资者资产发生损失。所以，加强经济管理显得更加重要。

5. 提高经济效益

会计工作以提高经济效益作为最终目标。会计部门通过正确行使会计职能，为所有者提供企业的财务状况和经营成果，以评价经营者受托责任的履行情况，为企业经营者提供经营管理所需要的信息，特别是成本管理信息，为债权人提供企业偿债能力等方面的信息，充分发挥会计工作在维护社会主义市场经济中的重要作用，提升经济管理水平，提高经济效益。

第三节　会计核算的基本前提

2006 年 2 月，财政部对《企业会计准则——基本准则》重新进行修订，2007 年 1 月 1 日开始实施。主要内容包括会计基本前提、会计信息质量要求、会计要素和财务会计报告等方面。

会计核算的基本前提是指组织会计核算工作应当具备的前提条件，亦称为会计假设。它是对社会实践活动的一定对象、一定环境、一定控制手段所作的客观条件的判断与限定。所谓一定对象，是指会计核算的对象，具体指企业、行政事业单位能够以货币表现的各项经济活动；一定环境，既包括社会经济环境，也包括时间和空间范围的环境；一定控制手段，是指会计在一定条件下所能具体运用的反映、监督、管理的手段和方法。

会计核算的基本前提是人们在长期的会计实践中逐步认识和总结的，它是从会计实践中抽象出来并得到公认的会计基础理论之一，是会计核算工作赖以存在的基础，也是制定会计准则和会计制度的重要指导思想。

企业会计核算的基本前提包括：会计主体、持续经营、会计分期、货币计量。

一、会计主体

会计主体（又称会计主体假设），是指会计核算工作为之服务的特定单位和组织，具体指运用会计方法体系进行会计反映和控制活动，具有独立的经济活动资金，实行独立的财务会计报告的单位，亦称为会计实体、会计个体。它规定了会计活动的空间范围和界限。

会计主体前提从形式上看是为会计核算工作规定前提范围，但其本质上是要使会计管理及其信息满足有关方面的需要。因而会计主体的弹性很大，需要会计为“谁”服务，对什么进行管理，就能以“谁”作为会计主体加以核算。例如，国家需要对整个国民经济进行宏观调控和管理，会计就可以以整个国家作为会计主体来组织核算，满足宏观管理对会计信息的需要。再如，企业管理当局需要对企业的生产经营活动进行管理，会计就可以以企业作为会计主体来进行会计管理，满足企业所有者、经营者、债权人及政府财税部门等方面对会计信息的需要。因此，我国《企业会计准则》明确规定：“会计核算应当以企业发生的各项经济业务为对象，记录和反映企业本身的各项生产经营活动。”

会计主体前提理论认为，作为会计主体，应该是一个独立的整体。其独立性表现在一个主体不仅要和其他主体相对立，划清会计主体之间的经济关系外，还必须把企业的财务活动与企业的所有者及其职工个人的财务活动划分开来。企业的会计核算及会计信息涉及的只是企业主体的经济活动，既不核算和反映企业所有者及职工个人的经济活动，也不核算和反映其他企业所有者或其他经济主体的经济活动。会计主体的整体性表现为会计在核算和反映企业的经济活动时，必须从企业整体出发。因为企业内部各单位之间的资产转移，既不增加企业的收益或损失，也不增加企业的资产和负债。所以，作为会计主体，只有站在企业整体这个角度，才能正确核算经济活动所获得的收益或损失，正确反映资产和对外承担的债务，从而满足各方面对会计信息的需要。

会计主体可以是法人（如企业、行政事业单位等），也可以是非法人（如合伙经营等），可以是一个特定企业，也可以是企业中的某一特定组成部分（如分公司、经营部等），还可以是通过控股关系组成的非营利性组织。

确定会计主体的根本目的是规定会计核算的范围，也正是因为规定了会计的核算范围，企业的所有者、债权人、经营者、政府职能部门、社会公众及其他方面才可能从会计核算及报表中获得有用的会计信息。

二、持续经营

持续经营（又称持续经营假设）是指企业或会计主体的经营活动按现有的形式和目标，在可以预见的未来时期持续经营下去，不会面临破产清算，也不会大规模削减业务。

持续经营是企业会计核算选择、使用会计处理方法的前提条件。若无持续经营前提，一些公认的会计处理方法就会缺乏赖以存在的基础，从而也将无法采用。只有在持续经营条件下，企业所拥有的资产才能按原定的目标和用途在正常的经营过程中被耗用、出售或转让。企业承担的各种债务才能按原定承诺条件在正常经营过程中被清偿，企业会计核算才可以建立会计计量和确认的原则，解决很多常见的资产计价问题。例如，企业对其在生产经营过程中所使用的固定资产以历史成本为计价基础，并按其使用情况和历史成本确定折旧方法和计提折旧费用。再如，企业对其在生产经营过程中所承担的流动负债和长期负债，按照以前规定的条件来偿还等会计处理方法，都是建立在持续经营前提的基础上的。所以，我国《企业会计准则》明确指出："会计核算应当以企业持续、正常的生产经营活动为前提。"也正是在这一前提条件下，企业会计在收集和处理会计信息时所使用的会计处理方法和会计程序才得以保持稳定，恰当地反映和报告企业的生产经营活动，从而对各方面提供有用的会计信息。

在企业的经营过程中，若有证据说明某个会计主体早已因不能履行其所承担的义务而难以为继，这就意味着持续经营这一前提已不复存在，从而建立在这一基础之上的各种公认的会计处理方法将不再适用，这时就应按资产评估结果或清算价格反映企业的资产、负债情况。换言之，在企业经济状况恶化，无法持续经营的情况下，可以允许企业不采用持续经营前提，而另行作出合乎情理的特殊会计处理。

三、会计分期

会计分期（又称会计分期假设）是指人为地将企业持续不断的生产经营活动分割为长度相等的会计期间，分期确定各个会计期间的收入、费用和利润，反映每一会计期间的期初和期末的资产、负债和所有者权益，并进行账目结算和编制会计报表。

从再生产的角度看，企业各生产经营环节正常的经济活动在时间上是持续不断的，在空间上是同时并存的。为了及时向各方面提供有关财务状况、经营成果和现金流量等会计信息，对于那些引起企业资产、负债和所有者权益增减变化的经济活动，就必须设法定期地予以确认、计量、记录和报告。如果等到企业所有的生产经营活动全部结束后，再进行收入与费用的归集和结转，从而据以准确地计算企业的净收益和进行利润分配，这显然是不允许的，实际上也是行不通的。因为，在大多数情况下，会计人员均无法知道企业将在何时最终结束它的经营业务。而企业的经营者、投资者、债权人、政府部门及社会公众等则需要及时了解企业的经营情况，要求企业能够定期地报告供其决策和征税依据的会计信息。由于各有关方面及时需要会计信息的必要性，才导致出现以上会计分期的前提。这种将企业的全部经营期间人为地划分为等间距的较短期间就称为会计期间。

会计期间通常为一年，以一年确定的会计期间称为会计年度。会计年度可以是历年，即每年1月1日起至12月31日止，也可以是营业年，即以每年企业经营活动的最低点作为年度终了时期。《企业会计准则》规定我国企业会计期间采用历年，会计期间分年度、半年度、季度和月度。年度、半年度、季度和月度的起讫日期均采用公历日期。半年度、季度和月度均称为会计中期（短于一个完整会计年度的报告期）。

会计分期前提对于企业会计选择会计处理方法和核算程序具有极为重要的影响。正因为有了会计期间，才有了本期和非本期的区别。因为有了本期和非本期的区别，才有了权责发生制和收付实现制两种可供选择的会计处理方法，才有了对于某些跨会计期间的经济业务需要会计人员依据会计准则进行合理判断和估计的要求。

四、货币计量

货币计量（又称货币计量假设）是指企业会计以货币为计量单位来量度一切核算对象，并将企业的财务状况、经营成果和现金流量的数据资料转化为按统一货币单位反映的会计信息。

货币计量前提主要包括三个方面的内容：一是财产物资尽管可以使用不同计量单位来量度，如实物单位、劳动单位、货币单位等，但是在商品经济条件下，会计所使用的共同尺度只能是货币单位。唯有货币单位能为会计计量及会计记录的分类和总括反映，提供其他任何计量单位都无法提供的统一计量标准。从这个意义上讲，货币是会计的基本计量单位，而其他单位则属于辅助性质的计量单位。由此表明，会计报表所反映的内容只限于那些能用货币来量度的生产经营活动，而不能反映企业的其他情况，诸如人事安排、产品质量、技术发展前景等，所有这些情况只能用文字进行补充说明。二是在有多种货币业务的企业，由于存在多种货币，这时就需要确定某一种货币为记账本位币，并将其他货币折合为记账本位币进行会计记录和报告。《企业会计准则》规定："会计核算以人民币为记账本位币。业务收支以人民币以外的货币为主的企业，可以选定其中一种货币作为记账本位币，但是编报的财务会计报告应当折算为人民币。"三是企业会计在使用货币计量时，是以货币的币值相对稳定为前提的。因为只有币值稳定或即使币值变动也微不足道的时候，财务会计报告中的金额加总、比较和分析才具有意义。如果发生了剧烈的通货膨胀，币值稳定前提就和现实严重脱离，这时就需要采用特殊的会计准则加以处理，完成会计计量工作。

会计的四大假设之间有着密切联系，会计主体假设规定了会计活动的空间范围，持续经营假设和会计分期假设界定了会计主体的核算期间，货币计量假设为会计活动提供了量度工具，它们共同构成了会计核算的基本前提。

第四节　会计核算方法及原则

一、会计核算方法体系

会计方法是用来核算和监督会计内容，实现会计目标的手段。会计方法包括会计核算方法、会计分析方法和会计预测、决策方法等。会计核算是会计的基本环节，会计分析、会计预测和决策等都建立在会计核算的基础上，并利用会计核算资料进行的。本节只阐述会计核算的方法和原则。

会计核算方法是从价值角度对经济活动中所产生的各种数据进行连续、系统的加工处理，以提供综合、全面的会计信息所使用的专门方法。因为在生产过程中会产生各种经济信息，在把这些信息转化为会计信息时，就必须依照会计准则所规定的法则进行确认、计量、记录、分类、汇总，加工处理，使之成为有效的会计信息，这个信息的转换过程就是会计核算。会计核算的专门方法主要包括八种：

（一）设置会计科目和账户

设置会计科目和账户是对会计核算和监督的具体内容进行科学的分类，是对会计要素的细划分以记录不同的会计信息资料的一种专门方法。会计核算和监督的内容是多种多样的，如财产物资就有多种存在形态，包括厂房建筑物、机器设备、各种材料、半成品等，它们在生产中各有作用，管理的要求也不同。又如取得这些财产物资所需的经营资金来自不同的渠道，有银行贷款，有投资者投入等。为了对各自不同的内容分别进行反映和记录，会计上必须设置一系列的会计科目和账户。一个账户表示会计内容的某一方面，表示某一会计要素的某一侧面，以便取得不同的会计信息。如“原材料”、“库存商品”等账户记录了资产要素的某一部分的会计信息。

（二）复式记账

复式记账是指每一项经济业务都要在两个或两个以上互相联系的账户中同时登记的一种记账方法。在现实生活中，任何一项经济业务的发生都有其来龙和去脉，如企业银行存款减少1 000元，去向是什么？或购买材料，或提取现金备用等。采用复式记账就是对任何一项经济业务，一方面在有关账户中登记其来源，另一方面在有关账户中登记其去向。这样既能相互联系地反映经济业务的全貌，又便于试算平衡，核对账簿记录是否正确。

（三）填制和审核会计凭证

会计凭证是记录经济业务、明确经济责任的书面证明，是登记账簿的依据。凭证必须经过会计部门和有关部门审核，只有经过审核并认为正确无误的会计凭证才能作为记账的根据。填制和审核会计凭证不仅为经济管理提供真实可靠的数据资料，也是实行会计监督的一个重要方面。

（四）登记账簿

账簿是具有一定格式、相互联结的账页。登记账簿就是根据审核无误的会计凭证，用复式记账的方法，将经济业务的内容连续系统地记录在账页上的一种专门方法。通过登记账簿就能将分散的经济业务进行汇总，连续系统地提供每一类经济活动的完整资料，了解经济活动发展变化的全过程。

（五）成本计算

成本计算是指在生产经营过程中，按照一定对象归集和分配发生的各种费用支出，以确定该对象的总成本和单位成本的一种专门方法。通过成本计算，可以确定材料的采购成本、产品的生产成本和销售成本，可以反映和监督生产经营过程中发生的各项费用是否节约或超支，并据以确定企业经营盈亏。

（六）财产清查

财产清查是指通过盘点实物、核对账目，保持账实相符的一种专门方法。具体做法是将实物盘点的结果与账面结存相核对，将企业的债权、债务逐笔与对方核对，如果发现账实不符，应立即查明原因，确定责任该由谁负责，并调整账面，做到账实相符，以保证会计核算资料的正确性和真实性。

（七）编制会计报表

会计报表是根据账簿记录，按照规定的表格，主要运用数字形式，定期编制的总结报告。通过编制会计报表，能对分散在账簿中的日常核算资料进行综合、分析、加工整理，提供全面反映经济活动所需要的有用信息。同时，基层单位会计报表逐级汇总后，又可以为国家综合平衡提供依据。

（八）会计资料的分析利用

会计资料的分析利用是对会计资料所反映的各项经济指标进行的分析、对比，以确定差异、找出原因，进一步提高企业的管理水平。

上述各种会计核算方法的具体作用并不完全相同。设置会计科目、复式记账、成本计算等方法侧重于描述核算方法的原理、原则；填制凭证、登记账簿、财产清查等方法则侧重于说明核算程序、技术和形式；编制会计报表是两者并重。但从整体来说，会计核算方法相互联系、密切结合，形成一个统一完整的会计核算方法体系。

在会计核算方法体系中，从工作程序来说，主要是三个环节，即填制会计凭证、登记账簿和编制会计报表。在一个会计期间内，所有经济业务的发生都要通过这三个环节来处理，并且每个会计期间循环一次。因此，一般就把这三个会计核算工作程序称为会计核算工作循环，简称为会计循环。关于会计循环，以后将专章介绍。

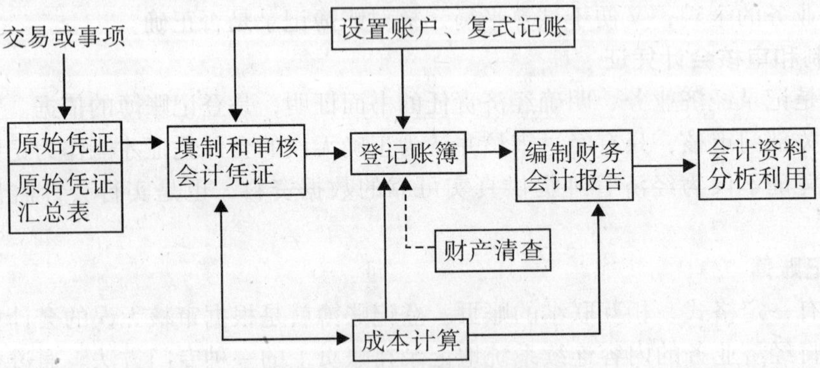

图 1－2　会计核算方法体系图

二、会计核算的原则

会计核算的原则是进行会计核算工作的规范，是从事账务处理、编制会计报表时所依据的一般规则和准绳。

（一）真实性原则

真实性原则是指会计核算应当以实际发生的经济业务为依据，如实地反映经济业务、财务状况和经营成果，做到内容真实、数字准确、资料可靠。

真实性原则包括真实性、可靠性和可验证性三个方面，是对会计核算工作和会计信息的基本质量要求。真实的会计信息对国家宏观经济管理、投资人决策和企业内部管理都有着重要意义，会计核算的各个阶段都应遵循这个原则。

（二）实质重于形式原则

企业应当按照交易或事项的经济实质进行会计核算，而不应当仅仅按照它们的法律形式作为会计核算的依据。

（三）有用性原则

有用性原则是指会计信息应当符合国家宏观管理的要求，满足有关各方了解企业财务状况和经营成果的需要，满足企业加强内部经营管理的需要。

会计的主要目标就是向有关各方提供对决策有用的信息。如果提供的信息与决策无关，不仅对决策者毫无价值，而且有时还会影响他们作出正确决策，所以会计核算提供的信息资料必须对决策者有用才行。

（四）一致性原则

一致性原则是指会计处理方法前后各期应当一致，不得随意变更。这样才便于对同一企业不同会计期间的会计信息进行比较，从而对企业不同期间的经营管理成果有一个直观的了解。

一致性原则并不否定企业在必要时对会计处理方法作适当变更。当企业的经营活动或国家的有关政策规定发生重大变化时，可以根据实际情况变更会计处理方法，但要将变更的情况、变更的原因及其对企业财务状况和经营成果的影响，在财务报表批注中加以说明。

（五）可比性原则

可比性原则是指会计核算应当按照规定的会计处理方法进行，会计指标应当口径一致，相互可比。只有遵循可比性原则，一个企业才可以同本行业的其他企业进行比较，了解自己在本行业中的地位及存在哪些优势和不足，从而制定出正确的发展战略。

另外指明一点，一致性和可比性实际上是同一问题的两个方面。一致性原则解决的是同一企业纵向可比问题，而可比性原则解决的是企业之间横向可比的问题。广义上说，两者均可称为可比性。

（六）及时性原则

及时性原则是指会计核算应当及时进行，保证会计信息与所反映的对象在时间上保持一致，以免使会计信息失去时效。凡会计期间发生的经济事项，应当在该期间及时登记入账，不得拖至后期，并要做到按时结账、按期编报会计报表，以便决策者使用。

特别是在当今信息社会，会计资料若不及时记录，会计信息不及时加工、生成和报送，就会失去时效，变成一堆没用的信息，对决策也就不会有任何帮助。可见，会计信息的及时性要求是其有用性的限制因素。

（七）清晰性原则

清晰性原则是指会计记录和会计报表都应当清晰明了，便于理解和利用，能清楚地反映企业经济活动的来龙去脉及其财务状况和经营成果。根据清晰性原则，会计记录应准确清晰，账户对应关系明确，文字摘要清楚，数字金额准确，手续齐备，程序合理，以便信息使用者准确完整地把握信息的内容，更好地加以利用。

（八）权责发生制原则

权责发生制原则是指会计核算应当以权责发生制作为会计确认的时间基础，即收入或费用是否计入某会计期间，不是以是否在该期间内收到或付出现金为标志，而是依据收入是否归属该期间的成果、费用是否由该期间负担来确定。凡是当期已经实现的收入和已经发生或应当负担的费用，不论款项是否收付，都应当作为当期的收入和费用；凡是不属于当期的收入和费用，即使款项已在当期收付，也不应当作为当期的收入和费用。权责发生制是一种记账基础，建立在该基础之上的会计模式可以正确地将收入与费用相配合，正确地计算损益。

（九）配比性原则

收入与费用配比原则是指收入与其相关的成本费用应当配比。这一原则是以会计分期为前提的。当确定某一会计期间已经实现收入之后，就必须确定与该收入有关的已经发生的费用，这样才能完整地反映特定时期的经营成果，从而有助于正确评价企业的经营业绩。

配比原则包括两层含义。一是因果配比，即将收入与对应的成本相配比；二是时间配比，即将一定时期的收入与同时期的费用相配比。

（十）实际成本原则

实际成本原则亦称历史成本原则，是指企业的各项财产物资应当按取得时的实际成本计价，物价如有变动，除有特殊规定外，不得调整其账面价值。按照此原则，企业的资产应以取得时所花费的实际成本作为入账和计价的基础。历史成本不仅是一切资产据以入账的基础，而且是其以后分摊转为费用的基础。

（十一）划分收益性支出与资本性支出原则

划分收益性支出与资本性支出原则是指在会计核算中合理划分收益性支出与资本性支出。如果支出所带来的经济收益只与本会计年度有关，那么该项支出就是收益性支出；如果支出所带来的经济收益不仅与本年度有关，而且同时与几个会计年度有关，那么该项支出就是资本性支出。区分收益性支出与资本性支出，有助于正确地确认当期的损益和资产的价值，保持会计信息的客观性。

（十二）谨慎性原则

谨慎性原则是指在有不确定因素的情况下作出判断时，应保持必要的谨慎，既不抬高资产或收益，也不压低负债或费用。对于可能发生的损失和费用，应当加以合理估计。实施谨慎性原则能对企业经营存在的风险加以合理估计，在风险实际发生之前将其化解，并对防范风险起到预警作用，有利于企业作出正确的经营决策，保护所有者和债权人利益，提高企业在市场上的竞争力。

（十三）重要性原则

重要性原则是指在选择会计方法和程序时，要考虑经济业务本身的性质和规模，根据特定经济业务对经济决策影响的大小来选择合适的会计方法和程序。

重要性原则与会计信息成本效益直接相关。坚持重要性原则就能够保证会计信息的收益大于成本，如对于不重要的项目，也采用严格的会计程序，分别核算、分项反映，就可能会导致会计信息成本高于收益。在评价某些项目的重要性时，一般来说，应从质和量两个方面来分析。从质的方面来说，当某一事项有可能对决策产生一定影响时，就属于重要项目；从量的方面来说，当某一项目的数量达到一定规模时，就可能对决策产生影响。

综合本章所述可以看到，会计的确是一项复杂、琐碎的工作，各种理论及操作规范非常多。但它们之间却也有着一定的联系，只要理顺思路，这些东西也是非常容易理解和掌握的。首先，就像玩游戏需要遵守游戏规则一样，会计工作也需要在一定的规则下进行。也就是说，进行会计核算工作前要明确为谁进行、怎样进行、工作结果如何衡量等问题。于是，便有了会计核算工作进行的基本前提：会计个体、持续经营、会计分期和货币计量。其次，在具体进行会计核算时，为了便于会计信息的分析、比较，要统一记账的文字、方法和本位币，又由于进行会计核算的目的是向各有关决策者提供会计信息，帮助他们作出决策。所以，就有必要对所提供的会计信息作一些要求，如信息要及时提供，并要真实、可靠，要以权责发生制为基础等。会计核算工作的最后，要对形成书面的各种会计信息进行立档管理。

【能力训练】

一、名词解释

持续经营假设　货币计量假设　谨慎性原则　权责发生制原则

划分收益性支出与资本性支出原则　实质重于形式原则

二、判断题

1. 会计核算的可比性原则要求同一会计主体在不同时期尽可能采用相同的会计程序和会计处理方法，以便于不同会计时期会计信息的纵向比较。(　　)

2. 我国所有企业的会计核算都必须以人民币作为记账本位币。(　　)

3. 法律主体必定是会计主体，会计主体不一定是法律主体。(　　)

4. 会计分期是企业正确选择会计政策的前提和基础。(　　)

5. 持续经营是产生权责发生制和收付实现制等不同记账基础的前提。(　　)

6. 由于会计信息具有时效性，所以只有满足经济决策的及时需要，会计信息才有价值。(　　)

7. 如果一笔经济业务性质比较特殊，不单独反映就有可能遗漏一个重要事实，并且会对会计信息使用者的决策产生重大影响，那么会计处理必须严格核算，单独反映。(　　)

8. 相关性要求企业对外提供的会计报表不仅要满足共性的信息需求，也要满足特定用途的信息需求。(　　)

9. 某一会计事项是否具有重要性，很大程度上取决于会计制度的规定，而不是取决于会计人员的职业判断。所以，一个事项在某一企业具有重要性，在另一企业则也具有重要性。(　　)

10. 会计核算应当区分自身的经济活动与其他单位的经济活动。(　　)

三、填空题

1. 稳健原则是指在会计核算中应对企业可能发生的________和________，作出合理估计。

2. 配比原则是将一个会计期间的________和为了收入所发生的________配合起来进行比较，从而正确地计算出________。

3. 企业的会计核算必须站在________的角度上观察所发生的经济业务，不能与其他会计主体相混淆。

4. 货币计量假设是指会计以________为计量单位核算会计主体的经济活动，并假定在不同时期货币的________是不变的。

5. 凡支出的效益及于本会计年度，应作为________，应作为________处理；凡支出的效益及于本会计年度和以后会计年度，应作为________，应在其获益期内________。

6. ________是在特定的商品经济、市场经济环境中会计活动的基本前提，是基本会计准则和具体业务会计准则制定的依据，它构成会计准则的最高层次。

7. 持续经营假设的目的，主要在于解决________、________等重要会计问题。

8. 会计确认是解决________问题，即解决“是不是”、“算不算”的问题；会计计量是解决________问题，即解决“是多大”、“是多少”的问题。

9. 会计的二重性决定了会计准则也具有________和________的属性。

10. 会计管理体制一般包括________、________、________和________等内容。

四、单项选择题

1. 导致权责发生制的产生，以及预提、摊销等会计处理方法的运用的基本前提或原则是（　　）。

A. 谨慎性原则　　B. 历史成本原则

C. 会计分期　　D. 货币计量

2. 会计主体假设规定了会计核算的（　　）。

A. 时间范围　　B. 空间范围

C. 成本开支范围　　D. 期间费用范围

3. 会计核算的一般原则中，要求前后期提供相互可比的会计信息的原则是（　　）。

A. 可比性原则　　B. 一贯性原则

C. 配比原则　　D. 权责发生制原则

4. 企业发生的下列支出属于资本性支出的是（　　）。

A. 支付的生产工人工资

B. 支付的超过税法允许开支的业务招待费用

C. 支付的土地出让金

D. 支付的现金股利

5. 某会计核算前提会对企业会计政策的选择产生重要影响，如是否采用历史成本计价等，这一会计核算前提是（　　）。

A. 会计主体前提　　B. 持续经营前提　　C. 会计分期前提　　D. 货币计量前提

6. 从核算成本效益看，对所有会计事项不分轻重主次和繁简详略，采用完全相同的会计程序和处理方法，不符合（　　）。

A. 明晰性原则　　B. 谨慎性原则　　C. 相关性原则　　D. 重要性原则

7. 合理确认各期收入和费用的会计核算原则是（　　）。

A. 权责发生制原则　　B. 配比原则

C. 历史成本原则　　D. 划分收益性支出和资本性支出原则

8. 根据可比性原则，国家统一会计制度对企业选择会计政策方面的要求是（　　）。

A. 尽量增加企业选择会计政策的余地　　B. 不允许企业自行选择会计政策

C. 尽量减少企业选择会计政策的余地　　D. 不作规定

9. 对企业取得的各种财产物资按照经济业务实际交易价格和成本计量，在资产处置前保持其入账价值不变的做法，是基于（　　）。

A. 客观性原则　　B. 权责发生制原则

C. 谨慎性原则　　D. 历史成本原则

10. 应用配比原则的意义在于（　　）。

A. 正确计量收入

B. 正确计量成本

C. 正确计量期间费用

D. 将收入与对应的成本费用对比，正确计算当期损益

五、多项选择题

1. 以下会计核算一般原则中，属于衡量会计信息质量的原则有（ ）。

A. 客观性 B. 可比性 C. 一贯性 D. 相关性

E. 重要性

2. 以下属于起修正作用的一般原则是（ ）。

A. 谨慎性原则 B. 重要性原则

C. 实质重于形式原则 D. 权责发生制原则

E. 配比原则

3. 以下属于确认和计量的一般原则有（ ）。

A. 权责发生制原则 B. 配比原则

C. 收付实现制 D. 历史成本原则

E. 划分收益性支出与资本性支出原则

4. 根据一贯性原则的要求，为了企业前后各期会计信息相互可比，企业应做到（ ）。

A. 会计政策选择后不得改变

B. 会计政策选择后可以任意改变

C. 改变会计政策后能够更恰当反映企业的财务状况和经营成果时可以改变

D. 有关法规发生变化，要求企业变更会计政策时可以改变

E. 根据内部管理的需要改变

5. 根据客观性原则，要求会计核算做到（ ）。

A. 满足会计信息使用者决策的需要 B. 保证会计信息的内容的真实性

C. 保证会计信息的数字准确 D. 保证会计信息资料可靠

E. 会计信息能够及时提供

6. 下列经济业务事项中，属于资本性支出的有（ ）。

A. 购买固定资产时支付的运杂费

B. 在符合资本化条件情况下，购建固定资产专门借款的利息支出

C. 依法取得无形资产时支付的注册费、律师费

D. 固定资产的改扩建支出

E. 机器设备的中小修理费支出

7. 相关性原则要求会计报表信息（ ）。

A. 满足企业加强内部经营管理的需要

B. 满足投资者或潜在投资者进行投资决策的需要

C. 满足债权人进行信贷决策的需要

D. 满足国家宏观经济管理的要求

E. 满足各类人员各种特定用途的需要

8. 下列关于不确定因素的判断符合谨慎性原则的有（ ）。

A. 设置秘密准备，以防备利润计划完成不佳的年度转回

B. 合理估计可能发生的损失和费用

C. 充分估计可能取得的收入和利润

D. 不要高估资产和预计收益

E. 尽量压低负债和费用

9. 要建立完整的中国会计准则体系，必须从（　　）方面进行研究。

A. 会计的属性　　B. 会计准则　　C. 会计方法　　D. 会计内容

E. 会计制度

10. 较为倾向性的观点认为：对会计准则的划分应以其适用范围和相互关系为依据，将会计准则划分为（　　）几个层次。

A. 会计基本假设　　B. 基本会计准则

C. 一般业务会计准则　　D. 具体业务会计准则

E. 行业会计准则

第二章　会计要素与会计恒等式

第一节　资金平衡原理

一、资金的平衡关系

企业资金的运动包括静态和动态两个方面。资金的静态表现是指企业在一定时点上的资产总值和权益总值，具体表现为资产同负债和所有者权益的恒等关系，其内容具体反映在资产负债表中。

资金处于静态时，可以用资金占用和资金来源两个方面来表示。有一定资金的占用，就必定有一定的资金来源，这是同一资金的两个方面，两者相互依存，相互转化。但无论怎样变化，两者的数额都是相等的。

例如，某企业所有者投入资金是 500 000 元，向银行借入 100 000 元，欠甲单位货款 30 000 元；企业购买商品花费 200 000 元，添置设备 300 000 元，现有银行存款 80 000 元，应收乙单位货款 50 000 元，单位资金总额为 630 000 元，其资金平衡表如表 2－1 所示：

表 2－1　资金平衡表　　　　单位：元

资金占用	期末数	资金来源	期末数
银行存款	80 000	短期借款	100 000
库存商品	200 000	应付账款	30 000
应收账款	50 000	实收资本	500 000
固定资产	300 000		
合计	630 000	合计	630 000

由表 2－1 可以看出，企业的资金 630 000 元来自两个方面：一是银行借款 100 000 元；二是所有者权益 500 000 元，另有过去的欠款 30 000 元。资金来源 630 000 元，与资金占用数额相等。

第二节 会计要素

会计要素是对会计对象具体内容按经济特征所作的最基本分类。

能用货币表现的经济活动作为会计的对象只是会计对象的一般描述，而且比较抽象。由于企业经济活动的具体内容不同，因此其会计对象的具体表现形式也不一样。为了便于确认、计量、记录和报告，以及适应不同会计主体要求，还要利用会计要素的形式，使会计对象更加具体化。

根据会计目标的要求，我国会计要素包括六大部分。这是因为会计核算的具体对象是企业的各项经济业务，虽然这些经济业务复杂、繁多，但从总体上可分为两个方面，即反映财务状况和反映经营成果。对于反映财务状况来讲，可具体划分为资产、负债和所有者权益。任何一项涉及财务状况的经济业务，都可归纳为以上这三类。它反映了企业在一定时点上（月末、季末、半年末、年末）资金运动的静态表现。对经营成果来说，也可进一步划分为收入、费用和利润，所有涉及经营成果的经济业务也可归纳为这三类。它反映了企业在一定期间（月度、季度、半年度、年度）资金运动的动态表现。因此，会计要素划分为资产、负债、所有者权益、收入、费用和利润六类。

一、资产

资产是指过去的交易、事项形成的并由企业拥有或控制的资源，该资源预期会给企业带来经济利益。

一个企业从事生产经营活动，必须具备一定数量的物质条件。这些物质条件一般统称为资产，它们是企业从事生产经营活动的物质基础。这些物质基础可以具有实物形态，如房屋、场地、机器设备、现金、原材料等，也可以不具有实物形态，如以债权形态出现的各种应收款项，以特殊权利形态出现的专利权、商标权等无形资产。

根据上述定义，资产具有以下特征：

其一，资产是由企业拥有或控制的。一项财产要成为企业的资产并予以确认，对于企业来说要拥有其所有权，即该项财产必须归企业所有，也就是企业对该项财产具有产权。对于一些特殊方式形成的资产，企业虽然对其不拥有所有权，但能够实际控制，如融资租入固定资产，按照实质重于形式原则的要求，也应当将其作为企业资产予以确认。

其二，资产必须是能够以货币计量的。即能够运用货币计量其价值，否则就不能将其作为资产确认。例如，某企业垄断占有某种优质矿产资源，这对于该企业来说是一项大的经济资源，它有利于企业生产出优质产品，能够给企业带来未来的经济效益，但是，由于无法用货币对该矿产品资产的价值进行计量，所以不能将其作为资产予以确认。

其三，资产必须是能够给企业带来经济效益的经济资源，即必须具有使用价值。没有使用价值的物品，不能给企业带来未来经济效益的，则不作为资产予以确认。

资产通常按其流动性分为流动资产和非流动资产（长期投资、固定资产、无形资产、其他资产）等。

流动资产是指可在一年或者超过一年的一个营业周期内变现或者耗用的资产，包括现金及银行存款、短期投资、应收及预付账款、存货等。

长期投资是指不准备在一年内变现的投资，包括股票投资、债券投资和其他长期投资。

固定资产是指使用年限在一年以上，单位价值在规定的标准以上，并在使用过程中保持原来实物形态的资产，包括房屋及建筑物、机器设备、运输设备、工具器具等。

无形资产是指企业长期使用而没有实物形态的资产，包括专利权、商标权、专有技术、版权、土地使用权和商誉等。

其他资产是指除以上各种资产以外的资产，主要包括特准储备物资、冻结的银行存款、诉讼中涉及的财产等。

企业资产要素的内容如图 2－1 所示。

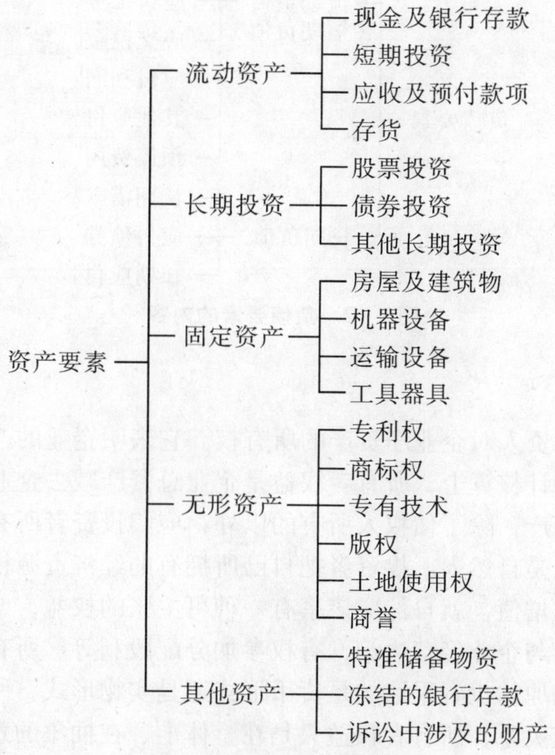

图 2－1　资产要素的内容

二、负债

负债是企业所承担的能以货币计量，在未来将以资产或者劳务偿付的债务。负债具有如下的特征：

其一，它是目前和过去经济活动所形成的当前的债务；

其二，负债是在将来要承担的经济责任；

其三，负债应当具有确定或可以估计的数额；

其四，负债是需要以现金或其他资产或劳务偿付的确实的债务。

负债通常按其偿还期的长短，分为流动负债和长期负债。

流动负债是指将在一年或者超过一年的一个营业周期内偿还的债务，包括短期借款、应付票据、应付账款、预收账款、应付工资、应交税金、应付利润、其他应付款、预提费用等。

长期负债是指偿还期在一年或者超过一年的一个营业周期以上的债务，包括长期借款、应付债券、长期应付款等。

企业负债要素的内容如图 2－2 所示。

- 负债要素
  - 流动负债（短期负债）
    - 短期借款
    - 应付票据
    - 应付账款
    - 预收账款
    - 应付工资
    - 应交税金
    - 应付利润
    - 其他应付款
    - 预提费用
  - 长期负债
    - 长期借款
    - 应付债券
    - 长期应付款

图 2－2　负债要素的内容

三、所有者权益

所有者权益是企业投资人对企业净资产的所有权。它表明企业的产权关系，即企业归谁所有，是由谁投资的。在会计核算上，所有者权益是企业总资产减去企业负债后的余额，即净资产的数额。企业的全部资产，除了债权人所有的以外，应归投资者所有。企业投资人可以是国家、集体、法人，也可以是自然人。投资者把自己所拥有的经济资源投入企业，形成企业的资产，并通过企业经营使之增值，就自然应该享有一种可主张的权益，或称索求权，即所有者权益，其主要体现在有权参与企业经营决策，有权参加分配股利等。所有者权益有如下特点：

其一，无论投资者的原始投资采取的是货币形式还是实物形式，所有者权益与企业的具体资产项目并无直接的对应关系，所有者权益只是在整体上、在抽象的意义上与企业资产保持数量上的关系。

其二，所有者权益是企业投资人对企业净资产的要求权，这种要求权是受企业总资产和总负债变动的影响而增减变动的。

其三，所有者权益还包含投资人以其出资额分享企业利润的权利和承担经营风险的责任。

所有者权益和负债是企业取得资产的两种渠道，因而，债权人和所有者对企业的资产都拥有要求权。但两者在企业中所享有的权益有本质的不同：

（1）与企业经营管理的关系不同。债权人一般无权过问企业的经营管理活动；而企业的所有者有权以直接或间接的方式参与企业的选举、表决等决策活动。

（2）分享收益的形式不同。债权人享有以利息形式从企业费用中获得收益的权利；所有者则享有以红利形式从企业的税后利润中获得收益的权利。利息一般都是定率支付，与企业经营好坏无关；红利则由企业盈利多少而定，利厚多分，利薄少分，无利则不分。

(3) 对企业资产的要求权不同。负债是债权人对企业资产的索偿权，当企业终止时，债权人有权从企业的资产中优先索回其债权；而所有者权益是企业所有者对企业净资产的所有权，是一种剩余权利。

(4) 企业的负债必须在债务到期时如数归还，而所有者权益则与企业共存。所有者投入企业的资本除以退伙、出让股权等方式回收外，一般不能直接从企业抽回。

在会计核算中，所有者权益具体包括投入资本、资本公积、盈余公积和未分配利润。

(1) 投入资本，指投资者实际投入企业经营活动的各种资产的价值。各种资产投入到非股份制企业，则形成非股份制企业的实收资本；若投入到股份制企业，则形成股份制企业的股本。

(2) 资本公积，指企业由于投资本身所引起的各种增值，也就是说由资本交易本身所带来的盈余。它一般不是由于企业的生产经营活动所产生的，与企业的生产经营活动没有直接的联系，如股本溢价、法定财产重估增值、接受捐赠的资产价值等。

(3) 盈余公积，指企业从税后利润中提取的各种积累。根据其用途不同又分为公益金和一般盈余公积两种。

(4) 未分配利润，指企业留待以后会计年度进行分配的利润。

企业所有者权益要素的内容如图 2－3 所示。

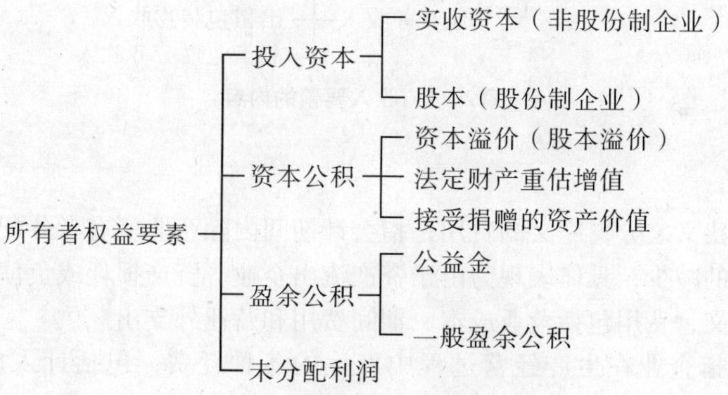

图 2－3　所有者权益要素的内容

四、收入

收入有广义和狭义之分，广义的收入是指会计期间内除企业所有者出资以外的经济事项引起的企业经济利益的增加，具体表现为由于资金流入企业、资产增值或负债减少而引起所有者权益增加。按此定义，收入包括营业收入、投资收益和营业外收入。

狭义的收入是指企业在生产经营过程中所取得的营业收入，即企业在销售商品或提供劳务等经济活动中实现的现金流入或其他等价物流入。

收入的确认是财务成果的最初形式，也是企业获取利润，实现盈利的前提条件。企业只有取得收入并补偿在生产经营活动中已消耗的各种支出，才能形成利润。

具体而言，收入有以下特点：

其一，收入是从企业日常经营活动中产生，而不是从偶发的交易或事项中产生。

其二，收入可能表现为企业资产的增加，也可能表现为企业负债的减少，还可能同时引起企业资产的增加和负债的减少。

其三，收入能导致企业的所有者权益的增加。

其四，收入只包括本企业经济利益的流入，不包括为第三方或客户代收的款项。

按照企业经营业务的主次分类，可以把收入分为主营业务收入和其他业务收入。主营业务收入，也称为基本业务收入，是企业的主要经营活动带来的收入，如工业企业因销售产品、代制品、代修品和提供工业性劳务而获得的收入。其他业务收入则是指企业的主要经营活动以外的业务所带来的收入，如工业企业因材料销售、出租包装物和运输等非工业性劳务而获得的收入。

企业收入要素的内容如图 2－4 所示。

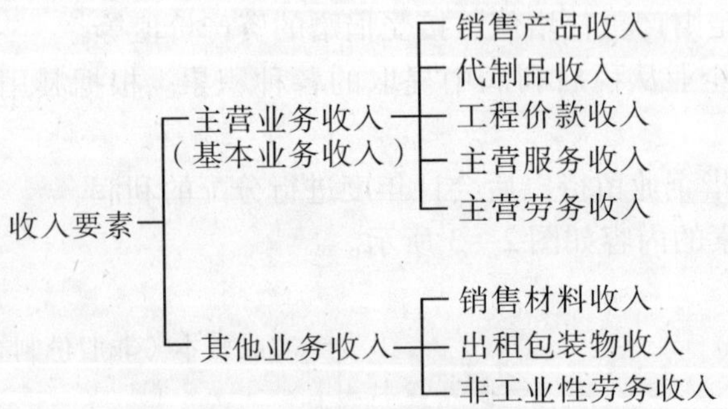

图 2－4　收入要素的内容

五、费用

费用有广义和狭义之分，广义的费用是指会计期间内除企业所有者分配以外的经济事项引起的企业经济利益的减少，具体表现为由于资产流出企业、资产损耗或负债增加而引起所有者权益减少。按此定义，费用包括营业成本、期间费用和营业外支出。

狭义的费用是指企业在生产经营过程中发生的各种耗费，包括计入成本的费用和期间费用。

费用是经营成果的扣除要素，收入扣除费用后形成一定期间的利润。具体而言，费用有以下特点：

其一，费用是为获得一定收入而发生的，费用的发生会导致企业经济资源的流出。

其二，费用可以表现为资产的减少，也可以表现为负债的增加，或者同时表现为资产的减少和负债的增加。

其三，费用最终会导致所有者权益的减少。

费用按其归属不同分为直接费用、间接费用和期间费用。企业费用要素的内容如图 2－5 所示。

直接费用是指生产产品和提供劳务而发生的能直接计入产品成本的各项费用，包括直接人工、直接材料和其他直接费用等。

间接费用是指生产车间为组织和管理生产经营活动而发生的共同费用和不能直接计入产品成本的各项费用。这些费用应按一定标准分配计入产品成本，包括间接人工、间接材料和其他间接费用等。

期间费用是指企业行政管理部门为组织和管理生产经营活动而发生的管理费用、为支付利息等而发生的财务费用，以及为销售商品而发生的销售费用等。这些费用应在一定会计期间内汇总后直接计入当期损益。

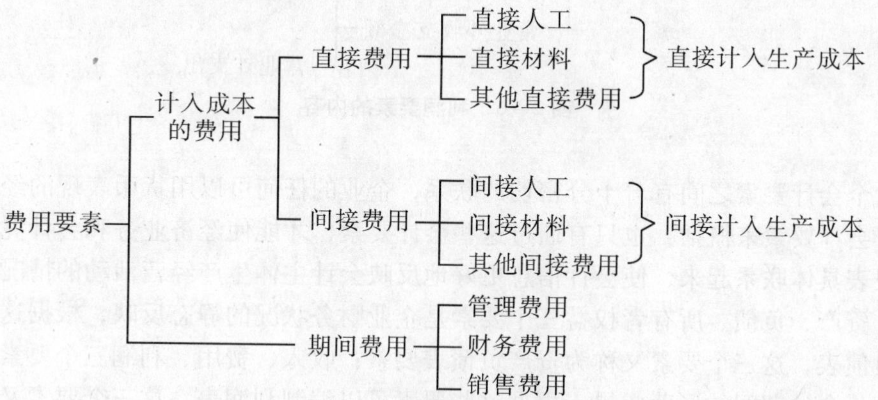

图 2-5　费用要素的内容

六、利润

利润是企业一定期间内全部收入与全部费用相配比的结果。它是反映经营成果的最终要素，差额为正是企业的利润，差额为负则是企业的亏损。需说明的是，根据定义，利润应是广义的收入与广义的费用相抵减的差额；狭义的收入与费用相抵减的差额应只指营业利润。利润是企业经营的目的和动力，也是考核和比较企业经济效益高低的重要经济指标。利润有以下特点：

其一，利润是企业一定时期的最终财务成果。

其二，利润是按配比性原则计量的，是一定时期的收入与费用相抵减的结果。

其三，影响利润的因素较复杂，利润的计算含有较大的主观判断成分，其结果可能因人而异，因此具有可操纵性。

按我国《企业会计准则》规定，利润包括营业利润、投资净收益和营业外收支净额三项。

（1）营业利润。它是营业收入减去营业成本、期间费用和各种流转税及附加税费后的余额，其具体内容又可以分为主营业务利润和其他业务利润。营业利润的构成因行业的不同而有所变化。

（2）投资净收益。它是企业对外投资收入（投资分红的利润、股利和利息）减去投资损失后的余额。

（3）营业外收支净额。营业外收入减去营业外支出的差额称为营业外收支净额。营业外收入与营业外支出是指与企业生产经营活动没有直接关系的收入与支出。

企业利润要素的内容如图 2－6 所示。

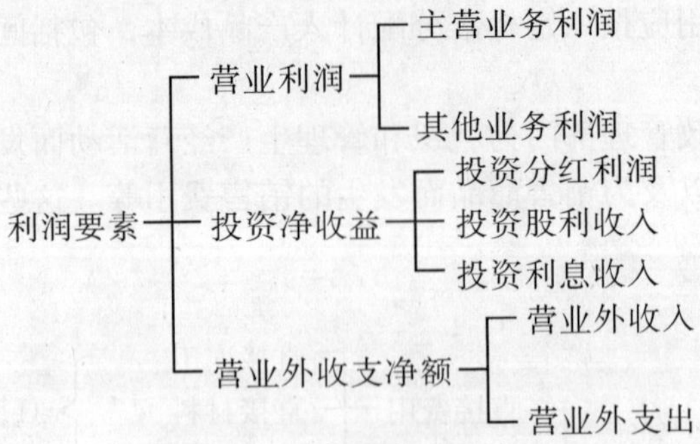

图 2－6　利润要素的内容

以上六个会计要素之间有着十分密切的联系，企业的任何可以用货币表现的经济活动都可以用这六个会计要素来概括，也只有通过这些会计要素，才能使经济业务和会计凭证、会计账簿和会计报表具体联系起来，使会计信息更好地反映会计主体生产经营活动的情况。

其中，资产、负债、所有者权益三个要素是企业财务状况的静态反映，根据这些要素可以编制资产负债表，这三个要素又称为资产负债表要素；收入、费用、利润三个要素从动态方面反映企业某一会计期间的经营成果，根据这些要素可以编制利润表，这三个要素又称为利润表要素。利用这六个要素就可以从静态和动态方面来核算和管理企业的经济活动。

第三节　会计恒等式

一、会计恒等式的含义

任何一个会计主体为了进行生产经营活动都需要拥有一定数量的经济资源，这些经济资源在会计上称为资产。资产最初进入企业时总有其提供者，他们对企业的资产具有索偿权，这种对企业资产具有的索偿权，在会计上称为权益。因此，一个会计主体的全部资产应当等于各有关提供者对这些资产的权益总和，即用公式表示为：

资产＝权益

资产表明企业拥有什么经济资源和多少经济资源，而权益则表明是谁提供了这些经济资源，谁对这些经济资源具有索偿权。

因此，资产和权益之间存在着联系，即资产和权益是同一资金的两个方面，二者相互依存，缺一不可。资产不能离开权益而存在，权益不能没有资产。而且从数量上来看，一定数额的资产就必然有一定数额的权益，反之亦然。一个企业的资产总额与权益总额必定彼此相等，从任何时点上看都是如此。

由于权益分为债权人权益和所有者权益，并且债权人权益又称为负债，因此，会计等式可改写为：

资产＝负债＋所有者权益　（1）

上述等式称为会计等式，或称为会计方程式，它反映了会计基本要素之间的数量关系。它是复式记账、试算平衡和编制资产负债表的理论依据。

当进行生产经营活动时，企业一方面要取得收入，另一方面也随之发生费用。因而，在处于运动变化时，收入、费用要素与资产、负债、所有者权益要素又在这个过程中建立起新的平衡关系。其公式如下：

资产＝负债＋所有者权益＋（收入－费用）　（2）

上述公式（1）是静态会计等式，反映企业在某一时日资产、负债和所有者权益三者之间所存在的恒等关系；公式（2）是动态会计等式，它反映企业在某一期间内的资产、负债、所有者权益、收入和费用这五者之间所存在的恒等关系。

二、会计恒等式与经济业务的类型

（一）经济业务

在企业生产经营活动中会发生各种各样的经济活动，有些经济活动能客观地用货币量度进行计价，并足以改变会计要素的内容和内在联系，如材料购入、产品出售、费用的发生等。而有些经济活动则不能客观地用货币量度进行计价，并且也不会改变会计要素内容，如签订的购销合同等。

因此，凡能客观地利用货币量度计价，并定能影响会计要素之间变动，应系统加以记录的各项具体经济活动，在会计上称为经济业务，或称为会计事项。

（二）经济业务分析及其对会计等式的影响

企业所发生的经济业务是多种多样的，但从对会计等式的影响来讲，不外乎是以下四种类型九种情况：

1. 资产与权益同时增加

（1）资产与所有者权益同增。

【例1】2010年7月5日，大方公司获得国家以新设备作为追加投资，计9 000 000元，该设备已投入使用。这项经济业务使企业所拥有的“固定资产”增加9 000 000元，同时使所有者权益中的“实收资本”也增加9 000 000元。资产和所有者权益等额增加，会计等式两边的总额依然相等。

（2）资产与负债同增。

【例2】接上例，7月12日，大方公司赊购原材料一批，计1 000 000元。这项经济业务使资产中的“原材料”增加1 000 000元，同时使负债中的“应付账款”增加1 000 000元。会计等式两边等额增加，双边的总额仍然保持平衡。

2. 资产与权益同时减少

（1）资产与所有者权益同减。

【例3】接上例，7月28日，经大方公司董事会同意由国家调出不需用的新设备，计50 000元，作为所有者收回投资处理。这项经济业务使资产中的“固定资产”减少50 000元，同时所有者权益中的“实收资本”也减少50 000元。会计等式两边等额减少，两边总额相等，平衡关系依然不变。

（2）资产与负债同减。

【例4】接上例，7月20日，大方公司用银行存款偿还应付账款50 000元。这项经济业务使企业资产中的“银行存款”减少50 000元，同时负债中的“应付账款”也减少50 000元。资产和负债等额减少，会计等式两边的总额依然相等。

3. 资产有增有减，权益不变

（1）一项资产增加，另一项资产减少。

【例5】接上例，7月15日，大方公司从银行提取现金5 000元备用。这项经济业务使“现金”增加5 000元，同时使“银行存款”减5 000元。不同资产类科目发生了等额的一增一减，资产总额不变，对负债和所有者权益没有影响，因此会计等式两边的总额依然相等。

4. 资产不变，权益有增有减

（1）一项负债增加，另一项负债减少。

【例6】接上例，7月21日，大方公司开出银行承兑汇票一张，金额100 000元，用来抵偿以前欠的货款。这项经济业务使企业负债中的“应付票据”增加100 000元，同时“应付账款”减少100 000元。不同负债类科目发生等额的一增一减，同样不会破坏会计等式两边总额相等的平衡关系。

（2）一项所有者权益增加，另一项所有者权益减少。

【例7】接上例，7月30日，大方公司按规定把盈余公积80 000元转作实收资本。这项经济业务使所有者权益中的实收资本增加80 000元，使盈余公积减少80 000元。不同所有者权益类科目发生了等额的一增一减，会计等式两边的总额依然相等。

（3）一项负债增加，一项所有者权益减少。

【例8】接上例，7月30日，大方公司决定向投资者分配股利300 000元。这项经济业务使属于所有者权益的利润减少300 000元，同时对投资者的“应付股利”增加300 000元，也是会计等式右边项目等额的一增一减，两边的总额相等关系依然不变。

（4）一项所有者权益增加，另一项负债减少。

【例9】接上例，7月24日，在办妥有关手续后，大方公司将对甲公司的债务30 000元转为本公司的股权。这项经济业务使负债中的“应付账款”减少30 000元，同时所有者权益中的“实收资本”增加30 000元。会计等式右边项目等额一减一增，会计等式的总额不变，等式两边保持平衡关系。

通过上述举例说明，可得出以下结论：

①企业日常经济活动中，每发生一项经济业务，必然会对资产、负债、所有者权益等会计要素产生一定影响；②在分析日常各种经济业务时，应根据经济业务对会计要素所产生的影响，全面、相互联系地加以考察，把握事物的本质；③经济业务对会计要素的影响不外乎是增加或减少两种情况，并且在会计要素之间或会计要素内的增减变动是等量的；④虽然经济业务发生会影响会计要素之间或会计要素内部的具体项目发生变动，但并不会破坏会计等式的平衡。

上述经济业务的发生对企业的资产和权益的影响如表2－2所示。

表 2－2　资产和权益简易变化表　　单位：元

序号	资产	金额	负债	金额	所有者权益	金额
1	固定资产	+9 000 000			实收资本	+9 000 000
2	原材料	+1 000 000	应付账款	+1 000 000		
3	固定资产	−50 000			实收资本	−50 000
4	银行存款	−50 000	应付账款	−50 000		
5	库存现金	+5 000				
6	银行存款	−5 000				
7			应付票据	+1 000 000		
8			应付账款	−1 000 000		
9					实收资本	+80 000
10					盈余公积	−80 000
11			应付股利	+300 000	利润分配	−300 000
12			应付账款	−30 000	实收资本	+30 000
13	资产合计	+9 900 000	负债合计	+1 220 000	所有者权益合计	+8 680 000

【能力训练】

一、判断题

1. 资产可以是有形的，也可以是无形的。(　　)
2. 净资产就是企业所有者对企业的投资额。(　　)
3. 收入通常表现为新资产的流入或债务的偿还。(　　)
4. 费用的发生实质上是导致所有者权益的减少，有时还会引起负债的增加。(　　)
5. 所有者权益是企业投资人对企业资产的所有权。(　　)
6. 收入往往表现为货币资金的流入，但并非所有的货币资金流入都是收入。(　　)
7. 会计等式揭示了会计要素之间的联系，因而成为复式记账、会计报表等会计核算方法建立的理论依据。(　　)
8. 资产与所有者权益在总金额上是一种必然相等的关系。(　　)
9. 企业发生的经济业务，不存在使一项负债增加、一项所有者权益增加的项目。(　　)
10. 所有经济业务的发生都会引起会计等式两边发生变化。(　　)
11. 负债是指企业所承担的能以货币计量、需以货币偿付的义务。(　　)
12. 资产是企业所拥有和控制的能以货币计量的经济资源。(　　)
13. 负债包括现时的偿债义务和潜在的偿债义务。(　　)
14. 资产只有与权益项目一一对应才能保持数量上的平衡。(　　)
15. 任何流入企业的资产都可视为收入。(　　)
16. 会计等式在任何一个时点上都是平衡的。(　　)
17. 输出的会计信息仍需经过再一次确认才能保证其有用性。(　　)
18. 将要发生的债务也应确认为负债。(　　)

19. 所有权益的确认依赖于资产、负债的确认。（ ）
20. 确认收入的同时，也必须确认资产或负债。（ ）
21. 确认费用的同时，也必须确认资产或负债。（ ）
22. 会计确认的核心是会计计量。（ ）
23. 确认是会计核算的基础，会计计量是会计确认的核心。（ ）
24. 会计核算过程实质上是一个信息变换、加工和传输的过程。（ ）
25. 会计确认、会计计量是会计核算方法中两个独立的方法。（ ）

二、单项选择题

1. 企业资金的循环与周转过程不应包括（ ）。
A. 供应过程　B. 生产过程
C. 销售过程　D. 分配过程
2. 企业的全部资产减去全部负债后的净额就是企业的（ ）。
A. 所有者的投资额　B. 所有者权益
C. 实收资本　D. 资本公积
3. 具体而言，会计对象可分解为（ ）。
A. 会计科目　B. 会计要素
C. 经济业务　D. 以货币表示的经济活动
4. 下列各项中属于所有者权益的是（ ）。
A. 房屋与设备　B. 存款与原材料　C. 负债　D. 未分配利润
5. 资产是过去的交易事项形成由企业拥有或控制的能为企业带来预期经济利益的（ ）。
A. 经济效益　B. 经济资源　C. 经济责任　D. 经济成果
6. 负债是过去的交易、事项形成的现时义务，履行该义务需以（ ）偿还。
A. 资产　B. 货币资金　C. 劳务　D. 资产或劳务
7. 把费用按一定的对象予以归集和分配，即对象化了的费用通常称为（ ）。
A. 间接费用　B. 期间费用　C. 制造费用　D. 成本
8. 收入是企业销售商品、提供劳务等日常经济活动中所形成的（ ）总流入。
A. 销售商品收入　B. 劳务收入　C. 营业收入　D. 经济利益
9. 会计确认的核心问题是（ ）。
A. 会计核算　B. 会计记录　C. 会计计量　D. 会计报告
10. 会计核算过程实质上是一个信息变换、加工和传输的过程。（ ）是信息变换的关键环节。
A. 会计确认　B. 会计计量　C. 会计报告　D. 会计记录
11. 初次确认是指对输入会计核算系统的（ ）进行确认。
A. 会计信息　B. 加工后的会计信息
C. 原始经济信息　D. 加工后的经济信息
12. 再确认是指对会计核算系统输出的（ ）的确认。
A. 经济信息　B. 会计信息

C. 原始经济信息　　D. 加工后的会计信息

13. 再确认的标准是依据（　　）的需要，确认账簿中的哪些资料应列入会计报表。

A. 会计信息使用者　　B. 货币计量

C. 会计目标　　D. 会计核算

14. 初次确认的关键性标准是（　　）。

A. 可定义性　　B. 可计量性　　C. 相关性　　D. 客观性

15. 再确认的关键性标准是（　　）。

A. 可计量性　　B. 客观性　　C. 相关性　　D. 重要性

16. 一般情况下，会计计量以法定的（　　）作为计量单位。

A. 货币　　B. 名义货币　　C. 一般购买力　　D. 记账本位币

17. 一般情况下，企业会计核算应选择（　　）计量模式。

A. 历史成本/名义货币单位　　B. 历史成本/不变货币单位

C. 现行成本/名义货币单位　　D. 现行成本/不变货币单位

18. 资产的计价是以（　　）数额来确定和表现各资产项目的价值数量。

A. 货币　　B. 使用价值　　C. 价值　　D. 一般购买力货币

19. 会计等式中各（　　）之间在总额上存在必然相等的关系。

A. 会计科目　　B. 会计要素　　C. 会计账户　　D. 会计主体

20. 以下经济业务会引起资产和负债同时减少的业务是（　　）。

A. 以银行存款支付外购原材料款　　B. 购进材料尚未付款

C. 向银行借款存入银行　　D. 以银行存款偿还借款

21. 经济业务发生后，（　　）会计等式的平衡关系。

A. 可能会影响　　B. 可能会破坏　　C. 不会影响　　D. 会影响

22. 下列项目中属于流动资产的是（　　）。

A. 预提费用　　B. 应交税金　　C. 预付账款　　D. 资本公积

23. 下列经济业务的发生，不会使会计等式两边总额发生变化的有（　　）。

A. 收到投资者以固定资产进行的投资　　B. 从银行取得借款存入银行

C. 以银行存款偿还应付账款　　D. 收到应收账款存入银行

24. 下列经济业务的发生，使资产和权益项目同时增加的是（　　）。

A. 收到购买单位预付的购货款存入银行　　B. 以资本公积转增资本

C. 产品生产领用材料　　D. 以现金支付运杂费

25. 要实现会计确认、计量的目的，就要借助于（　　）。

A. 会计核算　　B. 会计记录　　C. 会计报告　　D. 会计账簿

三、多项选择题

1. 下列各项中属于资产的项目是（　　）。

A. 银行存款　　B. 应收账款　　C. 长期投资　　D. 预付账款

2. 下列各项中属于流动资产的项目是（　　）。

A. 短期投资　　B. 待摊费用　　C. 存货　　D. 运输工具

3. 下列各项中属于固定资产的项目是（　　）。

A. 房屋及建筑物　B. 长期股权投资　C. 机器设备　D. 专有技术

4. 工业企业的资金运动包括（　）等部分。

A. 资金的筹集　B. 资金的退出

C. 资金的运用　D. 资金的循环与周转

5. 下列各项中属于流动负债的项目是（　）。

A. 应付账款　B. 预付账款　C. 预提费用　D. 应付债券

6. 下列各项中属于所有者权益的项目是（　）。

A. 实收资本　B. 固定资产　C. 资本公积　D. 本年利润

7. 资产要素的特点有（　）。

A. 由企业拥有或控制　B. 能带来预期的经济利益

C. 由过去的交易或事项形成　D. 具有实物形态

8. 负债要素的特点有（　）。

A. 由过去的交易或事项引起　B. 有确定的偿付金额

C. 将导致经济利益的流出　D. 必须用货币资金偿还

9. 所有者与债权人在企业中享有的权益不同，其区别主要有（　）。

A. 对企业的经营管理权限不同　B. 取得收益的形式不同

C. 对企业资产的要求权不同　D. 对资产确认的标准不同

10. 收入的实现会引起（　）。

A. 负债的减少　B. 资产的增加　C. 费用的减少　D. 利润的增加

11. 会计确认分为（　）。

A. 初次确认　B. 全过程的确认　C. 原始确认　D. 再确认

12. 会计确认的标准有（　）。

A. 可定义性　B. 可计量性　C. 相关性　D. 可靠性

13. 初次确认的标准是（　）。

A. 属于本会计主体　B. 可用货币计量

C. 符合会计信息使用者的要求　D. 已进入会计核算系统

14. 资产确认的标准有（　）。

A. 未来经济利益可能流入企业　B. 企业拥有或控制

C. 所有者认可的经济资源　D. 成本或价值能可靠地计量

15. 负债确认的标准有（　）。

A. 是一项现时义务的偿还　B. 结算金额能可靠地加以计量

C. 含有经济利益的资源可能流出企业　D. 按“负债＝资产－所有者权益”确定

16. 所有者权益确认的依据是（　）。

A. 资产　B. 负债　C. 收入　D. 费用

17. 收入确认的标准有（　）。

A. 会带来未来经济利益的增加　B. 具有收取收入的法定权利

C. 已完成赚取收入的过程　D. 收到确定金额的现金

18. 费用确认的标准有（　）。

A. 符合费用的定义　　B. 与收入具有配比关系
C. 能够可靠地计量　　D. 会引起经济利益的流出

19. 利润的确认依据是（　　）。
A. 资产　　B. 负债　　C. 收入　　D. 费用

20. 会计计量的对象包括（　　）。
A. 资产的计价　　B. 负债的计价　　C. 收益的决定　　D. 费用的决定

21. 会计计量模式包括的因素有（　　）。
A. 计量属性　　B. 计量基础　　C. 计量单位　　D. 计量结果

22. 会计恒等式是下列（　　）工作的理论依据。
A. 复式记账　　B. 成本计算　　C. 编制会计报表　　D. 设置账户

23. 会计恒等式可以用下列（　　）公式表示。
A. 资产 = 负债 + 所有者权益　　B. 资产 = 权益
C. 资产 = 债权人权益 + 所有者权益　　D. 资产 = 负债 + 权益
E. 资产 = 负债 + 所有者权益 +（收入 − 费用）

24. 下列经济业务中，引起会计恒等式左右两边同时发生增减变化的有（　　）。
A. 投资者投入资本　　B. 以银行存款支付外购存货费用
C. 取得收入存入银行　　D. 以产品抵偿债务

25. 下列经济业务中，只引起会计恒等式左右两边中一边变化的有（　　）。
A. 从银行取得贷款　　B. 将现金存入银行
D. 收到应收款存入银行　　D. 赊购原材料

26. 下列经济业务中，引起会计恒等式左右两边同时发生减少变化的有（　　）。
A. 以银行存款支付应付账款　　B. 以现金支付预提费用
C. 以现金支付下年度报刊费　　D. 取得短期借款存入银行

27. 下列经济业务中，只引起会计恒等式一边发生增减变化的有（　　）。
A. 以银行存款偿还欠款　　B. 以应收票据抵偿应收账款
C. 从税后利润中提取公益金　　D. 用固定资产交换存货

28. 会计计量与（　　）等会计方法与理论有密切联系。
A. 成本计算　　B. 存货计价　　C. 损益计算　　D. 利润分配

四、业务与计算题

某企业 2003 年 7 月 1 日资产、负债、所有者权益的资料如下表所示：

资产项目	金额（元）	负债与所有者权益项目	金额（元）
现金	1 000	短期借款	50 000
银行存款	120 000	应付账款	20 000
应收账款	30 000	应交税金	2 000
原材料	20 000	实收资本	360 000
库存商品	50 000	盈余公积	100 000
生产成本	11 000		

（续上表）

资产项目	金额（元）	负债与所有者权益项目	金额（元）
固定资产	300 000		
合计	532 000	合计	532 000

7 月份发生如下经济业务：

（1）购入原材料一批，计 5 000 元，已验收入库，但货款未付。

（2）从银行提取现金 3 000 元。

（3）以银行存款上缴税金 2 000 元。

（4）收到应收账款 30 000 元，存入银行。

（5）收到甲投资者以一辆全新汽车投资，价值 120 000 元。

（6）向银行借入短期借款，直接偿还应付账款 20 000 元。

（7）生产车间领用材料 8 000 元。

（8）以银行存款偿还银行短期借款 30 000 元。

（9）向银行借入短期借款 50 000 元存入银行。

（10）以银行存款购买原材料 18 000 元，材料已验收入库。

要求：计算上述经济业务的发生所引起有关项目的增减变动及结果，并填在下面的表式中；并说明经济业务的发生对会计等式的影响。

资产项目	变动前金额	增加金额	减少金额	变动后金额	权益项目	变动前金额	增加金额	减少金额	变动后金额
合计					合计				

第三章 会计科目与账户

第一节 会计科目

一、会计科目的设置

（一）设置会计科目的含义及意义

1. 会计科目的含义

会计科目是指对会计对象的具体内容进行分类核算的类目。通过设置会计科目，可以把各项会计要素的增减变化分门别类地记入账上，以提供一系列具体、分类的指标。会计科目是设置账户、处理账务所必须遵守的规则和依据，也是会计核算的一种专门方法。

在企业的生产经营过程中，会经常发生各种各样的经济业务，这些业务的发生必然会引起各项会计要素发生增减变化，而这些变化或发生在会计要素之间，或发生在会计要素各内部项目。这些变化是如何进行的，变化的结果是什么？这就需要借助于会计来记录，提供变化过程和结果的信息。但是，如果只将六大会计要素作为会计数据的归类标准，则过于笼统、概括，不能完整提供管理上所需资料。因此，还必须在会计要素的基础上进行进一步的分类，即设置会计科目。

2. 设置会计科目的意义

（1）设置会计科目可以正确、及时、全面、系统地反映会计对象。

会计科目是在对各个会计要素所包括的具体内容进行分类的基础上形成的。各个会计科目所反映的经济内容，既有严格的界限又有内在的联系，它们共同组成了一个完整的会计科目体系。借助于这一体系，人们很容易地把错综复杂的经济业务有条理地记录下来，供人们随时了解企业在一定时期内会计要素中的哪些具体项目发生了增减变化，归集、综合全部会计科目所提供的会计数据，可以系统地反映出资产、负债、所有者权益、收入、费用、利润等各个会计要素在一定时期的变化情况以及损益的发生和分配过程。

（2）会计科目是会计核算的基础。

会计科目在整个会计核算方法中具有举足轻重的地位。离开了会计科目，任何企业、事业单位都无法运用复式记账、填制会计凭证、登记账簿和编制报表等会计核算方法，会计就不可能对会计对象进行正确的核算。

(3) 会计科目为会计监督提供了依据。

由于每一会计科目都代表着特定的经济内容，这些内容又规定着每一个会计科目所能反映的范围。企业、事业单位的经济活动通过会计科目在会计账簿上留下了其运动的轨迹。因此，借助会计科目及其表现的经济活动轨迹，可以实现对各企业、事业单位经济活动的合法性、合理性、真实性进行监督。

(二) 设置会计科目的原则

为了核算和管理各项经济交易或经济业务的发生情况及由此引起的各个会计要素的增减变动情况，企业、事业等单位都要运用设置会计科目这一会计核算方法。各单位在设置会计科目时，一般应当考虑以下几项原则：

1. 简明性原则

会计科目的名称必须简单明了，易懂易记，使人一目了然，不致误解该科目的性质与作用。同时，会计科目的数量要繁简适宜，科目不宜过多，也不宜过少。会计科目数量的多少应视企业的性质、规模大小、业务繁简以及某类经济交易是否要单独表达等因素而定。

2. 代表性原则

会计科目是会计要素的具体经济内容的分类反映，是企业经济交易事项的缩影。因此，会计科目的名称要能准确地显示经济事项的内容，充分代表各种分类记录的性质与意义，以便分类归集决策所需的各种会计资料。如果会计科目名不符实，或淆惑难辨，则无法顾名思义，不便应用。

3. 一致性原则

为了便于将企业的会计资料在同行业的企业间以及企业本身前后期之间进行比较，会计科目的名称和内涵必须力求一致，这样才能便于将企业的财务状况与经营成果定期汇总编报，提供给与企业有利害关系的人士、单位使用，而不致误解。目前，我国由财政部制定了统一的分行业会计科目，以保证各行业的会计资料在全国范围内口径一致。

4. 周延性与互斥性原则

所谓周延性是指会计科目要能完全包涵企业的所有经济交易事项，或者说，周延性就是任何经济交易的发生都有适当的会计科目可以应用，以便能够汇集经营管理所需的各项会计资料。而所谓互斥性就是指要使会计科目的性质明确，以便正确归属经济交易事项的内容和性质，即归属于某一会计科目的事项与归属于另一会计科目的事项要能明确划分，不可含糊和重复。

5. 灵活性原则

灵活性是指企业按其规模大小和业务繁简情况，对一些不经常发生的会计事项或经常发生的会计事项可以根据实际的需要与账务处理的方便，对统一规定的会计科目作必要的增、减、合并。例如，低值易耗品、包装物较少的企业，可以将“低值易耗品”、“包装物”会计科目反映的内容并入“原材料”科目反映。再如原材料成本占产品成本比重大的企业，为了反映产品成本中各种原材料的耗费情况，可以将“原材料”科目反映的内容分别由增设的“原料及主要材料”、“外购半成品”、“辅助材料”、“燃料”等科目来反映，以满足经营管理的需要。

(三) 会计科目表分类

由于不同的行业具体经济业务内容不同，国家规定了不同的会计科目。每个行业或每个企业各个会计科目并非彼此孤立，而是相互联系、相互补充地组成一个完整的会计科目体系，用来全面、系统、分类地核算和管理每个行业或企业会计对象的具体内容，提供经营管理所需要的一系列会计资料。为了正确地运用会计科目，明确各个会计科目的性质、作用及其相互关系，便于分析企业的资产、负债和所有者权益的状况，可以按下列标准对会计科目进行分类：

1. 按经济内容分类

企业的会计科目按其反映的经济内容，可以划分为以下五大类：资产类、负债类、所有者权益类、成本类和损益类。

（1）资产类。包括流动资产、长期投资、固定资产、无形资产及其他资产，反映企业资金使用的方向和规模以及企业的债权。

（2）负债类。包括流动负债和长期负债，反映企业除投入资本和利润以外的资金来源以及企业对外单位的负债。

（3）所有者权益类。包括实收资本、资本公积金、盈余公积金和未分配利润等，反映企业的资本和可形成资本的资金来源以及未分配的利润。

（4）成本类。包括生产成本和制造费用，反映企业在生产经营过程中所发生的可用货币表现的各项耗费。

（5）损益类。包括营业损益和营业外收支，反映企业在一定期间内通过销售产品或提供劳务而取得的销售收入及财务成果。

工业企业常用的会计科目按其经济内容分类如表 3－1 所示。

2006 年 2 月 15 日发布了新的企业会计准则体系，这套准则体系得到了国际会计准则委员会的认可，标志着我国会计准则在国际化道路上迈出了坚实的一步。本准则体系由一份基本准则和 38 份具体准则、应用指南及会计科目表组成。

表 3－1 《新企业会计准则》规定的常用会计科目表

会计科目表（常用科目简表）			
编号	会计科目名称	编号	会计科目名称
一、资产类		二、负债类	
1001	库存现金	2001	短期借款
1002	银行存款	2002	存入保证金
1012	其他货币资金	2201	应付票据
1101	交易性金融资产	2202	应付账款
1121	应收票据	2203	预收账款
1122	应收账款	2211	应付职工薪酬
1123	预收账款	2221	应交税费
1131	应收股利	2231	应付利息
1132	应收利息	2232	应付股利
1221	其他应收款	2241	其他应付款

（续上表）

会计科目表（常用科目简表）			
编号	会计科目名称	编号	会计科目名称
1231	坏账准备	2401	递延收益
1401	材料采购	2501	长期借款
1402	在途物资	2502	应付债券
1403	原材料	2701	长期应付款
1404	材料成本差异	2702	未确认融资费用
1405	库存商品	2711	专项应付款
1406	发出商品	2801	预计负债
1407	商品进销差价	2901	递延所得税负债
1408	委托加工物资	四、所有者权益类	
1411	周转材料	4001	实收资本
1471	存货跌价准备	4002	资本公积
1501	持有至到期投资	4101	盈余公积
1502	持有至到期投资减值准备	4103	本年利润
1503	可供出售金融资产	4104	利润分配
1511	长期股权投资	五、成本类	
1512	长期股权投资减值准备	5001	生产成本
1521	投资性房地产	5101	制造费用
1531	长期应收款	5202	劳务成本
1532	未实现融资收益	5301	研发支出
1601	固定资产	六、损益类	
1602	累计折旧	6001	主营业务收入
1603	固定资产减值准备	6051	其他业务收入
1604	在建工程	6111	投资收益
1605	工程物资	6301	营业外收入
1606	固定资产清理	6401	主营业务成本
1611	未担保余值	6402	其他业务成本
1632	累计折耗	6403	营业税金及附加
1701	无形资产	6601	销售费用
1702	累计摊销	6602	管理费用
1703	无形资产减值准备	6603	财务费用
1711	商誉	6701	资产减值损失
1801	长期待摊费用	6711	营业外支出

（续上表）

会计科目表（常用科目简表）			
编号	会计科目名称	编号	会计科目名称
1811	递延所得税资产	6801	所得税费用
1901	待处理财产损益	6901	以前年度损益调整

2. 按其提供核算指标的详略程度分类

会计科目按其提供核算指标的详略程度，可以分为以下三类：

（1）总分类科目。亦称总账科目或一级科目，它是对会计要素的具体内容进行总括分类的科目。一般按会计要素的科目别设置，如“现金”、“原材料”、“固定资产”、“短期借款”、“应付工资”、“实收资本”、“管理费用”等科目，就是总分类科目。

（2）明细分类科目。又称为子目或二级科目，它是对资产、负债、所有者权益、成本、损益五大类的各总分类科目进一步分类的科目。一般按会计要素的子目别设置，如在“固定资产”总分类科目下面，按固定资产的经济用途和使用情况分别设置“经营用固定资产”、“非经营用固定资产”、“租出固定资产”、“不需用固定资产”、“未使用固定资产”、“土地”、“融资租入固定资产”等科目，就是明细分类科目。

（3）明细科目。又称为细目或三级科目，它是对某一明细分类科目或子目所反映的内容再作进一步细分的科目。例如，“固定资产”总分类科目中的“经营用固定资产”明细分类科目所包括的内容很多，企业可根据实际需要，在其下设“房屋”、“建筑物”、“动力设备”“机器及设备”、“运输设备”、“管理用具”、“其他经营用固定资产”等明细科目。

表 3－2　会计科目的级次关系

总分类科目（一级科目）	明细分类科目	
	子目（二级科目）	细目（三级科目）
生产成本	甲车间	子产品
		丑产品
	乙车间	寅产品
		卯产品
	丙车间	辰产品
		巳产品

在实际工作中，各行业的总分类科目由财政部统一规定；明细分类科目和明细科目则由各企业根据生产经营与管理的实际需要自行规定。

总分类科目核算和监督各会计要素具体内容的总括情况，并对明细分类科目即子目起控制作用。明细分类科目是根据总分类科目的具体内容设置的，是对总分类科目的详细说明，对明细科目即细目起控制作用。明细科目是根据某一明细分类科目的具体内容设置的，是对明细分类科目的详细说明。

二、会计科目的排列和编号

对会计科目作了适当分类后，还须按一定顺序作系统的排列和编号，以求既不致显得杂乱，便于记忆使用和查找账册，又可便于账务处理与会计报表的编制。

（一）会计科目的排列

1. 会计科目大类排列

会计科目大类排列的顺序一般是：资产类—负债类—所有者权益类—成本类—损益类。所有者权益之所以排列在负债之后，是由于债权人有优先于企业投资者的索偿权，即在企业结束时，只有所有债权人收回其全部债权后，投资者才能行使其索偿权。成本与损益是企业运用其资产后所发生的耗费与财务成果。一般来说，先有付出即耗费，后有收入，故成本类科目排列在损益类之前，尽管获得一定的财务成果是企业经营的目标。

2. 各类会计科目的排列

各类会计科目的排列顺序除资产、负债类科目因企业业务性质与重点的不同而有两种不同的排列方式外，所有者权益、成本、损益三类科目的排列方式如表 3－1 中所示，这种排列方式在世界上已约定俗成，为一般会计人员所接受。下面主要说明资产与负债类的两种不同的排列方式及用途。

其一是按流动性的大小排列。资产类科目中，将现金、应收票据等流动性大或变现力强的科目先列，而将长期投资、固定资产等流动性较小或变现力弱的科目后列。与此相适应，负债类科目中，短期借款、应付票据等流动性较大的科目先列，而长期负债、长期应付款等流动性较小的科目后列。这种排列方式突出企业的偿债能力，适应短期债权人的需要，有利于企业获得短期借款。因为许多债权人认为，一家公司或企业的流动资产总额若是流动负债总额的两倍，则该公司或企业的信用风险较小。

其二是按固定性的大小排列。资产类科目中，将固定资产、长期投资等固定性大或变现力弱的科目排在前面，而将现金、应收票据等固定性小或变现力强的科目排在后面。与此相适应，负债类科目中，将期限长的排在前面，期限短的排在后面。这种排列方式的主要作用在于表示一家公司或企业的资产实力是否雄厚。因为长期债权人与投资者所关心的是固定资产与长期负债的比例，即企业的固定资产是否足以抵押其债权。

（二）会计科目的编号

会计科目除要有系统的排列外，还应将其科学地编号，这也是简化账务处理手续，提高工作效率的方法。实践证明，在使用机器记账，尤其是电脑记账的条件下，会计科目的编号不但可使账户作有系统的排列，同时也是实施财务资讯及会计电脑化的先决条件。用会计科目编号代替会计科目，不仅可使电脑快速处理会计凭证和编制会计报表，也可使手工操作会计进行分录、过账时获得许多便利。

会计科目的编号主要有三种方法，即数字编号法、文字编号法、数字文字混合编号法。编号的方式也有三种：一是分类编号；二是顺序编号；三是分段编号。通常采用数字、分类编号，即将会计科目先分成若干大类，大类之下再分小类，并以不同数位的数字分别代表大类、小类及其再分类。

会计科目编号无论用何种方法与方式，都应符合以下基本要求：

（1）会计科目的编号应按一定规律，分别先后的顺序，力求简单明了，系统清晰。

（2）会计科目编号力求固定统一，同一行业应统一编号，不能任意变更，以免发生混乱。

（3）会计科目编号的位数要考虑会计科目分类层次分明的需要，不能太少，也不能过多。

（4）要有相当弹性，为适应以后企业发展的需要，应预留一部分编号，以便容纳以后新增的会计科目。

我国财政部统一规定的会计科目表中，总账会计科目的编号通常采用四位数字。从左到右，第一位数字表示会计科目的大类别，如 1 表示资产类科目，2 表示负债类科目，3 表示所有者权益类科目等；第二位数字表示某一大类会计科目下的各个小类，如在资产类科目中，0 表示货币资金类，1 表示短期投资及应收账项类，2 表示各种形式的存货资产，5 表示固定资产等；第三、四位数字表示各小类下的各会计科目的序号，其中某些会计科目之间可能留有空号，以满足今后增加科目的需要。如果还需要表示明细分类科目，则应在右边增设两位数字。

第二节　账　户

一、设置账户的必要性

账户是根据规定的会计科目开设，用来记录各会计科目所反映的经济业务内容的格式。

设置会计科目只解决了分类的问题，要把发生的业务连续、系统地记录下来以取得有用的会计信息，必须根据会计科目开设账户，通过账户的一定结构和内容来实现。

在会计工作中，账户是按照会计科目的要求设置的。因此，应当按照会计科目的分类相应地开设有关账户。

根据会计科目反映的不同经济内容开设相应类别的账户，即开设反映资产的账户、反映负债的账户、反映所有者权益的账户、反映成本的账户和反映损益的账户。

根据会计科目提供核算指标的不同层次分别开设不同层次的账户。根据总分类科目开设的账户叫做总分类账户，用货币量度记录各项经济业务，提供资产、负债、所有者权益、成本、损益各方面总括的核算资料；根据明细分类科目和明细科目开设的账户叫做明细分类账户，用以记录各项经济业务，提供某一会计科目具体的、详细的核算资料。按明细分类科目即子目开设的账户叫做二级账户；按明细科目即细目开设的账户叫做三级账户。明细分类账户通常既可运用货币量度也可运用实物量度记录经济业务，因此，明细分类账户既提供货币指标，也可提供实物数量指标。

例如，根据“固定资产”科目开设的账户所进行的核算称为固定资产的总分类核算。由于企业各种固定资产的性质与实物计量单位是不同的，所以“固定资产”账户只能进行价值增减变动的核算，不能进行实物增减变动的核算，它只能总括地提供企业全部固定资产增加、减少与结存的金额资料。根据“固定资产”科目所属的“经营用固定资产”、“非经营用固定资产”等明细分类科目开设的账户所进行的核算称为固定资产明细分类核算，用以记录每一类固定资产的增加、减少与结存情况。由于同一类固定资产在性质与实物计量方面仍有较大的不同，所以“经营用固定资产”、“非经营用固定资产”等明细账户也只能按货币量度记录某一类固定资产增减变动情况，提供某一类固定资产增加、减少与结存的金额资料。根据“经营用固定资产”明细分类科目所属的“房屋”、“建筑物”、“动力设备”等明细科目开设的账户所进行的核算称为明细核算，用以记录每一明细种类固定资产的增加、减少与结存情况。

二、账户的基本结构

为了在账户中记录各项经济业务，所开设的账户应具一定的结构。从企业来讲，各项经济业务的发生所引起的会计要素变动不外乎是增加和减少两种情况。因此，账户的基本结构通常就划分为左、右两方，一方用来记录增加，另一方用来记录减少，其结构如图 3－1 所示：

××账户

期初余额 本期增加数	本期减少数
期末余额	

图 3－1

也有的称为丁字形账户或 T 形账户，其结构如图 3－2 所示：

左方（借方）	账户名称	右方（贷方）

图 3－2

上列账户格式反映的是账户的基本结构，也是手工记账经常采用的格式。账户的基本结构一般应包含下列内容：

（1）账户的名称（会计科目）。

（2）日期和摘要（记录经济业务的日期和概括说明经济业务的内容）。

（3）增加和减少的金额及余额。

（4）凭证号数（说明账户记录的依据）。

（5）金额，即本期发生的增加金额、减少金额和一定时点上的余额。

上述账户中的四个方面存在一定的相等关系，即：期初余额＋本期增加发生额－本期减少发生额＝期末余额。

一般账户的格式如图 3－3 所示。其中，左方与右方两个金额栏分别记录增加金额和减少金额，至于哪一方记增加金额，哪一方记减少金额，则取决于账户所反映的经济内容和性质。在账户中所记录的金额有以下四种：

（1）本期增加额，是指一定时期（月度、季度或年度）内账户所登记的增加金额的合计，也称为本期增加发生额。

（2）本期减少额，是指一定时期（月度、季度或年度）内账户所登记的减少金额的合计，也称为本期减少发生额。

（3）期末余额，是指本期增加发生额和本期减少发生额相抵后的差额和期初余额按一定的公式计算出来的数额，即月末、季末、年末计算出来的账户余额。

（4）期初余额，上期期末余额就是本期期初余额，本期期末余额就是下期期初余额。

账户名称（会计科目）

年		凭证号	摘要	左方金额	右方金额	余额
月	日					

图3－3

以上四项金额的关系，可用下列等式表示：

期末余额＝期初余额＋本期增加发生额－本期减少发生额

需要指出的是，上述账户的基本格式是手工记账条件下通常采用的，在电脑记账的情况下，账户的格式则不像图3－2所示那样明显，但仍然要按照其格式的内容提供有关核算资料。

会计科目和账户是两个不同的概念，两者之间既有联系，又有区别。两者的联系：会计科目是设置账户的依据，会计科目就是账户的名称；会计科目规定的经济内容也就是账户记录的经济内容；会计科目的分类也就是账户的分类。两者的区别：会计科目表明某种经济内容的项目，是账户的名称，为填制记账凭证和开设账户所用；而账户按照会计科目设置，具有一定的格式和结构，用以记录某种经济内容的增减变化情况，为登记账目和编制会计报表所用。

三、总分类账和明细分类账

设置账户是会计核算的重要步骤之一，会计账户的开设应与会计科目的设置相适应。会计科目分为总账科目、二级明细科目和三级明细科目，账户也应开设总分类账（一级账户）和明细账（二级、三级账户）。

总分类账簿，简称总账。总账是根据总分类科目开设的，用来分类登记全部经济业务，提供总括核算资料的分类账簿。

明细分类账簿，简称明细账。明细账是根据总分类科目设置，按所属明细科目开设的，用来登记某一类经济业务，提供详细具体核算资料的分类账簿。

在实际工作中，凡是需要使用的总分类科目一般都要开设总账，但不是所有的总账都要设置明细账进行明细分类核算。一般来说，对于比较重要的财产物资的增减变化，如原材料、库存商品、固定资产等；对于比较主要的所有者权益变动以及债权、债务的结算情况，如实收资本、应收账款、应付账款等；对于收入、费用等账户，如主营业务收入、主营业务成本、管理费用等，都需要设置明细账进行明细分类核算。

（一）总账和明细账之间的关系

（1）总分类账户是根据总分类科目开设，用以提供总括指标的账簿；明细分类账是根据明细分类科目开设，用以提供明细指标的账簿。

（2）在总分类账中进行的核算，称为总分类核算；在明细分类账中进行的核算，称为明细核算。各单位在进行总分类核算的同时，应根据管理的需要，进行必要的明细分类核算。

（3）总分类账和明细分类账都是用以提供会计核算指标的，但从其提供指标之间的关系考虑，总分类账对其所属的明细分类账起着统驭和控制的作用，可称之为统账账户。明细分类账对其总分类账起着补充和说明的作用，可称之为从属账户。总分类账和明细分类账应平行登记。

（二）平行登记

总分类账户与明细分类账户的密切关系，决定了总分类账户与其所属的明细分类账户应该进行平行登记。所谓平行登记，是指对所发生的每项交易或事项都要以会计凭证为依据，一方面记入有关总分类账户，另一方面记入有关总分类账户所属明细分类账户的方法。总分类账户与明细分类账户平行登记要求做到以下四点：

1. 同依据

同依据即将发生的交易或事项记入总分类账户及其所属明细分类账户时，所依据的会计凭证（特别是指原始凭证）相同。虽然登记总分类账户及其所属明细分类账户的直接依据不一定相同，但原始依据是相同的。

2. 同方向

同方向即将发生的交易或事项记入总分类账户及其所属的明细分类账户时，记账的借贷方向应当一致。如果记入总分类账户的借方（或贷方），记入其所属的明细分类账户时，也应记入借方（或贷方）。

3. 同期间

同期间即对发生的每一交易或事项，既要记入有关的总分类账户，又要在同一会计期间内记入其所属的明细分类账户。尽管登记总账与明细账的具体日期不一定相同，但都要在同一会计期间内进行登记。

4. 同金额

同金额即对发生的每一交易或事项，计入总分类账户的金额与计入其所属的明细分类账户的金额之和要相等。

总账与明细账登记如表3－3、表3－4和表3－5所示。

表 3－3　总分类账

账户名称：原材料

2009 年		凭证		摘要	借方	贷方	借或贷	余额
月	日	字	号					
12	01			期初余额			借	149 400
12	04	转	001	购入材料	32 000		借	181 400
				略				

表 3－4　原材料明细分类账户

账户名称：蓝布　　计量单位：捆

2009 年		凭证		摘要	收入			发出			结存		
月	日	字	号		数量	单价	金额	数量	单价	金额	数量	单价	金额
12	01			期初余额							30	3 180	95 400
12	04	转	001	购入	10	3 200	32 000				40	3 185	127 400
				略									

表 3－5　原材料明细分类账户

账户名称：青布　　计量单位：捆

2009 年		凭证		摘要	收入			发出			结存		
月	日	字	号		数量	单价	金额	数量	单价	金额	数量	单价	金额
12	01			期初余额							18	3 000	54 000
				略									

【能力训练】

一、判断题

1. 所有账户都是依据会计科目开设的。(　　)

2. 经济业务的发生都会引起会计恒等式两边发生等额的变化。(　　)

3. 会计科目与账户的经济内容和分类是完全一致的，所以会计科目也就是账户，账户也就是会计科目。(　　)

4. 所有账户的左边均记录增加额，右边均记录减少额。（　　）

5. 企业应根据实账户的资料编制资产负债表和利润表，根据虚账户编制现金流量表。（　　）

6. 根据明细分类科目开设的账户叫明细账户。（　　）

7. 明细分类科目不仅可以提供货币指标，还可以提供实物数量指标。（　　）

8. 会计要素的层次大致分为四类：类目别、项目别、科目别、子目别，其中项目别为分类系统的主体。（　　）

9. 一般来说，各类账户的期末余额与记录增加额的一方在同一方向。（　　）

10. 企业经济业务的各种变动在价值量上只有增加和减少两种情况。（　　）

11. 会计科目的设置决定着账户的开设、会计报表结构的设计。（　　）

12. 账户的左右两方是按相反方向来记录增加额和减少额的。（　　）

13. 本期增加发生额 - 本期减少发生额 = 本期期末余额 - 本期期初余额。（　　）

14. 本期减少发生额 = 本期期初余额 + 本期增加发生额 - 本期期末余额。（　　）

15. 所有的总分类账户均应设置明细分类账户。（　　）

16. 明细分类账户的名称、核算内容及使用方法通常是统一制定的。（　　）

二、单项选择题

1. 企业的会计科目必须反映（　　）的特点。

A. 会计本质　　B. 会计职能　　C. 会计对象　　D. 会计定义

2. 会计科目是（　　）。

A. 会计要素的名称　　B. 报表的项目　　C. 账户的名称　　D. 账簿的名称

3. 账户的基本结构分为（　　）。

A. 上下两部分　　B. 左右两部分

C. 前后两部分　　D. 发生额、余额两部分

4. 会计科目是对会计对象的具体内容进行分类核算的（　　）。

A. 标志　　B. 账户　　C. 结果　　D. 指标

5. 账户是根据（　　）开设的。

A. 会计准则　　B. 会计制度的规定　　C. 会计科目　　D. 会计报表

6. 账户的余额一般与（　　）在一方。

A. 增加额　　B. 减少额　　C. 金额　　D. 发生额

7. 下列账户中，反映资产情况的账户是（　　）。

A. 利润分配　　B. 生产成本　　C. 累计折旧　　D. 预提费用

8. 下列账户中，反映企业收益情况的账户是（　　）。

A. 本年利润　　B. 公积金　　C. 预收账款　　D. 营业外收入

9. 下列账户中，属于实账户是（　　）。

A. 其他应收款　　B. 营业费用　　C. 营业收入　　D. 财务费用

10. 下列账户中，属于虚账户是（　　）。

A. 生产成本　　B. 长期借款　　C. 营业成本　　D. 资本公积

三、多项选择题

1. 设置会计科目一般应考虑（　　）原则。

A. 简明性与代表性　　B. 适用性与稳定性

C. 一致性与灵活性　　D. 周延性与互斥性

2. 账户一般应包括（　　）内容。

A. 账户名称　　B. 日期和摘要　　C. 凭证号数　　D. 增加或减少金额

3. 账户中各项金额的关系可用（　　）表示。

A. 本期期末余额 = 本期期初余额 + 本期增加发生额 − 本期减少发生额

B. 本期期末余额 + 本期减少发生额 = 本期期初余额 + 本期增加发生额

C. 本期期末余额 = 本期增加发生额 + 本期减少发生额

D. 本期期末余额 = 本期期初余额

4. 设置会计科目是一种基本的会计核算方法，它决定着（　　）。

A. 账户开设　　B. 成本计算

C. 凭证填制　　D. 会计报表结构设计

5. 账户中的各项金额包括（　　）。

A. 期初余额　　B. 期末余额　　C. 本期增加额　　D. 本期减少额

6. 下列各项中，反映非流动资产的账户有（　　）。

A. 应收票据　　B. 固定资产　　C. 累计折旧　　D. 无形资产

7. 下列各项中，反映流动负债的账户有（　　）。

A. 应交税金　　B. 应付债券　　C. 预提费用　　D. 预付账款

8. 账户的特点可归纳为（　　）。

A. 上期的期末余额与本期的期初余额在同一方向

B. 上期的期末余额等于本期的期初余额

C. 按相反方向记录增加额和减少额

D. 余额一般与记录增加额的在同一方向

9. 下列各项中，反映所有者权益的账户有（　　）。

A. 长期借款　　B. 本年利润　　C. 利润分配　　D. 盈余公积

10. 下列各项中，反映损益情况的账户有（　　）。

A. 待摊费用　　B. 营业费用　　C. 投资收益　　D. 营业收入

四、业务与计算题

1. 根据账户中各项金额的关系，在下列“T”账户的“______”上填上有关数字。

借方　　银行存款　　贷方

借方		贷方	
期初余额	140 000	①	30 000
①	60 000	②	______
本期发生额	60 000	本期发生额	______
期末余额	136 000		

借方　　应交税金　　贷方

借方		贷方	
①	______	期初余额	6 000
②	500	①	400
		②	600
本期发生额	______	本期发生额	1 000
		期末余额	5 000

借方	银行存款		贷方
期初余额			
①	200	①	700
②	400		
本期发生额	______	本期发生额	700
期末余额	200		

借方	应交税金		贷方
①	1 500	期初余额	7 000
②	______	①	1 000
本期发生额	2 000	本期发生额	1 000
		期末余额	______

2. 根据下列经济业务事项，说明所属的会计科目，并按经济内容归类。

经济业务事项	所属会计科目	按经济内容归类
从银行取得3年期借款		
运输汽车		
库存材料		
库存完工产品		
支付的销售费用		
暂付职工差旅费		
生产厂房		
销货的收入		
预收的押金		
从税后利润中提取的公积金		
应收某公司的货款		
库存燃料		
未完工产品		
存放在银行的款项		
投资者投入的资本		
应付供货单位的材料款		
欠交的税金		
欠付投资者的利润		
工作机器与设备		
由出纳人员保管的现金		

第四章　复式记账

第一节　复式记账概述

一、复式记账的含义和基本原理

为了核算和监督会计对象，揭示会计对象具体内容之间的本质联系，除了将会计对象的具体内容划分为六大会计要素，通过设置会计科目对会计要素作进一步分类，并在此基础上开立账户，以便连续、系统地反映特定会计主体的经济活动及其结果之外，还应解决这样一个问题：如何把会计要素的增减变动记录在账户中，即采取什么样的记账方法。

所谓记账方法，是指在账簿中登记经济业务的方法，即以会计凭证为依据，运用一定的记账原理和规则，把经济业务记到账簿中去，并通过试算平衡来检查账簿记录是否正确。具体来说，确定记账方法就是要做到以下两点：

（1）每一项经济业务发生之后，要明确应在什么账户中进行登记。记账方法按其登记一项经济业务时是涉及一个账户还是两个或两个以上账户，可以分为单式记账法和复式记账法。

（2）每一项经济业务发生之后，要明确账户所登记的内容以及账户余额的方向。

按照记录方式的不同，记账方法可分为单式记账法和复式记账法。

单式记账法是一种比较简单、不完整的记账方法。它是对发生经济业务之后所产生会计要素的增减变动只在一个账户中进行记录登记的方法，主要是用于记录银钱收付和债权债务结算。例如，现金100元购买办公用品，在记账时只记现金减少，而对费用增加不记录。这种记录造成账户之间的记录没有直接的联系，不能全面揭示经济业务的来龙去脉，有很大的局限性。

复式记账是一种科学的方法，是从单式记账法发展来的。它是指对发生的每一笔经济业务都必须以相等的金额在相互联系的两个或两个以上的账户中进行登记，包括借贷记账法、收付记账法和增减记账法。按照《企业会计准则》规定，所有企业一律采用借贷复式记账法。

从复式记账的定义中可知，它的核心有两点：一是相等的金额；二是需要在两个或两个以上的账户中反映。

那么，经济业务发生为什么必须用两个或两个以上的账户来记录，即它建立的客观依据是什么？

从前面的介绍中可知，经济业务发生后，使得会计要素发生变化，即“资产 = 负债 + 所有者权益”产生变化，而这种变化可以从两方面进行分析：

一方面是经济业务发生后，会计要素之间发生变化，涉及等式两边的具体项目，或者是增加，或者是减少。但这里必须注意的是：这种经济业务发生后，它使等式两边的具体项目同时发生变化，即是两个方面的内容，并且以相等金额同时增加或减少。

另一方面是经济业务发生后，使某会计要素内部项目发生变化，即仅仅涉及等式一边的各项目变化，或是资产具体项目，或是负债具体项目变化。但这里也需注意，虽然这种经济业务只涉及一方具体项目变化，但它同样涉及两个方面的内容：一个项目增加，另一个项目就必然减少，而不会只涉及一方面的内容。例如，现金 100 元购买办公用品，在记账时既记现金减少，同时对费用增加也进行记录和反映。

通过以上分析可得出这样的结论：任何一项经济业务发生所引起会计要素的变化，客观地表现为两个方面，会计为了适应会计要素变化的特点，就必须用两个或两个以上的账户相互联系地记录，这是复式记账建立的客观依据。

二、复式记账的特点

与单式记账法相比较，复式记账法具有以下两个特点：①可以了解经济业务的来龙去脉，完整反映经济活动的过程和结果；②对记录的结果可以进行试算平衡，以检查账户记录的正确性。

复式记账包括借贷记账法、增减记账法、各类收付记账法（钱物收付、资金收付、现金收付），目前使用的是借贷记账法。

第二节　借贷记账法

一、借贷记账法的含义

借贷记账法是以“借”、“贷”作为记账符号来记录会计要素增减变动情况的一种复式记账方法。它属于复式记账的一种方法，因此，也符合复式记账的基本原理。

借贷记账法大约起源于十三、十四世纪资本主义萌芽时期的意大利。当时，它主要是从借贷资本家（经营银钱业）的角度来解释的。当时借贷资本家的业务是吸收存款，付出放款。因此，在吸收存款时，称为“贷”，记入贷主名下，表示欠人（债务）；付出放款时，称为“借”，记入借主名下，表示人欠（债权）。所以，当时的借、贷二字分别表示债权、债务的变化。

以后，随着商品经济的发展和经济活动的复杂化，原来所记录的存、放款业务已经不能满足经济活动的需要，借贷资本家不仅要记录存、放款业务，而且还要记录它所经营的商品、现金、经营损益和经营资本等的变化。这些非银钱业务也需要借、贷二字来记录，以保持账簿记录的统一。这样，借、贷二字逐渐失去它原来的含义而转化为纯粹的记账符号，成为会计上的专门术语和国际商业语言。

二、账户结构

在借贷记账法下，任何账户的基本结构都可分为借方和贷方两个部分，通常规定左方为“借方”，右方为“贷方”。至于哪一方登记增加，哪一方登记减少，则取决于账户所反映的经济内容或账户的性质。

为了保证记账的科学性和简明性，按惯例对借贷记账和账户结构作了如下的规定：

1. 资产、负债和所有者权益类账户的结构

（1）资产类账户的结构：借方记录资产的增加，贷方记录资产的减少，余额一般在借方，表示期末资产的结余数。

（2）负债及所有者权益类账户的结构：由会计等式决定，负债及所有者权益类账户的结构与资产类账户结构相反，贷方记录负债及权益的增加，借方记录负债及权益的减少，余额一般在贷方。

从以上两类账户的具体内容可以看出：在借贷记账法下，账户的“借”、“贷”两个记账符号所表示的增减含义是不同的，可以说是恰恰相反的两种含义。

另外，在一定时期内，企业还要将账户所登记的数额进行汇总，结出本期发生额。

在借贷记账法下，账户的本期发生额是指在一定时期内记入某个账户借方或贷方的数额合计，它反映了各资产、负债和所有者权益在一定时期内增减变动的情况（即动态）。

从账户的结构来讲，可以根据每个账户的期初余额、本期借方发生额和本期贷方发生额，计算出账户的期末余额。期末余额主要是反映各项资产、负债和所有者权益在一定时期内增减变动的结果（即静态）。

2. 收入、费用类账户的结构

企业通过销售，一方面要售出产品，另一方面就会获取收入，最终形成企业的利润。这些收入、利润按规定，除一部分退出企业外，大部分要重新进入企业，留在企业中形成负债或所有者权益。因此，收入和利润实质上是企业内部处于转化或形成过程中的负债和所有者权益。所以，收入类账户的结构与负债、所有者权益类账户的结构相同，即贷方登记增加数，借方登记减少数，期末一般无余额。

企业生产过程中所发生的费用和形成的成本，从实质上讲，是资产的转化。因此，费用、成本实质上是处于转化过程或形成过程中的资产，它们的结构与资产类账户的结构相一致，即借方登记增加数，贷方登记减少数，期末一般无余额，若有余额应在借方。

以上分析可归纳如下表：

表 4－1

借方	贷方
资产（＋）	资产（－）
成本、费用（＋）	成本、费用（－）
负债、所有者权益（－）	负债、所有者权益（＋）
收入、利润（－）	收入、利润（＋）
余额：资产	余额：负债、所有者权益

三、借贷记账法的记账规则

（一）记账规则

对企业而言，它所发生的经济业务引起会计要素的变化，需借助于借贷记账法来反映、记录。然而，这些大量的、纷繁复杂的经济业务的发生，在记录和记账时，是否有一定规律可循？也就是说，在处理企业众多的经济业务时，能否从中找出它们的共同点，总结出处理经济业务的一般规律是问题的关键所在。前面已经介绍，一个企业的经济业务不外乎是四种类型，衍生出九种情况，下面举例说明：

1. 资产项目的一增一减

（1）资产内部项目一个增加，另一个减少。如以银行存款50 000元购入设备一台，固定资产增加50 000元，银行存款减少50 000元，资产内部此增彼减。

2. 权益项目的一增一减

（2）负债内部项目一个增加，另一个减少。如从银行借入短期借款40 000元直接偿还应付账款，短期借款增加40 000元，应付账款减少40 000元。

（3）所有者权益项目一个增加，另一个减少。如将资本公积20 000元转增注册资本，实收资本增加20 000元，资本公积减少20 000元。

（4）所有者权益项目增加，负债项目减少。如将应付债券100 000元转为股票，实收资本增加100 000元，应付债券减少100 000元。

（5）负债项目增加，所有者权益项目减少。如将未分配利润80 000元全部向各投资者分配，利润分配增加80 000元，应付股利减少80 000元。

3. 资产与权益项目同增

（6）资产项目增加，负债项目增加。如购入材料10 000元，货款未付。原材料增加10 000元，应付账款增加10 000元。

（7）资产项目增加，所有者权益项目增加。如将投资者投入资金200 000元存入银行。实收资本增加200 000元，银行存款增加200 000元。

4. 资产与权益项目同减

（8）资产项目减少，负债项目减少。如以存款40 000元归还前欠银行借款，银行存款减少40 000元，短期借款减少40 000元。

（9）资产项目减少，所有者权益项目减少。如投资期满将存款50 000元归还投资者，银行存款减少50 000元，实收资本减少50 000元。

通过上例可知，经济业务发生引起会计要素增减变化的情况是四种类型，而这四种类型的每一种都可以用借贷两方把它们记录下来。因此，在借贷记账法下，对于任何一笔经济业务，不论它只涉及资产类账户，或只涉及负债类账户与所有者权益类账户，或同时涉及资产和负债、所有者权益类账户，都必须以相等金额，记入一个（或几个）账户的借方和另一个（或几个）账户的贷方。这就是借贷记账法的记账规则，概括为“有借必有贷，借贷必相等”。

在实际运用借贷记账法的记账规则记录经济业务时，应考虑以下三个方面问题：

第一，分析经济业务的性质，确定其涉及的账户类别，即在资产、负债、所有者权益、成本、损益五个大类中选择。

第二，确定经济业务涉及哪些账户，应在哪个账户中反映增加，哪个账户中反映减少。

第三，根据账户的结构，确定哪个账户记借方，哪个账户记贷方。

（二）账户之间的对应关系

在运用借贷记账法记录经济业务时，对每项经济业务都必须在两个或两个以上账户的借方和贷方相互联系地进行反映。这样，有关账户之间就形成应借、应贷的相互关系（或是一个账户的借方与另一个账户的贷方；或是几个账户的借方和一个账户的贷方；或是一个账户的借方与几个账户的贷方相互发生联系）。账户之间的这种相互关系，在会计上称为账户的对应关系。

因此，账户对应关系是指运用复式记账方法登记经济业务时，账户之间发生的应借、应贷的相互关系。那么，存在着对应关系的账户就称为对应账户。

例如，以存款 5 000 元偿还所欠货款。这笔业务的发生，就要记入“应付账款”账户的借方和“银行存款”账户的贷方。那么，通过这笔经济业务，就使得“应付账款”和“银行存款”这两个账户形成应借、应贷的对应关系，并且这两个账户也就成了对应账户。通过账户的对应关系，不但可以了解经济业务的内容，还可以判明经济业务处理的合理性和合法性。

（三）会计分录

为了保证账户对应关系的正确性，有必要在把经济业务记入账户之前，首先对该项经济业务加以分析，正确确定该项经济业务所应涉及的账户名称以及借贷方向和金额，即编制会计分录。

所谓会计分录，就是指明经济业务应借、应贷的账户名称和金额的记录。会计分录主要包括四个要素：①账户和明细账户的名称（源自会计科目名称）；②记账方向（借、贷）；③金额（用本位币反映价值）；④试算平衡（所有借方之和等于所有贷方之和）。

在实际工作中，会计分录是根据各项经济业务的原始凭证编制的，并在具有规定格式的记账凭证中标明。

【例1】计提企业交纳的社保及住房公积金 200 000 元。其会计分录为：

借：管理费用　　200 000

　贷：其他应交款　　200 000

【例2】企业计提职工个人交纳的社保及住房公积金 20 000 元。其会计分录为：

借：应付职工薪酬　　20 000

　贷：其他应交款　　20 000

【说明】上述两例经济业务，同属计提社保和住房公积金，但是企业与职工个人支付的对象不一样，涉及的会计科目也不一样。因此，找出每笔经济业务的内在联系，并从应借应贷的相互关系中找出账户的对应关系，找准会计科目，并以会计分录的形式把它们体现出来，是每个会计工作者要掌握的主要内容。

会计分录按照对应关系的复杂程度，可分为简单会计分录和复合会计分录。

简单会计分录就是仅在两个账户之间发生对应关系的分录，即一借一贷的会计分录，上述两例即为简单会计分录。

复合会计分录是在两个以上账户之间发生对应关系的分录，包括以一个账户的借方和另几个账户的贷方、或以一个账户的贷方和另几个账户的借方、或几个账户的借方和几个账户的贷方相对应而组成的会计分录。

【例3】企业收到上级拨入的款项100万元存入银行；收到外单位投入的设备一台价值50万元，收到一项专利价值20万元。

借：银行存款　　　　1 000 000
　　固定资产　　　　500 000
　　无形资产　　　　200 000
　贷：实收资本　　　　1 700 000

【例4】企业本月计提折旧5 000元，其中车间计提3 000元，管理部门计提2 000元。

借：管理费用　　　　2 000
　　制造费用　　　　3 000
　贷：累计折旧　　　　5 000

四、试算平衡

在运用借贷记账法记录经济业务时，可能会发生一些人为差错。为此，还必须确立用于检查、验证账户记录是否正确的方法，以便找出错误及原因，及时改正。这种检查和验证账户记录正确性的方法，在会计上称为试算平衡。

（一）发生额平衡法

账户发生额平衡法是用来检查本期每一个或全部账户的借贷发生额是否相等的方法。其公式如下：

全部账户借方本期发生额合计 = 全部账户贷方本期发生额合计

上述公式平衡的依据是记账规则。因为借贷记账法的记账规则是"有借必有贷、借贷必相等"，这样不仅每笔会计分录中的借、贷双方金额相等，而且全部账户中的借、贷方发生额的合计数都应相等。

（二）余额平衡法

账户余额平衡法是用来检查所有账户的借方期末余额和贷方期末余额合计是否相等的方法。其公式如下：

全部账户借方余额合计 = 全部账户贷方余额合计

上述公式平衡的依据是会计等式。因为在期末，账户余额在借方的属资产，账户余额在贷方的则属负债或所有者权益。根据"资产 = 负债 + 所有者权益"原理，所有账户借方余额合计数即资产总额必定等于所有账户贷方余额合计数即负债和所有者权益总额。

账户的发生额和余额试算平衡，一般是在月末结出各账户本期发生额和期末余额后，通过编制试算表进行。所谓试算平衡表，是指在会计核算中，期末根据经济业务的账户记录编制，用以检查和验证账户记录有无错误的一种计算表，其格式见表4－2。

表4-2 发生额及余额试算平衡表 单位：元

会计科目	期初余额		本期发生额		期末余额	
	借方	贷方	借方	贷方	借方	贷方
银行存款	120 000		140 000	114 000	146 000	
应收账款	130 000			40 000	90 000	
库存商品	250 000		30 000	56 000	224 000	
固定资产	300 000				300 000	
短期借款		200 000		20 000		220 000
应付账款		100 000	100 000	30 000		30 000
实收资本		500 000				500 000
主营业务收入			100 000	100 000		
主营业务成本			56 000	56 000		
销售费用			24 000	24 000		
管理费用			10 000	10 000		
本年利润			100 000	100 000		
未分配利润				10 000		10 000
合计	800 000	800 000	560 000	560 000	760 000	760 000

应该指出，试算平衡表只是通过借贷金额是否平衡来检查账户记录是否正确。如果借贷不平衡，可以肯定账户记录或计算有错误；如果借贷平衡，只能大体推断总分类账户的记录是正确的，但不能肯定记账无错误。因为有可能发生下列情况：

（1）漏记或重记。

（2）一笔业务在记录时，借贷双方金额同时多记或少记相同金额。

（3）一笔经济业务在编制会计分录时，应借、应贷账户互相颠倒，或错记账户名称。

（4）借方或贷方的各项目金额偶然一多一少，恰好抵消。

发生上述情况，是不能通过试算平衡发现的。所以，应对会计记录进行经常或定期的复核，以保证账户记录的正确性。

【能力训练】

一、判断题

1. 借、贷不仅作为记账符号，其本身的含义也应考虑，“借”只能表示债权的增加，“贷”只能表示债务的增加。(　　)

2. 对于不同性质的账户，借贷的含义有所不同。(　　)

3. 借贷记账法下账户的基本结构是：每一个账户的左边均为借方，右边均为贷方。(　　)

4. 负债及所有者权益账户的结构应与资产类账户的结构一致。(　　)

5. 借贷记账法要求：如果在一个账户中记借方，在另一个或几个账户中则一定记贷方。(　　)

6. 账户发生额试算平衡是根据借贷记账法的记账规则来确定的。(　　)
7. 借贷方向相反可以通过试算平衡查找出来。(　　)
8. 账户余额试算平衡是根据“资产＝负债＋所有者权益”确定的。(　　)
9. 如果试算平衡结果，发现借贷是平衡的，可以肯定记账没有错误。(　　)
10. 由于总分类账户既能提供总括核算指标，又能提供详细核算指标，因此是十分重要的账户。(　　)

二、单项选择题

1. 复式记账法对每项经济业务都以相等的余额在(　　)中进行登记。
A. 一个账户　B. 两个账户　C. 全部账户　D. 两个或两个以上账户
2. 借贷记账法下，账户哪一方记增加，哪一方记减少，是根据(　　)。
A. 采用什么核算方法决定的
B. 采用什么记账形式决定的
C. 增加数记借方，减少数记贷方的规则所决定的
D. 账户所反映的经济内容决定的
3. 采用借贷记账法，账户的基本结构是指(　　)。
A. 账户的具体格式　B. 账户应记的经济内容
C. 账户应分为借方或贷方　D. 账户的增加方或减少方
4. 资产类账户的期末余额一般在(　　)。
A. 借方　B. 借方或贷方　C. 贷方　D. 借方和贷方
5. 预收购货单位预付的购买产品款，应看作(　　)加以确认。
A. 资产　B. 负债　C. 所有者权益　D. 收入
6. 存在对应关系的账户称为(　　)。
A. 对应账户　B. 平衡账户　C. 总分账户　D. 联系账户
7. 收入或利润的余额在借方表示(　　)。
A. 资产的增加　B. 所有者权益的增加
C. 资产的减少　D. 所有者权益的减少
8. 某一账户期初余额在贷方，期末余额在借方，表明(　　)。
A. 该账户的性质未变
B. 该账户已从期初的资产变为期末的负债
C. 该账户已从期初的负债变为期末的资产
D. 该账户既不属于资产类，也不属于负债类
9. 在借贷记账法下，所有者权益账户的期末余额等于(　　)。
A. 期初贷方余额＋本期贷方发生额－本期借方发生额
B. 期初借方余额＋本期贷方发生额－本期借方发生额
C. 期初借方余额＋本期借方发生额－本期贷方发生额
D. 期初贷方余额＋本期借方发生额－本期贷方发生额
10. 借贷记账法发生额试算平衡法试算平衡的依据是(　　)。
A. 会计等式　B. 资金变化业务类型　C. 借贷记账规则　D. 平行登记

11. 会计等式实质表达的是（　　）。

A. 经济业务与会计事项　　B. 经济活动与经济业务

C. 经济业务与管理活动　　D. 财务状况与经营成果

12. 借贷记账法余额试算平衡法的依据是（　　）。

A. 借贷记账规则　　B. 借贷账户结构　　C. 平行关系　　D. 会计等式

13. 复合会计分录是指（　　）。

A. 一借一贷的分录　　B. 一贷一借的分录

C. 一借多贷的分录　　D. 按复式记账要求编制的分录

14. 对于双重性质账户的期末余额，下列说法中正确的是（　　）。

A. 一定有借方余额　　B. 一定有贷方余额

C. 一定没有余额　　D. 可能为借方余额，也可能为贷方余额

15. 收到投资者投资，存入银行，根据借贷记账法编制会计分录时，贷方所涉及的账户是（　　）。

A. 银行存款账户　　B. 实收资本账户　　C. 长期投资账户　　D. 长期借款账户

16. 在借贷记账法下，为保持账户之间清晰的对应关系，不宜编制（　　）的会计分录。

A. 一借一贷　　B. 多借一贷　　C. 一借多贷　　D. 多借多贷

17. 收益类账户的结构与所有者权益类账户的结构（　　）。

A. 一致　　B. 无关　　C. 相反　　D. 基本相同

18. 在编制“总分类账户发生额及余额试算平衡表”中，若出现三对平衡数字，则（　　）。

A. 全部总账账户记录一定正确

B. 全部总账账户记录也不能认为肯定无错

C. 全部明细分类账户记录一定正确

D. 全部明细分类账户记录也不能认为肯定无错

19. 借贷记账法的余额试算平衡公式是（　　）。

A. 每个账户借方发生额 = 每个账户贷方发生额

B. 全部账户本期借方发生额合计 = 全部账户本期贷方发生额合计

C. 全部账户期末借方余额合计 = 全部账户期末贷方余额合计

D. 每个账户期末借方余额 = 每个账户期末贷方余额

20. 对账户记录进行试算平衡是根据（　　）。

A. 会计要素划分的基本原理　　B. 所发生经济业务的内容的基本原理

C. 账户机构的基本原理　　D. 会计等式的基本原理

21. 总分类账户和所属明细分类账户平行登记的要点是（　　）。

A. 同内容、同方向、同日期　　B. 同方向、同日期、同金额

C. 同日期、同金额、同内容　　D. 同方向、同依据、同金额

三、多项选择题

1. 单式记账法在选择单方面记账时，重点考虑的是（　　）。

A. 现金方面发生的经济业务　　B. 银行存款方面发生的经济业务

C. 短期投资方面发生的经济业务　　D. 债权债务方面发生的经济业务

E. 所有者权益方面发生的经济业务

2. 复式记账法的优点是（　　）。

A. 账户对应关系清楚，能全面、清晰地反映经济业务的来龙去脉

B. 便于试算平衡，以检查账户记录是否正确

C. 能全面、系统地反映经济活动的过程和结果

D. 比单式记账法简单而完整

E. 所记账户之间形成相互对应的关系

3. 在借贷记账法下，属于资产类账户的有（　　）。

A. 银行存款　　B. 实收资本　　C. 短期投资　　D. 制造费用

E. 累计折旧

4. 在借贷记账法下，期末结账后，一般有余额的账户有（　　）。

A. 资产类账户　　B. 收入类账户　　C. 负债类账户　　D. 费用类账户

E. 所有者权益类账户

5. 借贷记账法下账户借方登记（　　）。

A. 资产增加　　B. 费用减少　　C. 负债减少　　D. 所有者权益减少

E. 收入、利润增加

6. 会计分录必须具备的要素包括（　　）。

A. 记账方向　　B. 记账手段　　C. 记账科目　　D. 记账金额

E. 记账时间

7. 下列各项记账差错中，运用余额试算平衡法可查出其错误的有（　　）。

A. 在过账时误将借方数额记入贷方

B. 一笔业务的记录全部被漏记

C. 一笔业务的记录借贷双方金额发生同样的错误

D. 某一账户借方或贷方本期发生额的计算有误

E. 过账时误将某账户发生额过入另一账户的同一方向

8. 在实际工作中，尽量不编多借多贷会计分录的理由有（　　）。

A. 账户对应关系不清楚　　B. 可能出现过账错误

C. 不便于了解经济业务内容　　D. 登记总账工作量大

E. 不便于进行试算平衡

9. 某企业生产产品领用材料 8 000 元，车间一般消耗领用 2 000 元，应记入下列（　　）账户的借方。

A. 原材料　　B. 管理费用　　C. 生产成本　　D. 制造费用

E. 生产成品

10. 在借贷记账法下，（　　）。

A. “借”和“贷”作为记账符号

B. “借”和“贷”等于“增”和“减”

C. 在账户结构上，“借”和“贷”表示两个对立的部位

D. “借”和“贷”表示债权和债务

E. 在金额的增减变化上，“借”和“贷”可表示“增加”或“减少”

11. 复合会计分录是（ ）。

A. 由两个简单会计分录组成的
B. 涉及两个以上账户的会计分录
C. 由两个对应账户组成
D. 按复式记账原理编制的会计分录
E. 仅指多借多贷的会计分录

12. 对于费用类账户来讲，（ ）。

A. 其增加额记入账户的借方
B. 其减少额记入账户的贷方
C. 期末一般没有余额
D. 如有期末余额，必定为借方余额
E. 如有期末余额，必定为贷方余额

13. 借贷记账法下账户贷方登记（ ）。

A. 资产的增加
B. 负债的减少
C. 费用的减少
D. 所有者权益的增加
E. 收入、利润的增加

14. 借贷记账法的主要特点包括（ ）。

A. 账户设置不要求固定分类
B. 以“借”、“贷”为记账符号
C. 以“有借必有贷，借贷必相等”为记账规则
D. 账户需要固定地划分为资产和负债及所有者权益两大类
E. 以“借贷必相等”的规则进行试算平衡

15. 编制会计分录时，必须考虑（ ）。

A. 经济业务发生涉及的会计要素是增加还是减少
B. 在账簿中登记借方还是贷方
C. 登记在哪些账户的借方或者贷方
D. 账户的余额是在借方还是在贷方
E. 经济业务的发生是否有必要反映

16. 下列有关借贷记账法记账规则的说法中，正确的是（ ）。

A. 对任何类型的经济业务，都一律采用“有借必有贷，借贷必相等”的规则
B. 不论是一借多贷、多借一贷，还是多借多贷，借贷双方的金额必须相等
C. 运用借贷记账法记账，在有关账户之间都会形成应借、应贷的相互关系
D. 按照这一记账规则登账结果，账户的借方发生额合计与贷方发生额合计必然相等
E. 记账规则既是记账的规则，也是核对账目的规则

四、业务与计算题

练习一

目的：练习账户的结构及账户金额的计算方法。

资料：

中意公司 2009 年 12 月 31 日有关账户的资料如下：

单位：元

账户名称	期初余额		本期发生额		期末余额	
	借方	贷方	借方	贷方	借方	贷方
长期股权投资	400 000		220 000	10 000	（ ）	
银行存款	60 000		（ ）	80 000	90 000	
应付账款		80 000	70 000	60 000		（ ）
短期借款		45 000	（ ）	10 000		30 000
应收账款	（ ）		30 000	50 000	20 000	
实收资本		350 000	——	（ ）		620 000
其他应收款		25 000	25 000	——		（ ）

要求：

根据账户期初余额、本期发生额和期末余额的计算方法，填列上表中的空缺部分。

练习二

目的：熟悉各类账户的登记方法。

要求：

请将左右两边相关内容用线连接起来：

①资产类账户

②负债类账户

③所有者权益类账户

④费用类账户

⑤收入类账户

⑥利润类账户

A. 增加记贷方，减少记借方，余额一般在贷方

B. 增加记借方，减少记贷方，余额一般在借方

C. 增加记贷方，减少记借方，期末一般无余额

D. 增加记借方，减少记贷方，期末一般无余额

练习三

目的：掌握复式记账原理。

资料：

1. 某企业1999年12月31日资产总额252 000元。

2. 1999年1月1日所有者权益总额238 000元。

3. 1999年全年经营收入总额135 000元。

要求：

根据上述资料，计算1999年度的经营支出是多少，并列出期末资产与权益的会计等式。

练习四

目的：练习账户对应关系及会计分录的编制。

资料：

星海公司1999年8月份有关账户记录如下：

现金

期初余额	150		
(1)	500	(5)	350
(9)	100		
期末余额	400		

材料

期初余额	98 000		
(2)	82 000	(4)	150 000
(7)	58 600		
期末余额	88 600		

银行存款

期初余额	89 600	(1)	500
(6)	15 800	(5)	70 000
(8)	30 000	(7)	58 600
(9)	20 000	(10)	20 000
期末余额	6 300		

应收账款

期初余额	45 800		
		(6)	15 800
		(9)	20 100
期末余额	9 900		

固定资产

期初余额	370 000		
(3)	124 000		
期末余额	494 000		

实收资本

		期初余额	483 000
		(3)	124 000
		期末余额	607 000

生产成本

期初余额	42 280		
(4)	150 000		
期末余额	192 280		

应付账款

		期初余额	35 800
(5)	70 350	(2)	82 000
		期末余额	47 450

短期借款

		期初余额	84 320
(10)	20 000	(8)	30 000
		期末余额	94 320

要求：

根据上述账户记录，补编会计分录，并说明每笔经济业务的内容。

练习五

目的：练习借贷记账法的应用及试算平衡表的编制。

资料：

星海公司 1999 年 10 月初有关账户余额如下表所示：

单位：元

资产	金额	负债及所有者权益	金额
现金	1 500	短期借款	195 000
银行存款	45 000	应付账款	142 500
材料	90 000	应交税金	9 000
应收账款	47 700	长期借款	186 000
产成品	60 000	实收资本	304 200
生产成本	22 500	资本公积	140 000
长期投资	180 000	盈余公积	70 000
固定资产	600 000		
合计	1 046 700	合计	1 046 700

该公司本月发生下列经济业务：

(1) 购进机器设备一台，价值 10 000 元，以银行存款支付。

(2) 以银行提取现金 1 000 元。

(3) 投资者投入企业原材料一批，作价 20 000 元。

(4) 生产车间向仓库领用材料一批，价值 40 000 元，投入生产。

(5) 以银行存款 22 500 元，偿还应付供货单位货款。

(6) 向银行取得长期借款 150 000 元，存入银行。

(7) 以银行存款上交所得税 9 000 元。

(8) 收到捐赠人赞助现金 5 000 元。

(9) 收到购货单位前欠货款 18 000 元，其中 16 000 元存入银行，其余部分收到现金。

(10) 以银行存款 48 000 元，归还银行短期借款 20 000 元和应付购货单位账款 28 000 元。

要求：

1. 根据以上资料编制会计分录，并记入有关账户。

2. 编制发生额及余额试算平衡表。

练习六

目的：练习总分类账户与明细分类账户的平行登记。

资料：

1. 星海公司 1999 年 8 月 31 日有关总分类账户和明细分类账户余额如下：

(1) 总分类账户：

“原材料”账户借方余额 400 000 元。

“应付账款”账户贷方余额 100 000 元。

(2) 明细分类账户:

"原材料——甲材料"账户1 600千克,单价150元,借方余额240 000元。

"原材料——乙材料"账户400千克,单价100元,借方余额40 000元。

"原材料——丙材料"账户1 000千克,单价120元,借方余额120 000元。

"应付账款——A公司"账户贷方余额60 000元。

"应付账款——B公司"账户贷方余额40 000元。

2. 该公司1999年9月份发生部分经济业务如下(不考虑增值税):

(1) 以银行存款偿还A公司前欠货款30 000元。

(2) 购进甲材料200千克,单价150元,价款30 000元,以银行存款支付,材料入库。

(3) 生产车间向仓库领用材料一批,其中甲材料400千克,单价150元;乙材料200千克,单价100元;丙材料500千克,单价120元,共计领用材料金额140 000元。

(4) 以银行存款偿还B公司前欠货款20 000元。

(5) 向A公司购入乙材料200千克,单价100元,材料入库,货款20 000元暂欠。

(6) 向B公司购入丙材料300千克,单价120元,材料入库,货款36 000元暂欠。

要求:

(1) 根据上述资料(2)的内容,编制会计分录。

(2) 开设"原材料"、"应付账款"总分类账和明细分类账,登记期初余额,并平行登记总分类账和明细分类账,结出各账户本期发生额和期末余额。

(3) 编制"原材料"、"应付账款"总分类账和明细分类账本期发生额及余额明细表。

第五章 借贷记账法的应用

第一节 记账基础

企业会计对企业生产经营过程及其结果的全面核算与控制，是以会计主体、持续经营、会计分期和货币计量假设为前提条件的。企业开展生产经营活动，能够不断地获得收入，不断地发生费用。将企业实现的收入与其相关费用配比，就能计算、确定生产经营的成果——利润。

由于会计分期假设的存在，为使企业的收入与费用能够合理配比，真实、正确地核算企业在一定会计期间的损益，在客观上就必须明确某项经济业务所产生后果的具体归属期间：是将其归属于该项经济业务相关的货币资金收入或支出期间，还是归属于该项经济业务所产生的实际影响期间？这就是会计确认的时间基础问题，会计专业术语称其为会计处理基础。

所谓会计处理基础，亦称会计确认基础，是指不同会计期间的收入与费用的确认标准，即一定会计期间的损益确认标准。在市场经济条件下，企业生产经营活动发生的收入或费用所体现的权利或责任，与其相关的货币资金的收入或支出行为并不能做到完全一致。尽管从一个较长时期来考察两者终将会取得一致，但在一个较短时期内，特别是在一个会计期间内很可能出现时间差。某一会计期间因生产经营活动所发生的收入与费用，可能在本期已收到、付出相关的货币资金，也可能在本期尚未收到、付出相关的货币资金；本期发生的费用，可能与本期获得的收入相关，也可能与本期获得的收入无关。所有这些经济业务的会计核算均须以相应的会计处理基础为其基本依据。

从会计的产生与发展的历史过程来看，会计处理基础主要有两种，即收付实现制与权责发生制。

一、收付实现制

收付实现制，亦称实收实付制或现金制，它是以款项的实际收到、付出作为本期收入和费用的确认标准，不考虑其相应的权利、责任是否应归属于本期。

在收付实现制下，凡属本期收、支款项的收入和费用，无论其权利、责任是否应归属于本期，均作为本期的收入和费用处理；反之，凡属本期未曾收、支款项的收入和费用，即使其权利、责任应该归属于本期，也不作为本期的收入和费用处理。由于款项的收付实际上是以货币资金的收付实现为依据的，故亦称之为实收实付制。

采用收付实现制会计处理基础，在经济业务的发生或完成的时间与其相应的货币资金收付结算时间不一致的情况下，会产生某一会计期间的收入、费用的确认与其对应的权利、责任相背离的现象。这种背离现象按月度计算比按季度计算多，按季度计算比按年度计算多，此现象的出现主要是受具体的结算方式、结算时间、商业信用、往来款项等诸多因素的影响而形成的。收付实现制下，由于计入本期损益的实际收入和费用不一定完全属于本期，使得一定会计期间计算、确定的经营成果不一定完全真实可靠，不同时期的会计信息也缺乏相应的可比性。但采用收付实现制不考虑预计收入、预付费用、应计收入、应计费用等的存在，会计期末无需对账簿记录进行调整，核算手续较为简便，容易被一般人所接受，因此该种会计处理基础主要适用于经济业务内容简单，且往来结算业务较少的非营利性的行政、事业、团体单位的损益确认。

二、权责发生制

权责发生制，亦称应收应付制或应计制，是指以经济业务的权益和责任的发生，即以应收应付作为确定本期收入和费用的标准。因为在一定的会计期间内，只要有经济业务的发生，就会相应地获得一定的经济权益或承担一定的经济责任，是一种应收或应付事项，所以无论其是否收到或付出相应货币资金，均作为本期的收入或费用确认和计量。

在权责发生制下，凡属当期已经实现的收入和已经发生或应当负担的费用，无论其款项是否实际收付，均作为当期的收入和费用处理；反之，凡不属当期的收入和费用，即使其款项已在当期实际收付，也不作为当期的收入和费用处理。由于收入和费用的确认以其是否在本期实际发生为标准，而无论其款项的收付，故亦称之为应收应付制。

采用权责发生制会计处理基础确认本期的收入和费用，主要有下列两种情况：一是经济业务权责的发生与其现金款项的收付相一致，即在一定会计期间内，经济业务发生后其应收的款项已经收到，应付的款项亦已经付出，未出现跨期收、付款的收入和费用；二是经济业务权责的发生与其现金款项的收付不一致，即在一定会计期间内，除已收到款项的实现收入和已付出款项的应计费用外，还有未收到款项的实现收入和未付出款项的应计费用，或是收到不属于本期收入的款项以及付出不属于本期费用的款项等。强调会计核算要严格按照权责发生制基础确认当期的收入和费用，重点应该是对上述第二种情况的严格规范。

由于权责发生制的核心是按照权责关系的实际发生期间来确认收入和费用，而无论其款项是否实际收付，因此就形成一批诸如应收账款、预收账款、应付账款、预付账款、待摊费用、预提费用等有特色的会计账户，且必须在会计期末对相关账项进行必要的调整，包括对应计收入、预收收入、应计费用和预付费用等的相应调整，以及对折旧费用、坏账费用、跌价准备、减值准备等的必要估计和计提等。由此可见，就会计处理手续而论，收付实现制比权责发生制简便；但就所确认的各会计期间的收入、费用、利润，及受其影响的资产、负债、所有者权益而言，权责发生制比收付实现制更为合理，能够更加准确地反映特定会计期间的财务状况和经营成果的实际情况。

应该指出的是，权责发生制在企业会计核算中的普遍运用，并不意味着对收付实现制的完全否定，而恰恰相反，收付实现制下的相关信息含量可以成为权责发生制下会计信息的利益补充。因为企业会计信息的使用者尽管可通过权责发生制核算下的资产负债表和利润表获得企业的财务状况、经营成果、偿债能力、营运能力、盈利能力等基本信息，但从上述会计报表中却无法获得企业经营活动、投资活动和筹资活动等所引起的现金流入量、现金流出量、现金净流量及其实际支付能力等情况，难以了解企业利润与经营活动现金净流量发生差异的原因和分析企业收益的质量。因此，企业会计信息要能满足会计信息使用者的相关需要，就必须要求企业会计核算在编制的资产负债表和利润表之外，还要编制第三张基本报表——现金流量表。而现金流量表的编制，则必须先将权责发生制下所确认的各相关项目按照一定的逻辑关系转化为收付实现制基础。由此可见，在现代企业会计核算中，权责发生制与收付实现制正在成为一种相互补充的关系。

三、两种会计处理基础的比较分析

为进一步理解和掌握两种会计处理基础的基本特征，现举例进行两种会计处理基础的比较分析。

宏光公司2010年8月份发生如下相关经济业务：

【例1】接银行通知，收到购货单位丰盈公司承付的上月购货含税欠款234 000元，该项商品销售业务的销售成本为170 000元。

该项经济业务反映的内容是上月发生的商品销售业务，本月实际收到了销售货款。在权责发生制下，因上月的商品销售业务已确认了相应的主营业务收入与主营业务成本，本月不能再次确认销售收入与销售成本，故仅作：

借：银行存款　　234 000

　贷：应收账款——丰盈公司　　234 000

在收付实现制下，因上月销售商品时未进行货款结算，故而未曾确认相关的商品销售收入和销售成本；本月收到货款，应该进行相关的商品销售收入的确认和商品销售成本的结转：

借：银行存款　　234 000

　贷：主营业务收入——商品销售　　200 000

　　应交税金——应交增值税（销项税额）　　34 000

借：主营业务成本——商品销售　　170 000

　贷：库存商品——××商品　　170 000

【例2】按签订的商品购销合同的有关条款，预收购货单位三阳公司的购货定金200 000元，存入银行。

该项经济业务反映的内容是本月预收购货单位的购货款，尚未发生实际的商品销售业务。在权责发生制下，因商品销售业务本月尚未实际发生，故不能确认相应的商品销售收入与成本，预收贷款只能作为负债增加处理：

借：银行存款　　200 000

　贷：预收账款——三阳公司　　200 000

在收付实现制下，由于本月实际收到三阳公司预付的购货定金，应该确认为本期的商品销售收入：

借：银行存款　　200 000

　贷：主营业务收入——商品销售　　200 000

【例3】按商品购销合同，销售给四维公司商品一批，含税销售价款为585 000元，该批商品的销售成本为400 000元，货款尚未收到。

该项经济业务反映的内容是本月发生了实际的商品销售业务，但货款尚未收到。在权责发生制下，尽管商品销售货款尚未收到，但本月已实际发生该项商品销售业务，应确认其实现的商品销售收入和结转相应的商品销售成本：

借：应收账款——四维公司　　585 000
　贷：主营业务收入——商品销售　　500 000
　　　应交税金——应交增值税（销项税额）　　85 000
借：主营业务成本——商品销售　　400 000
　贷：库存商品——××商品　　400 000

在收付实现制下，尽管本月发生了上项商品销售业务，但货款尚未在本月收到，故既不确认其实现的销售收入，也不结转其相应的销售成本。

【例4】按商品购销合同，销售给五福公司商品一批，销售金额1 000 000元，增值税额170 000元；当即收到五福公司银行汇票一张，计1 170 000元，存入银行；该批商品的销售成本为840 000元。

该项经济业务反映的内容是本月实现了上项商品销售业务，且已收到了相应的销售价款和增值税额。故无论是权责发生制，还是收付实现制，均应作为本月的商品销售收入和商品销售成本予以确认：

借：银行存款　　1 170 000
　贷：主营业务收入——商品销售　　1 000 000
　　　应交税金——应交增值税（销项税额）　　170 000
借：主营业务成本——商品销售　　840 000
　贷：库存商品——××商品　　840 000

【例5】分配摊销应由本月负担的公司行政管理部门的财产保险费20 500元。

该项经济业务反映的内容是前已预付款项的财产保险费，在本月实际承担其应分配的摊销额。在权责发生制下，按照其费用开支的受益原则，应计入本月的财产保险费务必确认为本月费用：

借：管理费用——财产保险费　　20 500
　贷：待摊费用——行管财产保险费　　20 500

在收付实现制下，财产保险费已在以前月份一次预付，并作为当月的费用确认处理，故本月不能作为费用处理。

【例6】月终计提短期银行借款本月应负担利息35 000元。

该项经济业务反映的内容是短期银行借款利息，本月应负担的部分尚未实际支付。在权责发生制下，按其受益原则，本月占用的银行借款资金的利息，尽管尚未发生支付，但仍应计入本期费用处理：

借：财务费用——利息支出　　35 000
　贷：预提费用——借款利息　　35 000

在收付实现制下，尽管本月应负担上项银行借款利息，但尚未发生支付，故不予作为本月费用处理。

【例7】本月应负担商品广告等促销费用85 000元。按合同规定，本月已通过银行结算支付广告代理商六合公司42 500元，余款将在下月结清。

该项经济业务反映的内容是本月的商品广告等销售费用实际发生85 000元，已结算支付50%，余款下月支付。在权责发生制下，应计入本月的商品广告等销售费用，尽管实际结算支付款项只有50%，但仍应全额作为本月商品销售费用处理：

借：销售费用——商品广告费　　85 000

　贷：银行存款　　42 500

　　　应付账款——六合公司　　42 500

在收付实现制下，尽管本月发生商品广告等费用85 000元，但实付款项只有50%，故本月仅确认50%的商品广告等销售费用：

借：销售费用——商品广告费　　42 500

　贷：银行存款　　42 500

两种会计处理基础确认宏光公司8月份收入与费用结果见表5-1。

表5-1　两种会计处理基础应用结果比较表

2010年8月31日　　单位：元

业务号	权责发生制		收付实现制	
	收入	费用	收入	费用
1	×	×	200 000	170 000
2	×		200 000	
3	500 000	400 000	×	×
4	1 000 000	840 000	1 000 000	840 000
5		20 500		×
6		35 000		×
7		85 000		42 500
合计	1 500 000	1 380 500	1 400 000	1 052 500
利润	119 500		347 500	

第二节　资金筹集的核算

一、资金筹集业务的核算内容

筹资活动是指导致企业资本及债务规模和构成发生变化的活动。企业通过一定的渠道筹集生产经营所需要的资金，是企业进行生产经营活动的前提条件。企业筹资包括权益资金筹集与借入资金筹集两个方面。

（一）权益资金筹集

权益资金筹集是指企业通过吸收投资者直接投资、发行股票、内部积累等方式筹集自有资金。我国法律规定，设立企业必须要有法定的资本。资本是由投资者认缴并经工商行政管理部门核准注册的资本总额。投资者一旦对企业投资，就对企业的资产、资产经营的结果、资产经营的权利等享有一种权益，形成所有者权益。投资者对企业的投资，可以是货币、实物、无形资产等形式，具体而言可分为国家投入、法人投入、个人投入和外商投入。投资者向企业投入的资本，在一般情况下无需偿还，只能依法转让；企业对实际收到的资本金依法享有经营权。因各种原因使企业投资者的出资额超过注册资本的差额，形成企业的资本公积。因此，对所有者投资的核算应包括两方面内容：一是揭示投入资本的形式和来源，即反映所有者对企业的实际投资的形式和金额；二是反映投资后所有者享有的权益，包括实收资本和资本公积。

（二）借入资金筹集

借入资金筹集是指企业通过发行债券、向银行借款等方式筹集资金，即企业吸收债权人投资。债权人投资的形式主要是货币资金；债权人投资后拥有要求企业按照规定的期限、规定的利率偿还本金和利息的权利。对企业主体而言，这部分资金则形成了企业的负债。按照债务的来源和偿还期限的长短，它又分为短期借款、长期借款、应付债券等。

短期借款是企业向银行或其他金融机构借入的期限在1年以下（含1年）的各种借款，企业取得的短期借款主要用于生产周转资金。长期借款是企业向银行或其他金融机构借入的期限在1年以上的各项借款。应付债券是企业依照法定程序对外发行、约定在一定期限内还本付息的具有一定价值的证券。

企业借入短期借款所支付的利息支出，在财务费用中列支，并按其数额大小和结算方式不同，可采取以下两种方法处理：一是短期借款利息数额较大且按季支付的，可采取计提办法分月计入财务费用，季末再结算支付；二是短期借款利息数额不大，可采取简化办法，在支付时一次性直接计入当期财务费用。

二、筹资业务核算应设置的会计科目

为了核算企业发生的各项筹集业务，根据会计制度规定，企业应设置以下主要会计科目：

1.“实收资本”账户

它属所有者权益类科目，用以核算企业章程规定、投资者投入企业的资本。贷方登记投入资本的增加数，借方登记投资的减少数，期末余额在贷方，表示期末所有者投资的实有数额。该科目应按投资人设置明细账。

2.“短期借款”账户

它属负债类科目，用以核算企业借入的期限在1年以下的各种借款。取得借款时，记入该科目贷方；偿还借款时，记入借方；余额在贷方，表示尚未偿还的短期借款数额。该科目按借款种类设置明细账。

3.“长期借款”账户

它属负债类科目，用以核算企业借入的期限在1年以上的各种借款。贷方登记取得的各种长期借款及其应付未付的利息；借方登记到期偿还的长期借款本金和利息；余额在贷方，表示尚未归还的长期借款本金和利息额。该科目按借款种类设置明细账。

4. “应付债券”账户

它属负债类科目，用以核算企业为筹集长期资金而实际发行的债券及应付的利息。该账户贷方登记企业发行债券收到的款项和应计提的利息额；借方登记实际支付的偿债本息；期末贷方余额，反映企业尚未偿还的债券本息。该账户应设置“债券面值”、“债券折价”、“债券溢价”、“应计利息”等明细账户，进行明细核算。

5. “银行存款”账户

它属资产类科目，用以核算企业存入银行或其他金融机构的各种款项。该账户借方登记存款的存入（增加）数；贷方登记存款的支取（减少）数；期末借方余额，反映企业存放在银行的存款实有数。

6. “固定资产”账户

它属资产类科目，用以核算企业固定资产的原值。该账户借方登记企业固定资产增加的账面原价；贷方登记因出售、报废、毁损而减少的固定资产的账面原价；期末借方余额反映企业期末固定资产的账面原价。该账户应按固定资产类别设置明细账，进行明细账核算。

7. “无形资产”账户

它属资产类科目，用以核算企业为生产商品、提供劳务、出租给他人或为管理目的而持有的、没有实物形态的非货币性长期资产，包括专利权、非专利技术、商标权、著作权、土地使用权等。该账户借方登记企业购入或自行创造并按法律程序申请取得和其他单位投资转入的无形资产原值；贷方登记对外投资或摊销的无形资产；期末借方余额，反映企业已入账但尚未摊销的无形资产的摊余价值。该账户应按无形资产类别设置明细账，进行明细核算。

8. “资本公积”账户

它属所有者权益类科目，用以核算企业取得的资本公积。该账户贷方登记企业因资本溢价等原因而增加的资本公积数额；借方登记由于按法定程序转增注册资本等原因而减少的资本公积数额；期末贷方余额，反映企业实有的资本公积数额。该账户应按资本公积形成的类别设置明细账，进行明细核算。

9. “应付利息”账户

它属负债类科目，用以核算企业按照合同约定应支付的利息，包括银行借款、企业债券应支付的利息。资产负债表日，根据计算确定的利息费用，借记“财务费用”、“在建工程”等科目，贷记本科目。实际支付利息时，借记本科目，贷记“银行存款”等科目。

三、筹资业务的账务处理

1. 投入资金

【例1】2010年5月1日，长江实业集团收到红花公司投入货币资本5 000 000元，款项存入银行。

这项经济业务涉及“实收资本”、“银行存款”两个账户。一方面投资者投入资本，使所有者权益增加，应记入“实收资本”账户的贷方；另一方面款项存入银行，使资产增加，应记入“银行存款”账户的借方。这项经济业务编制的会计分录如下：

借：银行存款　　　　5 000 000

　贷：实收资本　　　　5 000 000

【例2】2010 年 5 月 10 日，长江实业集团收到宏大公司投入设备一台，双方协议确认的价值为 600 000 元；材料一批，确认价值为 500 000 元；专有技术一项，确认价值为 800 000 元。

这项经济业务涉及“实收资本”、“固定资产”、“原材料”、“无形资产”四个账户。一方面投资者投入资本，使所有者权益增加，应记入“实收资本”账户的贷方；另一方面企业收到设备、材料、专有技术，使资产增加，应按资产的确认价值分别记入“固定资产”、“原材料”、“无形资产”账户的借方。这项经济业务编制的会计分录如下：

借：固定资产——设备　　600 000
　　原材料　　500 000
　　无形资产　　800 000
　贷：实收资本　　1 900 000

【例3】2010 年 6 月 12 日，长江实业集团接受广汉传媒集团公司追加投资 5 500 000 元，款项存入银行。双方协议确认，广汉传媒集团公司按投资比例应享有的注册资本为 5 000 000 元，其余作资本溢价处理。

这项经济业务涉及“实收资本”、“资本公积”、“银行存款”三个账户。一方面投资者追加投资，使所有者权益增加，应按广汉传媒集团公司享有的投资份额记入“实收资本”账户的贷方，而资本溢价部分应记入“资本公积”账户的贷方；另一方面款项存入银行，使资产增加，应记入“银行存款”账户的借方。这项经济业务编制的会计分录如下：

借：银行存款　　5 500 000
　贷：实收资本　　5 000 000
　　资本公积——资本溢价　　500 000

2. 借入资金

【例4】2010 年 6 月 13 日，长江实业集团从银行借入期限为 10 个月，利率 6% 的借款 10 万元存入银行。

这项经济业务涉及“短期借款”、“银行存款”两个账户。一方面银行提供短期贷款，使负债增加，应记入“短期借款”账户的贷方；另一方面款项转存银行，使资产增加，应记入“银行存款”账户的借方。这项经济业务编制的会计分录如下：

借：银行存款　　100 000
　贷：短期借款　　100 000

【例5】2010 年 6 月 15 日，长江实业集团从银行借入用于购置设备款 50 万元存入银行，期限 2 年。

这项经济业务涉及“长期借款”、“银行存款”两个账户。一方面银行提供 2 年期的设备贷款，使负债增加，应记入“长期借款”账户的贷方；另一方面借款转存银行，使资产增加，应记入“银行存款”账户的借方。这项经济业务编制的会计分录如下：

借：银行存款　　500 000
　贷：长期借款　　500 000

3. 发行债券

【例6】2010 年 6 月 16 日，长江实业集团委托金融机构发行债券 60 万元，款项收存银行。

这项经济业务涉及“应付债券”、“银行存款”两个账户。一方面通过债券发行筹集起长期使用的资金，使负债增加，应记入“应付债券”账户的贷方；另一方面债券的发行款项已转存银行，使资产增加，应记入“银行存款”账户的借方。这项经济业务编制的会计分录如下：

借：银行存款　　　　　　　　　　600 000

　贷：应付债券　　　　　　　　　　600 000

【例7】2010年6月30日，扬子江实业公司对上述生产周转借款采用按月计提利息费用，计算本月应负担的利息支出数6 000元。

这项经济业务涉及“应付利息”、“财务费用”两个账户。一方面应计入本月费用但尚未支付的利息，使负债增加，应记入“应付利息”账户的贷方；另一方面计提的利息应计入本月的财务费用，使费用增加，应记入“财务费用”账户的借方。这项经济业务编制的会计分录如下：

借：财务费用　　　　　　　　　　6 000

　贷：应付利息　　　　　　　　　　6 000

第三节　供应过程的核算

一、购进业务核算的内容

为了进行产品生产，企业必须具备各种劳动资料和劳动对象，如购建厂房、机器设备，购买各种原材料、辅助材料等，这些都是企业进行生产经营活动必须具备的物质基础。

（一）固定资产购进业务核算内容

固定资产是指使用年限较长、单位价值较高，并且在使用过程中保持原有实物形态的资产，包括房屋及建筑物、机器设备、运输设备、工具器具等。

企业购入固定资产应按取得时的实际成本入账。实际成本是指为购建某项固定资产在达到使用状态之前所发生的一切合理、必要的支出。它具体包括买价、运杂费、包装费、保险费、安装费和税金。上述内容构成固定资产购进业务核算的内容。

（二）材料采购业务核算内容

购入材料时，企业一方面要与供应单位或其他有关单位办理款项结算，包括支付采购材料的货款、税金，运杂费、保险费等各种采购费用；另一方面要将材料验收入库，办理入库手续。因此，购进业务核算的内容应是：核算材料货款、税金的支出、未付等情况；各种采购费用的发生与结算，确定其材料采购成本，并办理入库结转采购成本。

（三）与供应单位款项结算

采购过程一方面是取得材料物资，另一方面是支付款项。由于结算方式的制约，在与供应单位结算时会出现以下三种情况：

1. 直接支付货款及采购费用

企业采用支票等结算方式或直接支付库存现金时，可以在购进材料物资的同时支付货款、税金及采购费用。

2. 购进材料物资未付款

购进材料物资时，可按合同协议等规定暂不付款，待到规定的结算期满时再付款，形成企业的应付款项。企业应在购进材料物资时，按材料的货款、税金等应付款项确认负债的增加；支付应付款时，按实际支付的金额作为负债的减少。

3. 预付材料款

由于材料物资供应上的原因，企业可能先预付一部分材料款，待以后再取得材料。企业在预付材料款时，并未取得材料的所有权，只是将款项变换了存放地点，或者说转移了一笔款项，形成企业一项特定的债权资产；待取得材料时，该款项才是实际的减少，需结转该项债权资产。

二、购进业务核算应设置的会计科目

1. “固定资产”账户

它属资产类科目，用以核算企业固定资产的原价。借方登记增加的固定资产原始价值；贷方登记减少的固定资产原始价值；余额在借方，表示期末结存的固定资产原始价值。

2. “材料采购”账户

它属资产类科目，用以核算企业购入材料、商品等采购成本。该账户借方登记购入物资的买价和采购费用；贷方登记已验收入库、转入“原材料”账户的材料采购成本；期末借方余额，反映尚未到达或已到达尚未验收入库的在途物资。该账户按供应单位和物资品种设置明细账，进行明细核算。

3. “原材料”账户

它属资产类科目，用以核算企业各种库存材料的增减变动情况。借方登记入库材料的实际成本；贷方登记发出材料的实际成本；余额在借方，表示库存材料的结存数。本科目按材料品种设置明细账。

4. “应付账款”账户

它属负债类科目，用以核算企业因购买材料物资、接受劳务供应等而应付给供应单位的款项。发生应付货款时记入贷方；归还应付货款时记入借方；余额一般在贷方，表示应付未付的货款数，本科目按供应单位设置明细账。

5. “预付账款”账户

它属资产类科目，用以核算企业按照购销合同规定预付给供应单位的货款。发生预付款时，按实际支付金额记入借方；收到货物抵消预付款时，记入贷方；期末借方余额表示尚未收回的预付款数额。本科目按供应单位设置明细账。

6. “应付票据”账户

它属负债类科目，用以核算企业对外发生债务时所开出、承兑的商业汇票。发生应付货款而开出、承兑商业汇票时，记入贷方；到期兑现支付货款时，记入借方；余额在贷方，表示尚未到期兑付的商业汇票。

7. “在建工程”账户

它是用来核算企业各种工程成本的账户。该账户借方发生额反映企业各种工程的实际支出，贷方发生额反映完工转出的各项工程的实际成本。余额在借方，表示正在进行尚未完工的或虽已完工但尚未办理竣工决算的工程实际支出以及尚未使用的工程物资的实际成本。

三、购进业务的账务处理

采购过程是工业企业经营过程的第一个阶段。在这一环节，核算的主要任务是：核算与监督固定资产、材料等物资的买价与采购费用，确定采购成本，检查采购计划的执行情况，核算与监督储备资金的使用情况。2008 年 11 月 5 日，国务院第 34 次常务会议决定自 2009 年 1 月 1 日起在全国范围内实施增值税转型改革。增值税转型是指将我国先行的生产型增值税转为消费型增值税，其主要表现在增值税税基的缩减，其核心内容是允许企业购进机器设备等固定资产的进项税金可以在销项税金中抵扣。

（一）一般纳税人固定资产购进的核算

（1）购进的增值税单独核算，不计入固定资产成本中。增值税转型后，不需要区分是一般货物的进项税额还是固定资产的进项税额。在会计核算上和购进一般货物一样，允许单独核算，不需记入固定资产的成本。而在生产型增值税下，购进时的进项税额计入固定资产成本。

【例 1】企业购入不需要安装的机器设备一台，买价 60 000 元，包装费和运杂费 1 200 元，增值税税率为 17%，全部款项已用银行存款支付。账务处理如下：

借：固定资产　　61 200

　　应交税费——应交增值税（进项税额）　　10 404

　贷：银行存款　　71 604

（2）一般纳税人建造可以抵扣的固定资产领用一般货物不需转出增值税，其进项税额允许抵扣。

【例 2】胡风企业为一般纳税人，建造固定资产领用甲材料一批，价值 3 000 元，增值税税率为 17%。账务处理如下：

借：在建工程　　3 000

　贷：原材料——甲材料　　3 000

需要注意的是，在会计核算上不需要在一般纳税人建造可以抵扣的固定资产领用时进行增值税的转出。固定资产的销售、视同销售及固定资产盘盈与盘亏、毁损的核算等在后面的章节再予以阐述。

（二）小规模纳税人购进固定资产的核算

根据《国家税务总局关于增值税简易征收政策有关管理问题的通知》（国税函〔2009〕90 号）规定，小规模纳税人购进固定资产，与购进存货一样，没有可以抵扣的增值税。小规模纳税人销售自己使用过的固定资产，按下列公式确定销售额和应纳税额：

$$销售额 = 含税销售额/（1+3\%）$$

$$应纳税额 = 不含税销售额 \times 2\%$$

【例 3】假设胡风企业是小规模纳税人，购入机器一台，价值 30 万元，增值税征收率为 3%，以支票付讫。

借：固定资产　　300 000

　贷：银行存款　　300 000

（三）材料购进业务

【例 4】某企业 2010 年 2 月 3 日购入甲材料 5 吨，单价 1 200 元，增值税进项税额 1 020

元，运费600元，均以存款支付，材料未到。

这项经济业务涉及"材料采购"、"应交税费"、"银行存款"三个账户。一方面已购进材料，取得其所有权，应按材料的采购成本登记资产的增加，记入"材料采购"账户的借方，按购进材料价外支付的增值税登记负债的减少，记入"应交税费——应交增值税"账户的借方；另一方面货款已经支付，登记银行存款的减少，记入"银行存款"账户的贷方。这项经济业务编制的会计分录如下：

借：材料采购——甲材料　　6 600
　　应交税费——应交增值税（进项税额）　　1 020
　贷：银行存款　　7 620

【例5】某企业2010年2月6日向南方公司购入A材料100 000千克，增值税专用发票注明的货款400 000元，进项税额68 000元；向飞腾公司购入的A材料50 000千克，增值税专用发票注明的货款200 000元，进项税额34 000元。材料未到，货款尚未支付。

这项经济业务涉及"材料采购"、"应交税费"、"应付账款"三个账户。一方面已购进材料，取得其所有权，应按材料的采购成本登记资产的增加，记入"材料采购"账户的借方，按购进材料价外支付的增值税登记负债的减少，记入"应交税费——应交增值税"账户的借方；另一方面款项尚未支付，使企业负债增加，记入"应付账款"账户的贷方。这项经济业务编制的会计分录如下：

借：材料采购——A材料　　600 000
　　应交税费——应交增值税（进项税额）　　102 000
　贷：应付账款——南方公司　　468 000
　　　　　　　——飞腾公司　　234 000

【例6】某企业2010年2月8日，向三星公司购入B材料8 000千克，增值税专用发票上注明的价款100 000元，增值税额17 000元，另对方垫付的运杂费3 000元。按合同规定已向对方开出承兑的、面值120 000元、期限6个月的银行承兑汇票一张，材料尚未验收入库。

这项经济业务涉及"材料采购"、"应交税费"、"应付票据"三个账户。一方面购入材料，按其采购成本，确认资产价值，记入"材料采购"账户的借方，按所承付的税款，记入"应交税费——应交增值税"账户的借方；另一方面通过商业汇票延期付款，使企业负债增加，应记入"应付票据"账户的贷方。这项经济业务编制的会计分录如下：

借：材料采购——B材料　　103 000
　　应交税费——应交增值税（进项税额）　　17 000
　贷：应付票据——三星公司　　120 000

【例7】某企业2010年2月9日，按合同规定，以银行存款1 000 000元预付给江南公司购进C材料款。

这项经济业务涉及"银行存款"、"预付账款"两个账户。一方面企业虽然支付了款项，但并未获得材料，只是预付货款增加，应记入"预付账款"账户的借方；另一方面存款资产的减少，应记入"银行存款"账户的贷方。这项经济业务编制的会计分录如下：

借：预付账款——江南公司　　1 000 000
　贷：银行存款　　1 000 000

【例8】2010年2月28日，接仓库通知，上述所购入的A、B材料均已如数验收入库。

这项经济业务涉及“材料采购”、“原材料”两个账户。一方面仓库验收入库材料，使存货资产增加，应记入“原材料”账户的借方；另一方面材料采购结束，需结转材料采购成本，又使资产减少，应记入“材料采购”账户的贷方。这项经济业务编制的会计分录如下：

借：原材料——A材料	618 000	
——B材料	103 000	
贷：材料采购——A材料		618 000
——B材料		103 000

四、材料采购成本的计算

企业购入材料的采购成本通常由买价和采购费用组成。买价是指采购材料时，按发票价格支付的金额。采购费用是指企业在购入材料过程中所支付的各项费用，包括材料的运输费、装卸费、保险费、仓储费、运输途中的合理损耗以及入库前的整理挑选等。在实际工作中，为了简化核算，对某些本应计入材料采购成本的采购费用，如采购人员差旅费、市内采购材料运杂费、专设采购机构的经费等，不计入材料采购成本，而是作为管理费用开支。

材料采购成本的计算，就是将企业采购材料所支付的买价和采购费用，按照购入材料的种类、品种加以归集，计算采购材料的总成本和单位成本。

在归集时，按以下原则进行：凡能分清材料种类、品种的，所支付的费用直接计入该种材料的采购成本；不能分清材料种类、品种的，如运杂费、装卸费等，按照一定的分配标准（如材料的重量、体积、买价等），分配计入各种材料的采购成本。

【例9】凯越集团2009年11月发生下列业务，请根据业务进行材料实际采购成本的计算并编制材料采购成本计算表。

（1）购入甲材料5吨，单价1 200元，增值税进项税额1 020元，运费600元，均以存款支付，材料未到。

（2）从M公司购入甲材料3吨，单价1 200元，增值税进项税额612元；乙材料2吨，单价1 000元，增值税进项税额340元，发生运费500元（按材料重量比例分配）。材料已到，款项尚未支付。

（3）以存款5 000元预付给S公司，以购入丙材料。

（4）从A公司购入甲材料8吨，单价1 200元，增值税进项税额1 632元，A公司代垫费400元，材料已到。以存款8 000元偿付，余下部分开出商业汇票（金额3 632元）交A公司。

（5）以现金100元支付上项购入甲材料的搬运费。

（6）以存款7 052元支付前欠M公司货款。

（7）向B企业购进丙材料3.25吨，单价800元，增值税进项税额422元，开出支票付讫，材料未到。

（8）以现金20元支付从B单位购入丙材料的运费。

（9）向S公司购进丙材料4吨，单价800元，税款544元；S公司代垫运费100元，价款等以原预付款抵付。

（10）月末，材料验收入库，甲材料16吨，乙材料2吨，丙材料4吨。计算并结转入库材料实际采购成本。

根据采购费用分配原则，第2笔业务的费用需要按照材料重量比例进行分配。

费用分配率 = 500 ÷ （3 + 2） = 100（元）

甲材料应分摊的运杂费 = 3 × 100 = 300（元）

乙材料应分摊的运杂费 = 2 × 100 = 200（元）

根据购入材料买价、分摊费用等资料，编制有关会计分录。

月末，对验收入库材料采购成本，除按采购总成本编制结转分录外，还应根据“物资采购”明细账（借方）提供的资料，编制“材料采购成本计算表”，计算出各种材料采购的实际成本。分别登记“物资采购”明细账（贷方）和“原材料”明细账（凭证号数按照题目编号编制）。

表5－2　材料采购成本计算表

单位：元

材料名称	计量单位	数量	买价	采购费用		总成本	单位成本
				直接计入	分配计入		
甲	吨	16	19 200	1 100	300	20 600	1 287.50
乙	吨	2	2 000		200	2 200	1 100
丙	吨	4	3 200	100		3 300	825
合计	—	—	24 400	1 200	500	26 100	—

表5－3　材料采购明细账

品种：甲材料

单位：元

年		凭证号数	摘要	借方			贷方	余额
月	日			买价	采购费用	合计		
11		（1）	购料、5吨	6 600		6 600		
		（2）	购料、3吨	3 600	300	3 900		
		（4）	购料、8吨	10 000		10 000		
		（5）			100	100		
		（10）	入库、16吨				20 600	
11	31		本期发生额及期末余额	20 200	400	20 600	20 600	0

表 5－4　材料采购明细账

品种：乙材料　　　　　　　　　　　　　　　　　　　　　　　　　单位：元

年		凭证号数	摘要	借方			贷方	余额
月	日			买价	采购费用	合计		
11		(2)	购料、2 吨	2 000	200	2 200		
			入库、2 吨				2 200	
11	31		本期发生额及期末余额	2 000	200	2 200	2 200	0

表 5－5　材料采购明细账

品种：丙材料　　　　　　　　　　　　　　　　　　　　　　　　　单位：元

年		凭证号数	摘要	借方			贷方	余额
月	日			买价	采购费用	合计		
12		(12)	购料、3.25 吨	2 600		2 600		
		(13)	支付运费		20	20		
		(14)	购料、4 吨	3 300		3 300		
			入库、4 吨				3 300	
12	31		本期发生额及期末余额	5 900	20	5 920	3 300	2 620

第四节　生产过程的核算

一、生产过程核算的内容

工业企业从材料投入生产到产品完工入库的全部过程称为生产过程，它是企业再生产过程的中心环节。在这一过程中，劳动者利用劳动资料对劳动对象进行加工使之成为社会产品，所以生产过程既是物化劳动（劳动资料和劳动对象）和活劳动的消耗过程，又是产品的形成过程，或者说是生产耗费过程和产品形成过程的统一。因此，生产过程业务的核算也就包括以下两方面的内容：

（一）生产的耗费

生产过程中发生的各种耗费可以归纳为劳动对象的耗费、活劳动的耗费（仅指必要劳动消耗）、劳动资料的耗费以及其他耗费。企业在一定时期内发生的，用货币表现的生产耗费称为生产费用。与此相应，生产费用亦可归纳为材料费用、工资费用、折旧费用和其他费用。

1. 材料费用

作为构成产品实体或有助于产品形成的劳动对象，包括各种原料及主要材料、辅助材料、外购半成品等，经过一个生产过程，将一次性消耗并改变其实物形态，其价值随之全部转移到新产品中去。企业应在生产领用材料时，按其实际成本，将其确认为材料费用。

2. 工资费用

活劳动是生产的一个重要要素，通过活劳动的耗费使劳动对象得以改变其使用价值，并创造出新的价值。其中劳动者为自己创造的那部分价值以工资的形式支付给劳动者，用于个人消费，并构成产品的成本。企业应按实际支付给劳动者的金额，在计入产品成本时，将其确认为工资费用。

3. 折旧费用

作为劳动资料的固定资产，在生产过程中可以长期使用，并保持其原有的实物形态不变，其价值则随着生产使用而损耗，并将渐渐地、部分地转移（折旧）到新产品的价值中去。企业应按一定的方法计量其损耗的价值，并按期确认折旧费用。

4. 其他费用

在生产过程中，除了上述耗费外，还有许多其他的耗费，如办公费、业务费、保险费、财产税、修理费、水电费、劳保费等。企业必须按其实际发生额归集确认为当期费用。

企业上述发生的生产费用按其经济用途或与产品成本的关系，又可分为生产成本和期间费用两大类。

1. 生产成本

它是指企业为生产产品或提供劳务而发生的、计入产品成本的费用。生产成本按照其计入产品成本的方式又可分为直接费用和间接费用。

（1）直接费用。它是指企业在生产产品和提供劳务过程中所发生的直接材料费用、直接人工费用和其他直接费用。

直接材料费用是指企业在生产产品和提供劳务过程中所消耗的，直接用于产品生产，构成产品实体的原料及主要材料、外购半成品及有助于产品形成的辅助材料和其他材料的费用。

直接人工费用是指企业在生产产品和提供劳务过程中，直接参加生产的工人工资以及按生产工人工资总额和规定比例计提的职工福利费等。

其他直接费用是指企业发生的除直接材料费用和直接人工费用以外的，与生产产品或提供劳务有直接关系的费用。

（2）间接费用。它是指应由产品生产成本负担的，不能直接计入各产品成本的有关费用。它主要是指企业各生产单位（分厂、生产车间）为组织和管理生产而发生的各项间接费用，包括生产单位发生的管理人员工资及福利费、折旧费、修理费、水电费、机物料消耗、劳动保护费以及其他费用。

间接费用应当按照一定程序和方法进行归集和分配，计入相关产品的生产成本。

2. 期间费用

它是指企业在生产经营过程中发生的，不计入产品成本而直接计入当期损益的各种费用。它与产品的生产没有联系，不能计入产品成本。但它的发生与一定时期实现的收入相关，必须计入当期损益。期间费用主要包括管理费用、财务费用和销售费用。

（1）管理费用。它是指企业为组织和管理企业生产经营所发生的费用，包括企业的董事会费、公司经费、工会经费、咨询费、诉讼费、各种财产税、保险费、业务招待费、技术转让费、无形资产摊销、坏账损失等。

(2) 财务费用。它是指企业为筹集生产经营所需资金等而发生的费用，包括企业生产经营期间发生的利息支出（减利息收入）、汇兑损失（汇兑收益）以及相关的手续费等。

(3) 销售费用。它是指企业在销售商品过程中发生的各项费用，包括销售过程发生的销售费用（如运输费、装卸费、包装费、保险费、展览费和广告费等）和专设销售机构的各项经费（如职工工资及福利费、差旅费、办公费、折旧费、修理费等）等。

（二）产品的形成

企业的生产过程不仅是生产的耗费过程，也是产品的形成过程。在这个过程中，劳动者利用劳动资料对劳动对象进行加工，改变了原劳动对象的形态，转化为满足社会需要的产品。同时为生产产品而发生的各种耗费也就转化为产品的制造成本，并构成产品的价值。在会计上，产品形成的核算实际上就是产品成本的计算和结转。

二、生产业务核算应设置的会计科目

1. “生产成本”账户

它属于成本费用类科目，用以核算企业进行工业性生产，包括各种产品、自制材料、工具、设备等所发生的各项生产费用。借方登记本期生产所实际发生的各项费用；贷方登记期末已完工验收入库产品结转的实际成本；余额在借方，表示尚未加工完毕的在产品成本。本科目应按成本计算对象（通常以产品品种）设置明细账，进行明细分类核算。

2. “制造费用”账户

它属于成本费用类科目，用以核算企业车间范围内为生产产品和提供劳务而发生的各项生产费用，包括车间行政管理人员的工资及福利费、车间固定资产折旧费、修理费、租赁费、保险费、办公费、水电费、机物料消耗、劳动保护费、季节性、修理期间的停工损失等。发生上述费用时，记入借方；期末按照一定标准计入各种产品成本时，记入贷方；期末一般无余额。本科目应按不同车间名称设置明细账，并按费用项目设置专栏反映。

3. “管理费用”账户

它属于损益类科目，用以核算企业行政管理部门为组织和管理生产经营活动而发生的各项管理费用，包括厂部行政管理人员的工资及福利费、厂部固定资产折旧费、修理费、租赁费、保险费、办公费、水电费、业务招待费、技术转让费、职工教育经费、待业保险费、无形资产摊销等。发生各项管理费用时，记入借方；期末将借方发生的费用转出时，记入贷方；期末本科目无余额。本科目应设置明细账，并按费用项目设置专栏反映。

4. “应付职工薪酬”账户

它属于负债类科目，用以核算企业应付给职工的各种薪酬。本账户可按“工资”、“职工福利”、“社会保险费”、“住房公积金”、“工会经费”、“职工教育经费”、“非货币性福利”、“辞退福利”、“股份支付”等进行明细核算。该账户贷方登记实际发生计入成本、费用的应付职工的工资、福利费、工会经费等；借方登记实际已支付的职工的工资、福利费、工会经费等；本账户期末贷方余额，反映应付未付的职工薪酬。

5. “累计折旧”账户

它属于资产类备抵科目，用以核算企业固定资产累计损耗的价值。该账户贷方登记企业按月计提的固定资产折旧额；借方登记出售、报废和毁损的固定资产已提折旧额；期末贷方余额，反映现有固定资产已提取的累计折旧额。该账户只进行总分类核算，不进行明细分类核算。若需要查明某项固定资产已提折旧，可以根据固定资产卡片上记载的该项固定资产原价、折旧率和实际使用年数等资料进行计算。企业在期末将“累计折旧”账户的贷方余额备抵“固定资产”账户的借方余额，可求得期末固定资产的净值。

6. “长期待摊费用”账户

它属于资产类科目，用以核算企业已经支出，但摊销期限在1年以上（不含1年）的各项费用，包括固定资产修理支出、租入固定资产的改良支出以及摊销期限在1年以上的其他待摊费用。该账户借方登记企业发生的长期待摊费用；贷方登记分期摊销的长期待摊费用；期末贷方余额，反映企业尚未摊销的各项长期待摊费用的摊余价值。该账户应按费用种类设置明细账，进行明细核算。

7. “其他应收款”账户

它属于资产类科目，用以核算企业除应收票据、应收账款、预付账款等以外的其他各种应收、暂付款项，包括应收的各种赔款、罚款，应向职工收取的各种垫付款项等。该账户借方登记企业应收、暂付的各种款项；贷方登记其他应收、暂付款的收回数或转销数；期末借方余额，反映企业尚未收回的其他应收款。该账户应按其他应收款的项目分类，并按不同的债务人设置明细账，进行明细核算。

8. “库存商品”账户

它属于资产类科目，用以核算企业库存的各种商品的实际成本。该账户的借方登记入库产成品的实际成本；贷方登记发出产成品的实际成本；期末借方余额，反映库存产成品和实际成本。该账户应按产品的种类、品种或规格设置明细账，进行明细核算。

三、生产过程核算的账务处理

（一）材料费用

在生产过程中，生产车间领用材料时，应首先填制领料单，向仓库办理领料手续；仓库根据领料单发出材料后，将领料单交财会部门，以此编制发出材料的会计分录。

【例1】以下是宏光公司2010年5月发生的相关业务：

5月仓库发出下列材料（见表5-6）：

表5-6　2010年5月宏光公司领料单　　　　单位：元

项目	甲材料	乙材料	丙材料	丁材料	合计
产品：					
Ⅰ产品	29 700	1 674		206	31 580
Ⅱ产品	9 900	186		114	10 200
小计	39 600	1 860		320	41 780
车间消耗			600	120	720
厂部消耗			400	180	580
合计	39 600	1 860	1 000	620	43 080

这项经济业务涉及“原材料”、“生产成本”、“制造费用”、“管理费用”四个账户。一方面仓库发出材料，使库存材料减少，应记入“原材料”账户的贷方；另一方面材料耗用于产品制造和行政管理，使直接材料费用、间接费用和管理费用增加，应分别记入“生产成本”、“制造费用”、“管理费用”账户的借方。这项经济业务编制的会计分录如下：

借：生产成本——基本生产成本——Ⅰ产品　　31 580
　　　　　　　　　　　　　——Ⅱ产品　　10 200
　　制造费用　　720
　　管理费用　　580
　贷：原材料——甲材料　　39 600
　　　　　　——乙材料　　1 860
　　　　　　——丙材料　　1 000
　　　　　　——丁材料　　620

（二）工资及福利费

工资是企业支付给职工的劳动报酬，它实际上是一种劳动耗费，企业所发生的工资费用应计入产品成本或期间费用。根据规定，直接参加产品生产的工人工资直接计入其产品成本，记入“生产成本”科目；车间行政管理人员工资费用，记入“制造费用”科目；企业行政管理部门人员工资，记入“管理费用”科目。

此外，按规定企业可按工资总额的14%提取职工福利费，作为企业用于职工福利方面的开支。在提取时，也按上述规定分别计入产品成本或期间费用。

为了核算企业与职工工资的结算与费用分配和福利费的提取情况，企业应设置“应付职工薪酬”科目。

【例2】根据4月份工资结算汇总表，分配工资费用：

（1）生产工人工资：
　制造Ⅰ号产品生产工人工资　　11 200元
　制造Ⅱ号产品生产工人工资　　2 800元
（2）车间行政管理人员工资　　1 500元
（3）厂部行政管理人员工资　　2 500元

这项经济业务涉及“应付职工薪酬”、“生产成本”、“制造费用”、“管理费用”四个账户。一方面使企业应付给职工的工资债务增加，应记入“应付职工薪酬”账户的贷方；另一方面工资作为活劳动的耗费，使企业的直接工资费用、间接工资费用和管理费用增加，应分别记入“生产成本”、“制造费用”、“管理费用”账户的借方。这项经济业务编制的会计分录如下：

借：生产成本——基本生产成本——Ⅰ产品　　11 200
　　　　　　　　　　　　　——Ⅱ产品　　2 800
　　制造费用　　1 500
　　管理费用　　2 500
　贷：应付职工薪酬　　18 000

【例3】按上述工资总额的14%计提福利费。

这项经济业务涉及“应付职工薪酬”、“生产成本”、“制造费用”、“管理费用”四个账户。一方面企业计提了应付给职工的福利费，使负债增加，应记入“应付职工薪酬”账户的贷方；另一方面按现行制度规定，职工福利费应从成本费用中开支，是企业费用的组成部分，该费用同工资费用一样，应按其提取的部门或发生地点分配记入“生产成本”、“制造费用”、“管理费用”账户的借方。这项经济业务编制的会计分录如下：

借：生产成本——基本生产成本——Ⅰ产品　1 568
　　　　　　　　　　　　　　——Ⅱ产品　112
　　制造费用　210
　　管理费用　350
　贷：应付职工薪酬　2 240

【例4】从银行存款中提取现金18 000元，以备发放工资。

这项经济业务涉及“库存现金”、“银行存款”两个账户。一方面使企业的库存现金增加，应记入“库存现金”账户的借方；另一方面使银行存款减少，应记入“银行存款”账户的贷方。这项经济业务编制的会计分录如下：

借：库存现金　18 000
　贷：银行存款　18 000

【例5】以现金18 000元支付职工工资。

这项经济业务涉及“库存现金”、“应付职工薪酬”两个账户。一方面使库存现金减少，应记入“库存现金”账户的贷方；另一方面支付职工工资，使应付给职工的工资薪酬减少，应记入“应付职工薪酬”账户的借方。这项经济业务编制的会计分录如下：

借：应付职工薪酬　18 000
　贷：库存现金　18 000

（三）其他费用

企业在组织和管理生产过程中，除发生上述计入产品成本的直接生产费用外，还会发生一些不能直接计入产品成本或作为期间费用处理的费用，如行政管理人员工资及福利费、办公费、水电费、差旅费、劳动保护费等，还有某些因生产产品引起但不能直接按产品进行归集的费用，如生产用机器设备的折旧费、修理费、租赁费、保险费等。这些费用都需要先通过“制造费用”、“管理费用”科目核算。

1. 折旧费用的账务处理

固定资产在生产过程中具有以下特点：能长期参加生产过程，并基本上保持原有实物形态，但价值会随着磨损程度的加深逐渐、部分地减少，形成生产费用，并转移到成本、费用中去。因此，固定资产在生产过程中因使用而逐渐损耗的价值，在会计上称为固定资产折旧。

由于企业固定资产在其使用过程中会发生价值的逐渐减少，企业就需要计算折旧，将折旧费用计入成本、费用中，并随着产品销售或会计期间结束，从所获取的收入中得到补偿。

从企业来讲，计提固定资产折旧实际上表明的是固定资产原始价值的减少，因此，近期折旧的发生应记入“固定资产”账户的贷方。但是，从管理的角度上讲，不但需要获取固定资产因磨损而减少价值的信息，还需要反映固定资产的原价，提供固定资产的原始价值指标。因为衡量一个企业规模大小的标准之一，通常是以固定资产原始价值来反映的。

所以，为了满足管理需要，企业除设置“固定资产”科目，按原始价值反映其增减变化和结存情况外，对固定资产因磨损而减少的这部分价值，另设置“累计折旧”科目来反映。

“累计折旧”科目属于资产类科目，用以核算企业固定资产所提取的折旧数额。按月计提固定资产折旧时，记入贷方；当固定资产报废、毁损等退出企业减少，转销已提折旧额时，记入借方；余额在贷方，表示企业期末已提的累计折旧额。本科目从结构上看，类似于负债科目，但性质属于资产类，因为它反映的经济内容是资产性质。所以，“累计折旧”科目是“固定资产”的调整科目。

【例6】按固定资产原价规定的折旧率，计算本月计提的固定资产折旧额为4 100元，其中，车间3 400元，厂部700元。

这项经济业务涉及“累计折旧”、“制造费用”、“管理费用”三个账户。一方面计提折旧，意味着固定资产的价值减少，应记入“累计折旧”账户的贷方；另一方面折旧费用的发生，使企业的间接费用和期间费用增加，应记入“制造费用”、“管理费用”账户的借方。这项经济业务编制的会计分录如下：

借：制造费用　　3 400
　　管理费用　　700
　贷：累计折旧　　4 100

2. 待摊费用和预提费用的账务处理

企业的生产经营过程是连续不断地进行的，但在继续经营过程中，往往会发生这样一种情况，即发生费用的支付期与生产费用的归属期不一致。也就是说，企业在一定时期内支付（发生）的生产费用，并不一定都由该期所生产的产品成本负担。例如，企业在10月份支付订阅明年的报纸杂志费，这笔费用在10月份支付、发生，但并不应由10月份产品成本费用负担，而应由各受益期负担，即明年各月成本费用负担。这种费用在会计上称为待摊费用。

因此，待摊费用是指本期发生，但应由本期或以后各期成本、费用共同负担的费用。

另外，有些费用应由本期成本或期间费用负担，但要在以后各期才实际支付，如银行的借款利息，在按季结算时，季末才支付，但是每月都要承担，因此，它必须预先提取。

预提费用是指预先分月计入各期成本、费用，但在以后才实际支付的费用，即应付而未付的费用。

产生待摊费用和预提费用的原因是企业采用了权责发生制原则。

企业为了正确划分生产费用的各个归属期和正确计算产品成本，对于企业中费用支付期与归属期不一致的情况，就应相应设置“待摊费用”和“预提费用”科目进行核算。

“待摊费用”科目属于资产类科目，用以核算企业已经支付但应由本期或以后各期分别负担的，并且摊销期在一年以内的各项费用。借方登记已经支付或发生的待摊数；贷方登记摊销的费用数；余额在借方，表示已经支付或发生但尚未摊销的费用数。本科目应按费用的种类设置明细科目。

“预提费用”科目属于负债类科目，用以核算企业预提但尚未实际支付的各项费用。贷方登记预先提取的费用数；借方登记实际发生或支付的费用数；余额一般在贷方，表示预提但尚未支付或发生的费用数。本科目应按费用的种类设置明细科目。

【例7】本月份以存款450元支付从本月起共三个月的车间租入设备的租金。

这项经济业务涉及“银行存款”、“待摊费用”两个账户。一方面支付车间租赁设备租金，使银行存款减少，应记入“银行存款”账户的贷方；另一方面租赁设备支出，按权责发生制原则，需在3个月的租入期内分期摊销，应记入“待摊费用”账户的借方。这项经济业务编制的会计分录如下：

借：待摊费用　　450

　贷：银行存款　　450

【例8】摊销应由本月车间负担的租金150元。

这项经济业务涉及“待摊费用”、“制造费用”两个账户。结转本月应摊销的费用，一方面使待摊费用减少，应记入“待摊费用”账户的贷方；另一方面使本期的间接费用增加，应记入“制造费用”账户的借方。这项经济业务编制的会计分录如下：

借：制造费用　　150

　贷：待摊费用　　150

【例9】按计划预提应由本月负担的借款利息110元。

这项经济业务涉及“财务费用”、“预提费用”两个账户。一方面计提利息支出使财务费用增加，应记入“财务费用”账户的借方；另一方面利息支出采取先提后用，使企业负债增加，应记入“预提费用”账户的贷方。这项经济业务编制的会计分录如下：

借：财务费用　　110

　贷：预提费用　　110

3. 其他费用的账务处理

企业在日常核算中，还会经常发生各种其他费用，如办公费、工会经费、职工教育经费、水电费、差旅费、交通补助费等。这些费用在发生时，直接计入有关费用科目核算。

【例10】以存款320元支付车间购买劳保用品。

这项经济业务涉及“制造费用”、“银行存款”两个账户。一方面劳保用品归车间使用，使得间接费用增加，应记入“制造费用”账户的借方；另一方面用银行存款开支，使得银行存款减少，应记入“银行存款”账户的贷方。这项经济业务编制的会计分录如下：

借：制造费用　　320

　贷：银行存款　　320

【例11】按本月工资总额2%提取工会经费，金额为1 760元；按本月工资总额1.5%提取职工教育经费，金额为1 320元，合计3 080元。

这项经济业务涉及“应付职工薪酬”、“管理费用”两个账户。一方面企业计提了应付给职工的工会经费和职工教育经费，使负债增加，应记入“应付职工薪酬”账户的贷方；另一方面按现行制度规定，工会经费和职工教育经费是企业费用的组成部分，应记入“管理费用”账户的借方。这项经济业务编制的会计分录如下：

借：管理费用　　3 080

　贷：应付职工薪酬——工会经费　　1 760

　　　　　　　　——职工教育经费　　1 320

【例12】月末，应将车间所发生的制造费用分配计入产品成本。

这项经济业务涉及“生产成本”、“制造费用”两个账户。一方面制造费用间接记入成本，在月末必须全部转入“生产成本”账户，结转以后无余额，记入贷方；另一方面“生产成本”增加，记入借方。这项经济业务编制的会计分录如下：

借：生产成本——基本生产成本——Ⅰ产品　　　　5 040
　　　　　　　　　　　　　——Ⅱ产品　　　　1 260
　贷：制造费用　　　　　　　　　　　　　　　　6 300

月末将本月发生的制造费用全部转入该车间产品成本（按生产工人工资比例分配）。

【例13】将上述【例1】—【例12】的制造费用按照生产工人工资比例分配。

（1）分配标准：生产工人工资

（2）工资费用分配率＝工资费用总额/Ⅰ、Ⅱ产品的生产工人工资之和

＝6 300/14 000

＝0.45

（3）每种产品应分配的工资费用为：

Ⅰ产品应分配的工资费用＝11 200×0.45＝5 040（元）

Ⅱ产品应分配的工资费用＝2 800×0.45＝1 260（元）

（4）Ⅰ产品的总成本和单位成本为：

总成本＝直接材料＋直接人工＋分配的制造费＝31 580＋12 768＋5 040＝49 388（元）

单位成本＝总成本/产品完工数量＝49 388/50＝987.76（元/台）

Ⅱ产品的总成本为：

总成本＝直接材料＋直接人工＋分配的制造费＝10 200＋2 912＋1 260＝14 372（元）

因该产品尚未完工，这里不计算单位产品成本。

【例14】月末，假设Ⅰ号产品50台全部完工，按其实际成本结转（注：Ⅱ号产品全部未完工）。

借：库存商品——Ⅰ产品　　　　49 388
　　　　　　——Ⅱ产品　　　　14 372
　贷：生产成本——Ⅰ产品　　　　49 388
　　　　　　　——Ⅱ产品　　　　14 372

下面将生产成本在完工产品与期末在产品成本之间分配。

（1）直接材料费用、直接人工费用和制造费用通过归集与分配后，都汇集记入各种产品的生产成本明细账，加上期初在产品的成本，就可汇总计算出各种产品的生产总成本。

本例通过以上归集、分配之后，为生产产品的所有耗费均可记入甲、乙产品的生产成本明细账。生产成本明细账格式及填制方法如表5－7、表5－8所示。

表 5－7　生产成本明细账

产品品种或类别：Ⅰ产品　　　　单位：元

2010 年		证号数	摘要	借方（成本项目）				贷方	余额
月	日			直接材料	直接人工	制造费用	合计		
2			期初余额	0	0	0	0		0
	1		生产耗用材料	31 580			31 580		31 580
	2		生产耗用工资及福利费		11 200 1 568		12 768		12 768
	3		分配制造费用			5 040	5 040		5 040
	4		结转完工产品成本					49 388	0
			本月合计	31 580	12 768	5 040	49 388	49 388	0

表 5－8　生产成本明细账

产品品种或类别：Ⅱ产品　　　　单位：元

2010 年		证号数	摘要	借方（成本项目）				贷方	余额
月	日			直接材料	直接人工	制造费用	合计		
2			期初余额	0	0	0	0		0
	1		生产耗用材料	10 200			10 200		10 200
	2		生产耗用工资及福利费		2 800 112		2 912		2 912
	3		分配制造费用			1 260	1 260		1 260
	4		结转完工产品成本					14 372	0
			本月合计	10 200	2 912	1 260	14 372	14 372	0

（2）根据各种产品当期完工产品数量和期末在产品数量，采用一定的方法，计算出完工产品的单位成本和总成本。

汇总的各种产品的生产总成本应在本期完工产品和期末在产品成本之间进行分配。如果期末没有完工产品，则汇总的各种产品的生产总成本就是期末在产品成本，并留在该产品的生产成本明细账上；如果期末产品全部完工，则汇总的各种产品的生产总成本就是完工产品成本，期末应从该产品的成本明细账上全部结转出去；如果期末既有在产品又有完工产品时，则汇总的各种产品的生产总成本需按照一定的方法在完工产品和期末在产品成本之间进行分配。企业应当根据产品的生产特点和企业管理的要求，选择合理而又简便的分配方法。常用的分配方法有不计算在产品成本法、在产品成本按固定数计算法、在产品成本按其所耗原材料费用计算法、约当产量法、定额成本法等，这些方法将在《成本会计》中介绍，这里不再赘述。

本例Ⅰ、Ⅱ产品期初、期末均无在产品，Ⅰ、Ⅱ产品生产成本明细账上汇总计算出的生产总成本即为Ⅰ、Ⅱ完工产品的总成本，除以数量即可求得单位成本。完工产品总成本和单位成本的计算可参见表5-9。

表5-9　产品生产成本计算表

编制单位：宏光公司　　单位：元

产品种类 / 成本项目	Ⅰ产品		Ⅱ产品	
	总成本	单位成本	总成本	单位成本
直接材料	31 580	631.60	10 200	—
直接人工	12 768	255.36	2 912	—
制造费用	5 040	100.80	1 260	—
合　计	49 388	987.76	14 372	—

第五节　销售过程的核算

一、销售过程核算的内容

企业所生产的产品必须通过市场销售才能使产品的价值得以实现。企业在销售过程中，应根据等价交换的原则出售产品获取价款或债权，实现收入；同时，在销售过程中，还会因销售产品发生各种包装费、运杂费、广告宣传费等销售费用；此外，还应按照国家税法缴纳销售税金，结转已售产品生产成本等。另外，在销售产品的同时还会发生一些其他销售业务，如多余材料的出售、出租固定资产、包装物等，这些都是销售业务应核算的内容。

因此，销售业务核算的内容应包括：正确核算销售收入的实现和货款的结算、销售费用的发生、税金的计算以及其他销售收入、成本、费用、税金的发生、计算和结转。

（一）收入的实现及货款的结算

在销售过程中，制造业企业通过交换，将实现对外销售产品或提供生产性劳务等主营业务，企业应按照购销双方约定价格向购买单位办理价款结算，并确认为主营业务收入。同时，除主营业务外，还可能发生材料销售、代购代销、包装物出售、固定资产出租以及提供非生产性劳务等其他业务，应按照实际发生的金额向对方单位办理价款结算，并确认为其他业务收入。

在确认收入时，会计上应解决收入确认的条件和确认金额问题。《企业会计制度》规定，销售商品的收入只有同时符合以下四项条件时才能加以确认：①企业已将商品所有权上的主要风险和报酬转移给购货方；②企业既没有保留通常与所有权相联系的继续管理权，也没有对已售出的商品实施控制；③与交易相关的经济利益能够流入企业；④相关的收入和成本能够可靠地计量。收入确认时，应按照企业与购货方签订的合同或协议金额或双方接受的金额计量。

收入的实现必然会形成经济利益的流入，并带来资产的增加或负债的减少。因此，进行会计核算时，收入账户的对应账户不是资产账户就是负债账户。但在权责发生制下，收入实现了，并不意味着一定能马上收回货款。由于结算上的原因，货款的结算可能会出现以下三种情况：①销售时直接收取货款；②销售时未收到货款，待以后再收取；③先收取货款，后提供产品。

（二）与收入相配比的成本费用的发生与结转

在销售过程中，企业为取得一定的销售收入，要付出相应的产品或劳务，为制造这些产品或提供这些劳务必然会发生各种耗费，而为销售这些产品或劳务也必然还会有各种耗费的发生。不论是生产耗费，还是销售耗费，都应由销售收入弥补。为了确定耗费的补偿尺度，在确认收入实现的同时，必须确认与实现收入配比的成本费用。与收入实现相配比的成本费用包括：①产品销售成本，即已销售产品的制造成本。销售成本采取直接配比方式，在产品销售收入实现的当期期末确认，并结转为取得该收入而发出（销售）产品的制造成本。②产品销售费用，即为销售产品而发生的费用，包括在销售过程中发生的如运输费、包装费、广告费、保险费等销售费用以及为销售本企业产品而专门设置的销售机构的职工工资、福利费、业务费等销售费用。发生的销售费用与实现的销售收入之间通常没有直接配比关系，但一般与期间有关，因此销售费用通常采用期间配比的方式，即将本期发生的销售费用全部用当期实现的收入弥补。③产品销售税金。按照税法规定，企业在取得销售收入时应按规定的税率和销售收入额计算交纳销售税金，其中按税法规定根据销售收入额计算交纳的消费税、资源税等，以及按所交的流转税计算交纳的城市维护建设税和教育费附加，作为价内税，这是企业的一项费用，按配比原则，应全部由当期的销售收入弥补；在销售时向购货方收取的增值税的销项税额，是一种价外税，未包括在销售收入之中，不构成企业的一项费用，不能从本期收入中扣除。实际上，销项税额具有代收代缴的性质，企业按规定将其抵扣进项税额后的余额作为应交纳的增值税交纳给税务部门，在会计核算时，它是通过“应交税费——应交增值税”账户的贷方来反映的。④其他业务成本，是指企业除主营业务成本以外的其他销售或其他业务所发生的相关成本。按照配比原则，应全部由本期其他业务收入弥补。

二、销售业务核算应设置的会计科目

1.“主营业务收入”账户

它属于损益类科目，用以核算企业销售产品，包括产成品、自制半成品、工业性劳务等所发生的收入。贷方登记已售产品的销售收入；借方登记期末结转到“本年利润”中的销售收入；期末结转后本科目无余额。本科目应按产品种类设置明细账。

2.“主营业务成本”账户

它属于损益类科目，用以核算企业销售产品，包括产成品、自制半成品、工业性劳务等的成本。借方登记已售产品等应结转的生产成本；贷方登记期末转入“本年利润”科目的成本数；期末结转后本科目无余额。本科目应按产品种类设置明细账。

3.“销售费用”账户

它属于损益类科目，用以核算企业在销售产品等过程中所发生的费用，如运输费、装卸费、包装费、保险费、展览费、广告费，以及为销售本企业产品而专设的销售机构经费（职工工资、福利费、业务费等）等。发生各种销售费用时，记入借方；期末，结转本期全部销售费用到“本年利润”科目时，记入贷方；结转后本科目无余额。本科目应按费用项目设置明细账。

4. “营业税金及附加”账户

它属于损益类科目，用以核算企业应由销售产品、提供劳务等负担的销售税金及附加，如消费税、资源税、城市维护建设税、教育费附加等。按规定计算出销售税金及附加时，记入借方；期末，转入“本年利润”科目时，记入贷方；结转后本科目无余额。本科目应按产品类别设置明细账。

5. “其他业务收入”账户

它属于损益类科目，用以核算企业除产品销售以外的其他销售或其他业务的收入，如材料销售、固定资产出租、包装物出租、提供运输等非工业性劳务收入。贷方登记取得的各项其他业务收入数；借方登记期末转到“本年利润”科目的数额；结转后本科目无余额。本科目应按其他业务种类设置明细账。

6. “其他业务支出”账户

它属于损益类科目，用以核算企业除产品销售以外的其他销售或其他业务的支出，包括销售、提供劳务而发生的相关成本、费用，以及营业税金及附加等。发生各种支出时，记入借方；期末，转入“本年利润”科目时，记入贷方；结转后本科目无余额。本科目应按其他业务种类设置明细账。

7. “应收票据”账户

它属于资产类科目，用以核算企业因销售商品等而收到的商业汇票。收到商业汇票时，按其票面金额记入借方；到期收回票面价值时，记入贷方；余额在借方表示企业尚未收回的票款。

8. “坏账准备”账户

它属于资产类科目，是“应收账款”和“其他应收款”账户的抵减账户，用以核算企业提取的坏账准备。该账户贷方登记提取的坏账准备以及重新收回已转销的坏账；借方登记实际发生的坏账损失以及按规定应转销的坏账准备；期末余额在贷方，表示已经提取但尚未冲销的坏账准备。该账户不设明细账。

三、销售业务的账务处理

（一）主营业务收入的核算

宏光公司2010年6月发生下列相关业务：

【例1】宏光公司6月销售Ⅰ号产品20台，销售单价1 800元，共计36 000元，增值税6 120元（税率17%，下同），产品发出，货款收存银行。

此项业务中，主营业务收入实现。一方面主营业务收入增加，增值税销项税增加；另一方面，银行存款增加，这项经济业务编制的会计分录如下：

借：银行存款　　　　42 120

　贷：主营业务收入——Ⅰ产品　　　　36 000

　　应交税费——应交增值税（销项税额）　　　　6 120

【例2】销售Ⅱ号产品600件，销售单价90元，共计54 000元，产品发出，货款未收到。

此项业务中，主营业务收入实现。一方面主营业务收入增加，增值税销项税增加，另一方面，虽没有收到货款，但又取得货款的凭证，记应收账款的增加，会计分录如下：

借：应收账款　　63 180

　贷：主营业务收入——Ⅱ产品　　54 000

　　　应交税费——应交增值税（销项税额）　　9 180

【例3】收到A单位的预付购货款25 000元，存入银行。

这项经济业务涉及“银行存款”、“预收账款”两个账户。一方面预收的货款存入银行，使资产增加，应记入“银行存款”账户的借方；另一方面因产品尚未销售，预收的货款，不能确认为收入，只能视作企业一项将来要用销售产品来偿还的债务，应记入“预收账款”账户的贷方。这项经济业务编制的会计分录如下：

借：银行存款　　25 000

　贷：预收账款——A单位　　25 000

【例4】售出Ⅱ号产品200件，单位售价90元，共计18 000元，收到承兑商业汇票。

这项经济业务涉及“应收票据”、“主营业务收入”、“应交税费”三个账户。一方面产品已销售，使企业收入和应交税费增加，应分别记入“主营业务收入”、“应交税费——应交增值税（销项税额）”账户的贷方；另一方面款项采取商业汇票方式结算，使企业债权增加，应记入“应收票据”账户的借方。这项经济业务编制的会计分录如下：

借：应收票据　　21 060

　贷：主营业务收入——Ⅱ产品　　18 000

　　　应交税费——应交增值税（销项税额）　　3 060

【例5】向A单位发出Ⅰ号产品10台，单位售价1 800元，共计18 000元，货款原已预收。

这项经济业务涉及“预收账款”、“主营业务收入”、“应交税费”三个账户。一方面销售产品，使收入和负债增加，应按价款和税额分别记入“主营业务收入”、“应交税费——应交增值税（销项税额）”账户的贷方；另一方面货款采取预收款方式结算，需冲抵预收的货款和结转应收的余款。为了集中核算与该企业的销售业务，应将两者均记入“预收账款”账户的借方。此时，“预收账款”账户可理解为债权债务双重性质的账户。这项经济业务编制的会计分录如下：

借：预收账款——A单位　　21 060

　贷：主营业务收入——Ⅰ号产品　　18 000

　　　应交税费——应交增值税（销项税额）　　3 060

（二）销售费用的核算

【例6】以存款支付销售产品发生的广告费用，共计1 200元。

这项业务涉及“销售费用”、“银行存款”两个账户。一方面销售产品时产生了广告费，在销售费用账户中核算，记其增加；另一方面，该费用以银行存款进行结算，使银行存款减少，记其贷方。这项经济业务编制的会计分录如下：

借：销售费用　　　　　　　　　　　　　　　　　　1 200

　贷：银行存款　　　　　　　　　　　　　　　　　　　1 200

【例7】计算结转本月销售网点工人的工资及福利18 000元。

这项业务涉及"销售费用"、"应付职工薪酬"两个账户。一方面销售网点工人的各种耗费均应在"销售费用"账户中核算，记其增加；另一方面该费用使得企业对销售网点工人的负债增加，在"应付职工薪酬"账户中进行结算，记其贷方。这项经济业务编制的会计分录如下：

借：销售费用　　　　　　　　　　　　　　　　　18 000

　贷：应付职工薪酬　　　　　　　　　　　　　　　　18 000

（三）主营业务成本的核算

【例8】结转已售产品生产成本，其中Ⅰ号产品按本月产品单位成本结转；Ⅱ号产品按上月单位成本（假设为40元）结转。

这项经济业务涉及"库存商品"、"主营业务成本"两个账户。一方面本月因销售而发出商品，使库存商品减少，应记入"库存商品"账户的贷方；另一方面按配比原则，结转为取得本期主营业务收入而发生的已售商品的制造成本，应记入"主营业务成本"账户的借方。

Ⅰ号产品按本月产品单位成本结转，即30×987.76＝29 632.80（元）；Ⅱ号产品按上月单位成本（假设为40元）结转，即800×40＝32 000（元）。这项经济业务编制的会计分录如下：

借：主营业务成本——Ⅰ产品　　　　　　　29 632.80

　　　　　　　　——Ⅱ产品　　　　　　　32 000

　贷：库存商品——Ⅰ产品　　　　　　　　　　29 632.80

　　　　　　　——Ⅱ产品　　　　　　　　　　32 000

（四）营业税金及附加的核算

【例9】按流转税额计算应交纳的城市维护建设税4 000元。

这项经济业务涉及"营业税金及附加"、"应交税费"两个账户。一方面计税使企业应从销售收入抵扣的销售税金增加，应记入"营业税金及附加"账户的借方；另一方面计算出的税金未交纳，使企业的负债增加，应记入"应交税费"账户的贷方。这项经济业务编制的会计分录如下：

借：营业税金及附加　　　　　　　　　　　　　4 000

　贷：应交税费——应交城市维护建设税　　　　　　4 000

（五）其他业务收支的核算

【例10】对外销售不需用的材料一批，取得含税收入234 000元，已存入银行。

这项经济业务涉及"银行存款"、"其他业务收入"、"应交税费"三个账户。材料售出，使其他业务收入增加，按现行制度规定，出售的材料需交纳增值税，含税收入234 000元中包含着材料售价和增值税额两部分。因为一般纳税人是按照销售收入（计税价格）和17%的税率计算增值税的，因此，应确认的材料销售收入额为：

材料销售收入额＝234 000÷（1＋17%）＝200 000（元）

应计算的增值税销项税额为：

应交纳的增值税额 = 200 000 × 17% = 34 000（元）

这样，企业应按材料销售收入额和应交纳的增值税额分别记入“其他业务收入”、“应交税费——应交增值税（销项税额）”账户的贷方。含税收入存入银行，使资产增加，应记入“银行存款”账户的借方。这项经济业务应编制的会计分录如下：

借：银行存款　　234 000

　贷：其他业务收入　　200 000

　　　应交税费——应交增值税（销项税额）　　34 000

【例 11】结转已销售材料的成本 1 800 000 元。

这项经济业务涉及“原材料”、“其他业务成本”两个账户。一方面因销售发出材料，使库存材料减少，应记入“原材料”账户的贷方；另一方面材料是为取得其他业务收入发出，其成本按配比原则应记入“其他业务成本”账户的借方。这项经济业务编制的会计分录如下：

借：其他业务成本　　180 000

　贷：原材料　　180 000

第六节　财务成果的核算

一、利润的核算

财务成果是指企业在一定会计期间从事经济活动所取得的经营成果，它是企业一定会计期间的收入与费用相抵后的余额。财务成果的表现形式有利润和亏损两种。当收入大于费用时，其差额表现为利润；反之，当收入小于费用时，其差额为亏损。财务成果是企业经营活动效率与经济效益的综合体现，是衡量企业经营成果和经济效益的综合尺度，因而，财务成果指标是一个非常重要的指标。

财务成果是企业在生产经营过程中所形成的，会计上依据“收入 - 费用 = 利润”的会计等式来计算本期的利润。同时，利润形成后，还需要对一定会计期间的净利润在企业与投资者之间进行分配。利润分配直接关系到企业与投资者之间的物质利益关系，关系到各方投资者的权益能否得到保障，具有很强的政策性。因此，财务成果的核算应包括以下两方面内容：

（一）利润的构成

利润是企业在一定时期内的经营成果，是企业在一定期间全部收入与全部费用相配比的结果。它集中反映了企业在生产经营活动方面的业绩，是衡量企业经营管理水平的一个重要综合指标。利润总额的计算公式为：

利润总额 = 营业利润 + 投资收益 + 营业外收入 - 营业外支出

1. 营业利润

营业利润是指主营业务收入减去主营业务成本和营业税金及附加，加上其他业务利润，减去销售费用、管理费用和财务费用后的金额。其他业务利润是指其他业务收入减去其他业务成本后的净额。用计算公式表示如下：

主营业务利润＝主营业务收入－主营业务成本－营业税金及附加

其他业务利润＝其他业务收入－其他业务成本

营业利润＝主营业务利润＋其他业务利润－销售费用－管理费用－财务费用

2. 投资收益

投资收益是指企业对外投资所取得的投资收益，减去发生的投资损失和计提减值准备后的净额。投资收益包括企业对外投资的债券利息、股利、利润、投资到期收回或转让所取得的价款与投资账面价值之间的差额等。

3. 营业外收入和营业外支出

营业外收入和营业外支出是指企业发生的与其生产经营活动无直接关系的各项收入和各项支出。其中，营业外收入包括固定资产盘盈、处置固定资产净收益、出售无形资产的净收益、非货币性交易收益、罚款净收入等；营业外支出包括固定资产盘亏、处置固定资产净损失、处置无形资产净损失、债务重组损失、计提的无形资产减值准备、计提的固定资产减值准备、罚款支出、捐赠支出、非常损失等。营业外收入和营业外支出不存在必然联系，因而不存在配比关系，应当分别核算，并在利润表中分列项目反映。

4. 所得税费用

所得税费用是指企业按照税法规定依据应纳税所得额计算并向国家缴纳的税款，是企业利润总额的减项。由于会计利润的计算方法和税法上应纳税所得额的计算方法不一致，应纳税所得额要在会计利润的基础上按税法规定的口径调整计算。

5. 净利润

企业的净利润是利润总额减去所得税费用之后的余额，其计算公式为：

净利润＝利润总额－所得税

所得税是根据税法规定，按应纳税所得额和规定的税率计算缴纳的税额。一般来讲，凡是有盈利的企业都必须缴纳所得税。

（二）利润和分配

企业净利润实现后，应当按规定进行分配。根据我国有关法规的规定，一般企业和股份制公司当期实现的净利润，首先是弥补以前年度的亏损，然后再按下列顺序进行分配：

1. 提取法定盈余公积

法定盈余公积按照本年实现净利润10%的比例提取。企业提取的法定盈余公积金累计额达其注册资本的50%以上时，可不再提取。企业提取的法定盈余公积金主要用于弥补亏损和转增资本。

2. 提取法定公益金

法定公益金按照本年实现净利润5%～10%的比例提取。提取的法定公益金用于企业职工的集体福利设施支出。

3. 向投资者分配利润（或股利，下同）

企业提取盈余公积后，还应按照合同或协议的规定向投资者分配利润。

企业本年实现的净利润加上以前年度未分配利润（或减去期初未弥补亏损）和其他转入后的余额，通常称之为企业可供分配的利润。可供分配的利润在经过上述分配后的余额即为未分配利润（或未弥补亏损）。未分配利润可留待以后年度进行分配；而未弥补亏损，可按规定由以后年度实现的利润进行弥补。

（三）利润核算应设置的会计科目

1.“本年利润”账户

它属于所有者权益类科目，用以核算企业本年度实现的净利润（或亏损）。贷方登记期末转入的各项收入数额；借方登记期末转入的各种成本、费用、营业税金及附加数额。期末，贷方与借方数额相抵，如果为贷方余额，则表示企业在一定时期内所实现的净利润总额；如果为借方余额，则表示企业在一定时期内所发生的亏损总额。年度终了，应将本年收入和支出相抵结出的本年实现的净利润总额或亏损总额，全部转入“利润分配”科目，结转后本科目无余额。

2.“投资收益”账户

它属于损益类科目，用以核算企业对外投资所取得的收入或发生的损失。贷方登记取得的投资收入；借方登记发生的投资损失和期末默许转入“本年利润”科目的数额，结转后本科目无余额。本科目应按投资的种类设置明细账。

3.“营业外收入”账户

它属于损益类科目，用以核算企业发生的与生产经营无直接关系的各种收入。取得时记入贷方；期末转入“本年利润”科目时，记入借方；结转后本科目无余额。本科目应按收入项目设置明细账。

4.“营业外支出”账户

它属于损益类科目，用以核算企业发生的与生产经营无直接关系的各种支出。发生支出时记入借方；期末转入“本年利润”科目时，记入贷方；结转后本科目无余额。本科目应按费用项目设置明细账。

5.“所得税费用”账户

它属于损益类科目，用以核算企业发生的所得税费用。借方登记应从当期损益中扣除的所得税费用；贷方登记期末转入“本年利润”科目的数额；结转后本科目无余额。

（四）利润的账务处理

1. 投资收益和营业外收支的账务处理

【例1】2009年12月31日，宏光公司从联营单位分得投资利润500 000元，已存入银行。

这项经济业务涉及“投资收益”、“银行存款”两个账户。一方面收回投资利润，使收益增加，应记入“投资收益”账户的贷方；另一方面将利润存入银行，使银行存款增加，应记入“银行存款”账户的借方。这项经济业务编制的会计分录如下：

借：银行存款　　　　500 000

　贷：投资收益　　　　500 000

【例2】2009年12月31日，宏光公司出售无形资产，收入200 000元，存入银行。该项无形资产的账面余值118 000元，按收入的5%计算应纳营业税额10 000元。

这项经济业务涉及“银行存款”、“无形资产”、“应交税费”、“营业外收入”四个账户。一方面收入价款存入银行，应记入“银行存款”账户的借方；另一方面因出售而转出的无形资产的价值，使资产减少，计征应纳的营业税，使负债增加，出售收入减去无形资产的账面余额以及应纳的税金后的余额，作为无形资产出售的净收益，使营业外收入增加，以上事项应分别记入“无形资产”、“应交税费”、“营业外收入”账户的贷方。这项经济业务编制的会计分录如下：

借：银行存款　　200 000
　贷：无形资产　　118 000
　　应交税费——应交营业税　　10 000
　　营业外收入　　72 000

【例3】2009年12月31日，宏光公司收到购买债券的利息收入900元，存入银行。

借：银行存款　　900
　贷：投资收益　　900

【例4】2009年12月31日，宏光公司收到罚款收入300元，存入银行。

借：银行存款　　300
　贷：营业外收入　　300

【例5】2009年12月31日，宏光公司以存款支付职工子弟校经费1 000元。

借：营业外支出　　1 000
　贷：银行存款　　1 000

2. 利润形成的账务处理

（1）结转收入、费用，确定利润总额。

【例6】2009年12月31日，宏光公司期末结转本期收益。经核算本月企业各收入类账户的贷方余额为：

主营业务收入　　1 098 000
其他业务收入　　200 000
投资收益　　500 000
营业外收入　　72 000

这项经济业务是期末对企业本月收入的结转，以计算本期财务成果。收入使本年利润增加，结转时，应将收入类账户的贷方余额从这些账户的借方结转到“本年利润”账户的贷方。这项经济业务编制的会计分录如下：

借：主营业务收入　　1 098 000
　　其他业务收入　　200 000
　　投资收益　　500 000
　　营业外收入　　72 000
　贷：本年利润　　1 870 000

【例7】2009年12月31日，宏光公司期末结转本期成本、费用和支出。经核算本月企业各费用类账户的借方余额为：

主营业务成本　　703 226
营业税金及附加　　4 000
其他业务成本　　108 000
销售费用　　7 000

管理费用　　31 940
财务费用　　6 000
营业外支出　　4 914

这项经济业务是期末对企业本月成本、费用和支出的结转，以计算企业本期的财务成果。费用的增加使利润减少，结转时，应将费用类账户的借方余额从这些账户的贷方结转到“本年利润”账户的借方。这项经济业务编制的会计分录如下：

借：本年利润　　865 080
　贷：主营业务成本　　703 226
　　营业税金及附加　　4 000
　　其他业务成本　　108 000
　　销售费用　　7 000
　　管理费用　　31 940
　　财务费用　　6 000
　　营业外支出　　4 914

以上两笔会计分录将本月所有收入与费用都结转到“本年利润”账户。“本年利润”账户的贷方发生额（本期收入合计）减去本期借方发生额（即本期费用合计）后的差额为 1 004 920 元，即为本月企业所实现的利润总额。

（2）计算所得税费用，确定净利润。

【例8】2009 年 12 月 31 日，宏光公司根据本月实现利润总额（假设无纳税调整事项）的 25% 计算本月应交所得税费用为 251 230 元。

这项经济业务涉及“所得税费用”、“应交税费”两个账户。一方面按利润总额计算所得税费用，是对企业利润的扣除，作为一项费用处理，记入“所得税费用”账户的借方；另一方面已计提尚未缴纳的所得税费用，使企业负债增加，应记入“应交税费”账户的贷方。这项经济业务编制的会计分录如下：

借：所得税费用　　251 230
　贷：应交税费——应交所得税　　251 230

【例9】2009 年 12 月 31 日，宏光公司结转本月所得税费用 251 230 元。

这项经济业务是期末对企业所得税费用的结转，以便计算本期企业净利润。结转时，应从“所得税费用”账户的贷方结转到“本年利润”账户的借方。这项经济业务编制的会计分录如下：

借：本年利润　　251 230
　贷：所得税费用　　251 230

二、利润分配的核算

（一）利润分配及顺序

利润分配，是企业根据国家有关规定和投资者的决议，对企业的净利润所进行的分配。

根据现行法律、法规及有关制度的规定，企业所实现的净利润，除国家另有规定者外，应当按照下列顺序进行分配：弥补以前年度亏损；提取盈余公积，包括法定盈余公积和公益金；

向投资者分配利润。

企业实现的净利润按照上述顺序分配后，余下部分即为未分配利润，留待以后会计年度进行分配。

（二）利润分配核算应设置的会计科目

1. “利润分配”账户

它属于所有者权益类科目，用以核算企业利润和历年分配后的结存余额。借方登记发生的利润分配数，如提取盈余公积、向投资者分配利润等；贷方平时一般不作登记；月末，余额在借方，表示截至期末企业累计分配的净利润总额。平时通过“本年利润”科目贷方余额与“利润分配”科目借方余额相对比，确定未分配的利润数。年末，企业将全年实现的净利润总额，自“本年利润”科目的借方转入“利润分配——未分配利润”科目的贷方，本科目下设“提取盈余公积”、“应付利润”、“未分配利润”等明细科目。年末，将前两个明细科目余额转入到“未分配利润”明细科目借方，确定未分配利润数或未弥补的亏损数。

说明：企业分配利润实际上是利润的减少，按理应记入“本年利润”科目的借方，直接冲减利润。但是，从企业来讲它不但需要提供利润的分配数，而且还需要反映企业已实现利润的累计数资料，提供企业在整个会计年度内所实现的全部净利润数据。因此，就需要增设“利润分配”科目，用“本年利润”核算净利润的实现情况，用“利润分配”核算净利润的分配情况。所以，“利润分配 ”科目是“本年利润 ”科目的调整科目。

2. “盈余公积”账户

它属于所有者权益类科目，用以核算企业从净利润中提取的盈余公积。贷方登记提取的盈余公积数；借方登记使用的盈余公积数；余额在贷方，表示企业的盈余公积结存数。

3. “应付股利”账户

它属于负债类科目，用以核算企业应付给投资者的利润。贷方登记期末计算出的应付股利数；借方登记实际支付给投资者的股利数；余额在贷方，表示企业应付未付的股利数。

（三）利润分配的账务处理

【例10】2009 年 12 月 31 日，宏光公司按本年净利润的 10%、5% 分别提取法定盈余公积和法定公益金。假设 1～11 月累计实现净利润 7 246 310 元。

本年净利润为 8 000 000（7 246 310 + 1 004 920 − 251 230）元，应提取法定盈余公积 800 000 元、法定公益金 400 000 元。

这项经济业务涉及“利润分配”、“盈余公积”两个账户。一方面对企业的净利润进行分配，应记入“利润分配”账户的借方；另一方面提取的盈余公积留存企业，使所有者权益增加，应记入“盈余公积”账户的贷方。这项经济业务编制的会计分录如下：

借：利润分配——提取法定盈余公积　　800 000
　　　　　　——提取法定公益金　　400 000
　贷：盈余公积——法定盈余公积　　800 000
　　　　　　——法定公益金　　400 000

【例11】2009 年 12 月 31 日，宏光公司根据协议规定，按净利润的 40% 向投资者分配利润 3 200 000 元。

这项经济业务涉及“利润分配”、“应付股利”两个账户。一方面对企业的净利润进行分配，应记入“利润分配”账户的借方；另一方面利润应分配但尚未支付给投资者，使负债增加，应记入“应付股利”账户的贷方。这项经济业务编制的会计分录如下：

借：利润分配——应付股利　　　　　　　　3 200 000

　贷：应付股利　　　　　　　　　　　　　　3 200 000

【例 12】2009 年 12 月 31 日，宏光公司月末结转本年净利润 8 000 000 元。

这项经济业务是对企业本年度实现的净利润的结转，应将企业本年净利润额从“本年利润”账户的借方结转到“利润分配——未分配利润”账户的贷方，以便与后述结转的已分配利润进行比较，最终计算企业本年度未分配利润。这项经济业务编制的会计分录如下：

借：本年利润　　　　　　　　　　　　　　8 000 000

　贷：利润分配——未分配利润　　　　　　　8 000 000

【例 13】2009 年 12 月 31 日，宏光公司结转全年已分配利润 4 400 000 元。

这项经济业务是对企业本年度已分配的利润的结转，应将“利润分配”账户除“未分配利润”明细账外的其他明细账的期末余额全部结转到“未分配利润”明细账上。经过结转后，“利润分配”账户中只有“未分配利润”明细账有期末余额，其余明细账均无余额。而“未分配利润”明细账的余额反映企业本年度未分配的利润。在会计报表上，未分配利润作为所有者权益项目单独列示。这项经济业务编制的会计分录如下：

借：利润分配——未分配利润　　　　　　　4 400 000

　贷：利润分配——提取法定盈余公积　　　　　800 000

　　　　　　——提取法定公益金　　　　　　　400 000

　　　　　　——应付股利　　　　　　　　　3 200 000

以上两个会计分录将本年已实现未分配的净利润和已分配的净利润都结转到“利润分配——未分配利润”账户。将“利润分配——未分配利润”账户的贷方发生额与借方发生额相抵后的差额 3 600 000 元即为企业本年度未分配利润。

【能力训练】

一、名词解释

收付实现制　权责发生制　待摊费用　预提费用　管理费用　产品制造成本

二、判断题

1. “营业外收入”账户是用来核算企业发生的与企业生产经营无直接关系的各项收入的账户。(　　)

2. “应付利润”账户期末贷方余额为多付的利润。(　　)

3. “预提费用”账户是资产类账户，其借方登记已经收到的预提费用。(　　)

4. 企业销售无形资产应交纳的营业税，应记入“主营业务税金及附加”账户。(　　)

5. 车间管理人员的工资及福利费不属于直接人工费。(　　)

6. 收付实现制不考虑收入和费用的收支期间与其归属期间是否一致的问题。(　　)

7. 期末，结转完工入库产品的生产成本以后，“生产成本”总账及所属明细分类账户应均无余额。(　　)

8. 盈余公积是从销售收入中提取的公积金。（　）

9. 一般来说，对新加入的投资者的出资额，应全部作为实收资本处理。（　）

10. “制造费用”账户属费用成本类即损益类，故期末必定没有余额。（　）

三、填空题

1. 产品制造企业的生产经营过程是由________、________和________组成。

2. 材料的采购成本是由________加上________组成。

3. 在制造成本法下，产品制造成本项目主要包括________、________和________。

4. “累计折旧”账户属于________账户，其贷方登记________，借方登记________。

5. “坏账准备”账户属于________账户，提取坏账准备时，记入其账户的________方，发生坏账损失时，记入其账户的________方。

6. 为了核算企业的债权，通常设置________、________、________等账户。

7. 如果企业生产的产品完工入库，则应由________账户转入________账户。

8. 某投资人向本企业投入机器设备，该业务应借记________账户，贷记________账户。

9. 为了核算企业在本期实现的盈亏总额，在会计期末需将本期“主营业务收入”等账户转入________账户的________方，将本期“主营业务成本”等费用账户转入________账户的________方。

10. 正常情况下，“利润分配”账户平时期末余额在借方，表示________。年末如有贷方余额表示________，借方余额则为________。

四、单项选择题

1. 购买的原材料，当其验收入库后，其实际成本在（　）账户核算。

A. 材料采购　　B. 原材料　　C. 库存商品　　D. 产成品

2. 车间管理人员福利费应该记入（　）账户。

A. 管理费用　　B. 制造费用　　C. 生产成本　　D. 营业费用

3. 用来反映和监督企业库存产品增减变动和结存情况的账户是（　）。

A. 产品销售成本　　B. 产成品　　C. 制造费用　　D. 财务费用

4. 与“本年利润”账户的贷方对应的账户是（　）。

A. 管理费用　　B. 主营业务收入　　C. 应付福利费　　D. 应交税金

5. 下列项目中，不属于管理费用的有（　）。

A. 车间管理人员工资　　B. 厂部管理人员工资

C. 厂部耗用材料　　D. 厂部办公用房的租金

6. 发放的职工生活困难补助应通过（　）账户进行核算。

A. 应付工资　　B. 管理费用　　C. 营业外支出　　D. 应付福利费

7. 常与“主营业务成本”的借方账户相对应的账户是（　）。

A. 材料采购　　B. 产成品

C. 原材料　　D. 应交税金——应交增值税

8. 通过银行收到销货款62 000元，其中属于上月应收12 000元，本月应收40 000元，预收下月10 000元。在权责发生制下，本月的收入应为（　　）元。

A. 50 000　　B. 62 000　　C. 40 000　　D. 52 000

9. 预提费用账户借方登记的金额是（　　）。

A. 预先记入成本费用但未支付的款项　　B. 预先提取的款项

C. 财务费用　　D. 实际支付款项

10. 待摊费用是指（　　）。

A. 先计入产品成本，后一次支付的费用

B. 先支付或实际发生，后一次计入产品成本的费用

C. 先支付或实际发生，后分期计入产品成本的费用

D. 先一次计入产品成本，后分期支付的费用

五、多项选择题

1. 会计确认的基本前提是（　　）。

A. 效益大于成本原则　B. 相关性原则　　C. 重要性原则　　D. 可计量性原则

E. 客观性原则

2. 采用收付实现制进行会计核算无需设置的会计账户是（　　）。

A. 待摊费用　　B. 预提费用　　C. 预收账款　　D. 生产成本

E. 预付账款

3. 经济业务与会计要素、会计方程式的关系可以表述为（　　）。

A. 任何经济业务的发生至少要影响会计要素的两个具体项目发生增减变化

B. 经济业务的发生不会破坏会计方程式的平衡关系

C. 只有涉及会计方程式两边的经济业务才会引起资金总额的变化

D. 只涉及会计方程式一边的经济业务不会引起资金总额的变化

E. 涉及会计方程式两边的经济业务不会引起资金总额的变化

4. "生产成本"账户的借方应登记（　　）。

A. 管理费用　　B. 直接人工费用　　C. 分配计入的制造费用

D. 直接材料费用　　E. 间接材料费用

5. 下列经济业务的发生会引起资金总额变化的有（　　）。

A. 销售产品，款未收　　B. 以银行存款支付办公费

C. 以银行存款偿还购货欠款　　D. 收到投资者投入的无形资产

E. 将现金存入银行

6. （　　）属于"利润分配"账户核算的内容。

A. 提取法定盈余公积　　B. 提取法定公益金

C. 分配给投资者利润　　D. 计提所得税

E. 转增资本

7. （　　）是企业销售过程中所使用的账户。

A. 主营业务税金及附加　　B. 应收账款

C. 应收票据　　D. 营业费用

E. 主营业务成本

8. “材料采购”账户的借方应登记（　　）。

A. 材料买价　　B. 材料的增值税　　C. 材料的运费

D. 材料仓库保管人员的工资　　E. 材料仓库保管人员的应付福利费

9. 下列支出应当在“营业外支出”账户中核算的有（　　）。

A. 固定资产盘亏　　B. 销售材料的成本

C. 处理固定资产净损失　　D. 支付的包装物押金

E. 非常损失

10. “营业费用”的内容包括（　　）。

A. 商业企业进货运杂费　　B. 销售广告费

C. 销售网点人员工资　　D. 销售网点人员福利费

E. 销售过程中的保险费

六、业务与计算题

练习一

目的：练习会计处理基础的运用。

资料：

中兴公司 2009 年 10 月发生的部分经济业务如下：

（1）销售商品一批，价款 117 000 元未收，该批商品成本为 68 000 元。

（2）以银行存款预付第四季度设备租金 9 000 元。

（3）收到上月销货欠款 234 000 元，该批商品成本为 150 000 元。

（4）预收某公司订货款 50 000 元存入银行。

（5）销售商品一批，价款 351 000 元存入银行，该批商品成本为 220 000 元。

（6）以银行存款支付本月水电费 16 000 元。

（7）本月短期借款利息 3 000 元，银行按季度进行结算支付。

（8）销售商品一批，价款 175 500 元已于 9 月份预收，该批商品成本为 128 000 元。

要求：

根据以上资料分别按权责发生制、收付实现制计算收入、费用和利润。

练习二

目的：练习供应过程的核算。

资料：

永兴公司 2009 年 10 月有关采购的经济业务如下：

（1）采购员王新赴外地采购材料预借差旅费 4 500 元，以现金支票付讫。

（2）从希望公司购入甲材料 250 吨，单价 800 元；购入乙材料 300 吨，单价 600 元。用银行存款支付 200 000 元货款，余款未付。

（3）用银行存款支付上述材料的运输费、装卸费 5 500 元。

（4）从星光工厂购入丙材料 10 000 千克，每千克 5 元，共计 50 000 元，货款已预付。

（5）用现金支付丙材料的运输费、装卸费 4 000 元。

（6）用银行存款支付前欠希望公司的货款 180 000 元。

（7）采购员王新报销差旅费 4 300 元，其中：甲、乙材料 3 800 元，丙材料 500 元，余款退回。

（8）本期购进的甲、乙、丙材料均已运达并验收入库，结转实际采购成本。

要求：

根据以上业务编制会计分录，并登记“材料采购”总账和明细账。

练习三

目的：练习生产过程的核算和产品生产成本的计算。

资料：

永兴公司 2009 年 11 月有关产品生产的经济业务如下：

（1）本月生产 A 产品耗用甲材料 65 000 元，生产 B 产品耗用乙材料 54 000 元，车间一般耗用甲材料 8 000 元，行政管理部门领用乙材料 1 300 元。

（2）结算本月应付工资 79 000 元，其中：生产 A 产品工人工资 30 000 元，生产 B 产品工人工资 15 000 元，车间管理人员工资 7 000 元，行政管理人员工资 11 000 元，销售部门人员工资 10 000 元，福利部门人员工资 6 000 元。

（3）按工资总额的 14% 计提职工福利费。

（4）从银行提现金 78 000 元发放上月职工工资。

（5）用存款支付生产用厂房租金 30 000 元，分三个月摊销。

（6）预提设备大修理费 7 000 元。

（7）用银行存款支付本月水电费 12 400 元，其中：厂部分配 5 400 元，车间分配 7 000 元。

（8）计提本月固定资产折旧 18 000 元，其中：生产用设备折旧费 14 500 元，厂部折旧费 3 500 元。

（9）结转本月制造费用，并按 2:1 的比例在 A、B 产品之间进行分配。

（10）本月投产的 A、B 产品各 20 台，已全部完工入库，结转产品的制造成本。

要求：

根据以上业务编制会计分录，并登记“生产成本”总账、“生产成本”明细账和“制造费用”总账。

练习四

目的：练习销售过程和财务成果的核算。

资料：

永兴公司 2009 年 12 月发生下列经济业务：

（1）销售 A 产品 10 台，收入 94 000 元，存入银行。

（2）销售 B 产品 8 台，收入 85 000 元，存入银行。

（3）用银行存款支付营业费用 7 880 元。

（4）预提本月银行借款利息 1 250 元。

（5）结转已销产品的生产成本：A 产品成本 67 760 元，B 产品成本 35 704 元。

(6) 按10%的税率计算产品的销售税金。

(7) 销售丙材料1 000千克，收入7 440元，货款已存入银行，丙材料的采购成本为5 450元。

(8) 盘亏设备一台，原值7 200元，已提折旧5 300元，经批准作营业外支出处理。

(9) 用银行存款支付办公费6 500元。

(10) 按计税所得的30%计算应交所得税5 554.8元。

(11) 月末将各个收支账户的余额转入“本年利润”账户（“管理费用”账户余额为30 080元）。

(12) 按规定提取盈余公积1 880元。

(13) 按规定分配给股东利润8 000元。

要求：

根据以上业务编制会计分录，并登记损益类账户和“本年利润”、“利润分配”账户。

第六章 账户分类

第一节 账户分类的意义

每一个账户只能记录企业经济活动的某一方面，不可能对企业的全部经济业务加以记录。而企业的经济活动作为一个整体，是需要一个相互联系的账户体系加以反映的。账户分类就是研究这个账户体系中各账户的共性，寻求其规律，探明每一账户在账户体系中的地位和作用，以便加深对账户的认识，更好地运用账户对企业的经济业务进行反映。账户分类的意义在于：

（1）有利于从理论上加深对账户的全面认识，了解账户体系的设置和运用在会计核算体系中的地位和作用，有助于正确运用设置账户这种会计核算的专门方法，建立更加完善的会计核算体系。

（2）便于进一步了解账户体系中各类账户的共性和特性，以及各个账户内容之间的联系与区别，从使用账户的技术方法的角度来研究账户的不同用途和结构，揭示账户使用过程中的规律，不断提高运用技能，从而做到正确、熟练地使用账户。

（3）能够使我们正确认识各会计要素的经济内容，通过对数据按报表信息的要求进行分类，形成报表所需要揭示的财务信息和其他经济信息，为经济管理提供系统的、分门别类的会计资料。

（4）能够揭示全部账户在反映会计内容上存在的既分工又协作的关系，当会计制度确定的会计账户随各个时期经济管理的不同要求而变动时，能够尽快适应，并在统一会计制度许可的范围内，根据企业实际情况增设或合并会计账户。

因此，为了更好地掌握和运用账户，有必要进一步研究账户的分类，即在认识各账户特性的基础上研究各账户的共性，明确账户之间的内在联系，以及各账户在整个账户体系中的地位和作用，掌握各类账户在提供会计信息方面的规律。

第二节　账户分类的原则和标志

一、账户分类原则

账户的分类是一个对账户体系的认识过程，同时也是一个从账户的相互区别之中探求设置和运用账户规律的过程。因此，账户的分类应遵循如下四项原则：

（一）符合性原则

在账户分类时，既要根据会计内容的特点，把反映同一性质、具有相同作用的账户归为同一类别；同时又要根据经济管理的要求，把共同反映某一阶段、处理某一方面数据的账户归为同一类别，从而建立一个符合经济核算要求的、科学完善的账户分类体系。

（二）明晰性原则

账户分类必须清楚地揭示各有关账户的共性及其相互关系，做到主从分明、关系清楚，使所有账户在账户体系中所处的地位一目了然。各有关账户的经济内容、用途和结构也能被清楚地展现出来，从而进一步深化对账户体系的认识，更好地运用账户进行会计核算和监督，实现会计的最终目的。

（三）有用性原则

账户的分类必须能够对某种决策和管理产生比较重要的影响，有利于会计信息的加工处理和会计报表的编制，使账户分类形成的信息如银行存款，经过一定的处理、加工直接变换成为某种决策和管理的相关信息要素，或直接成为反映财务状况、成本水平和经营成果的准确、可靠的数据资料。

（四）完整性和互斥性相结合的原则

账户的分类，要能够在同一分类标志下，毫无遗漏地概括出会计内容所涉及的一切账户，做到有一个账户，就必有其归属的类别，避免出现无适当类别可进行划分和归纳的账户。同时，账户的分类，要求在同一分类标志下。各个类别的账户一般要具有明确的界限，避免出现混淆不清的现象。

二、账户分类的标志

账户可以采用不同的标志进行分类，从而可以从不同的角度全方位观察账户体系的全貌。

（一）以会计要素为分类标志

一个单位所设置的全部账户能够综合反映和控制这个单位的会计内容，同样，会计核算和监督的具体内容又必须通过一个完整的账户体系来实现。账户体系与会计具体内容即会计要素的一致性决定了账户体系的分类与会计具体内容的一致性。因此，我们可以将账户体系按照会计要素进行分类，如把共同反映各类资产增减变化情况的账户分为一类，把共同反映企业利润形成过程的账户分为一类等。

账户以会计要素为分类标志，是账户最基本的分类方式。账户按会计要素分为资产类账户、负债类账户、所有者权益类账户、成本类账户和损益类账户五大类。

（二）以用途和结构为分类标志

各个账户的使用方法不同，在账户体系中起着不同的作用，它们从不同的角度反映经济活动的某一侧面，提供着不同的信息，因此，在对账户按会计要素分类的基础上，还可以以用途和结构为分类标志对账户进行分类。

账户的用途和结构是账户分类的一个主要标志。账户按用途分类，可以了解其所提供的信息及所起的作用，解决在什么条件下使用哪些账户的问题；账户按结构分类，可以明确账户的借方、贷方所登记的具体内容和余额表示的含义，有利于掌握各类账户的使用方法，解决各类账户具体提供何种信息的问题。

账户按用途和结构分类，一般可以划分为盘存账户、资本账户、债权账户、负债账户、跨期摊提账户、待处理账户、调整账户、集合分配账户、成本计算账户、集合汇转账户和财务成果账户十一类。

（三）以统驭与被统驭关系为分类标志

账户按其提供会计资料的详细程度不同，可分为总分类账户和明细分类账户。这种分类标志表明会计资料具有不同的层次和等级，各层次会计资料具有控制与被控制、统驭与被统驭的关系。

（四）以账户与会计报表的关系为分类标志

账户以其与会计报表的关系为标志进行分类，可以分为资产负债表账户和利润表账户两类。这种分类方法以会计要素分类为基础，把反映资产、负债和所有者权益的三类账户归为一组，称为资产负债表账户或实账户，主要反映企业在某一时点的财务状况；把反映收入、费用和利润的三类账户归为一组，称为利润表账户或虚账户，主要反映企业在一定期间的经营成果。

资产负债表账户的特点是期末一般有余额，期末余额是编制资产负债表的资料来源。同时，期末余额还需要结转到下一个会计期间。利润表账户的特点是发生额反映企业已经实现的收入或已经发生的成本、费用和支出，在每一会计期间末都要转至“本年利润”账户。因此，利润表账户一般无期末余额。

（五）以会计主体为分类标志

以上述及的对账户的分类都是针对一个会计主体而言的，不涉及其他会计主体，而租入的固定资产、代为加工的原材料、代管物资等账户，它们所反映的固定资产和物资只是暂时留存本企业，本企业只有保管权而无支配使用权，因而不应列入本主体的资产负债表中。有鉴于此，账户可以分为表内账户和表外账户。这种分类的目的是为了严格划清会计对象的空间界限，也是为了向本企业提供更多的信息。

第三节　账户按经济内容的分类

账户按经济内容分类是指账户反映会计对象的具体内容。账户之间最本质的区别在于其反映的经济内容不同，因而账户的经济内容是账户分类的基础，是对账户的最基本的分类。

根据会计对象的具体内容，可将账户分为资产类账户、负债类账户、所有者权益类账户、收入类账户、费用类账户和利润类账户等六大类账户。

需要说明的是，企业在一定期间实现的利润经过分配后，除分配给投资者的利润要退出企业外，提取的盈余公积和未分配利润最终归属于所有者权益。因此，账户按经济内容分类可将属于利润要素的账户并入所有者权益类账户。另外，由于许多企业，特别是制造、加工企业，为了进行产品成本计算，需要专门设置用来核算产品成本的账户。企业在一定期间所取得的收入和发生的费用，最终都体现在当期损益的计算上，因而也可以将这些内容和与损益计算直接相关的收入、费用账户归为一类，即损益类账户。因此，现行会计制度将账户分为五大类，即资产类账户、负债类账户、所有者权益类账户、成本类账户和损益类账户，如图 6－1 所示。

（一）资产类账户

资产类账户是反映资产的账户，根据资产的流动性和经营管理核算的需要，又分为反映流动资产和长期资产的账户。反映流动资产的账户，按照各项资产的流动性和在生产经营过程中所起的作用，又可分为反映货币资金的账户，如“现金”、“银行存款”等账户；反映结算债权的账户，如“应收账款”、“其他应收款”账户；反映存货的账户，如“材料”、“产成品”等账户；反映长期资产的账户，如“固定资产”、“累计折旧”等账户。

（二）负债类账户

负债类账户是反映负债的账户，按照形成负债的原因划分，又分为反映由于生产经营活动形成的负债账户和反映由于经营成果形成的负债账户。反映由于生产经营活动形成的负债账户，如“应付账款”、“预收账款”、“短期借款”等账户；反映由于经营成果形成的负债账户，如“应交税金”、“应付利润”等账户。

（三）所有者权益类账户

所有者权益类账户是反映所有者权益的账户，按照权益的来源划分，又分为反映投入资本的账户、反映从利润中提取资金的账户和反映未分配利润的账户。反映投入资本的账户，如“实收资本”账户；反映从利润中提取资金的账户，如“公积金”账户；反映未分配利润的账户，如“利润分配”、“本年利润”等账户。

（四）成本类账户

成本类账户是反映成本费用的账户，直接反映生产过程的成本费用账户，如“生产成本”等账户；间接反映生产过程的成本费用账户，如“制造费用”等账户。

（五）损益类账户

损益类账户是反映与损益的计算直接相关的账户，即主要反映企业收入和费用的账户。该类账户按其与损益组成内容之关系，可具体分为反映损益收入类账户和反映损益支出类账户。反映损益收入类账户，如“主营业务收入”、“其他业务收入”、“营业外收入”、“投资收益”等账户；反映损益支出类账户，如“主营业务成本”、“销售费用”、“营业税金及附加”、“管理费用”、“财务费用”、“其他业务支出”、“营业外支出”、“所得税费用”等账户。

- 账户
  - 资产类账户
    - 反映流动资产的账户
      - 库存现金
      - 银行存款
      - 其他货币资金
      - 应收账款
      - 坏账准备
      - 预付账款
      - 应收票据
      - 其他应收款
      - 原材料
      - 库存商品
      - 周转材料
    - 反映非流动资产的账户
      - 长期股权投资
      - 固定资产
      - 累计折旧
      - 在建工程
      - 无形资产
  - 负债类账户
    - 反映流动负债的账户
      - 短期借款
      - 应付账款
      - 预收账款
      - 应付票据
      - 其他应付款
      - 应付职工薪酬
      - 应付利息
      - 应交税费
      - 应付股利
      - 交易性金融负债
    - 反映长期负债的账户
      - 长期借款
      - 应付债券
      - 长期应付款
  - 所有者权益类账户
    - 实收资本
    - 资本公积
    - 本年利润
    - 利润分配
    - 盈余公积
    - 库存股
  - 成本类账户
    - 生产成本
    - 制造费用
    - 劳务成本
    - 研发支出
  - 损益类账户
    - 反映营业损益的账户
      - 主营业务收入
      - 主营业务成本
      - 其他业务收入
      - 其他业务成本
      - 营业税金及附加
      - 销售费用
      - 管理费用
      - 财务费用
    - 反映营业外收支的账户
      - 营业外收入
      - 营业外支出
    - 反映扣减利润总额的账户
      - 所得税费用

图 6－1　账户按经济内容分类

第四节 账户按用途和结构的分类

账户按用途和结构的分类是在账户按经济内容分类的基础上，进一步了解各个账户的具体用途，明确账户所能提供的核算指标。

所谓账户的用途，是指设置和运用账户的目的，即通过账户记录提供什么核算指标。所谓账户的结构，是指在账户中如何登记经济业务以获得所需的各种核算指标，即账户的借贷方登记的内容、余额的方向及表示的含义。如“固定资产”账户和“累计折旧”账户，其反映的经济内容都属于账户资产，而且都是用来反映固定资产的账户。但是，这两个账户的用途和结构不同：“固定资产”账户是按其原始价值反映固定资产增减变动及结存情况的账户，增加记借方，减少记贷方，期末借方余额表示企业现有固定资产的原始价值；而“累计折旧”账户则是用来反映固定资产由损耗引起的价值减少，即累计提取折旧的账户，计提折旧增加时记入贷方，已提折旧的减少或注销则记入借方，期末余额在贷方，表示现有固定资产的累计折旧。

账户按用途和结构分类，通常分为三大类，九小类。三大类包括：基本账户、调整账户和业务账户。九小类包括盘存账户、结算账户、投资权益账户、集合分配账户、跨期摊配账户、成本计算账户、配比账户、财务成果计算账户、调整账户等，如图6－2所示。

一、三大类账户

（一）基本账户

基本账户是用来反映和监督资产、负债、所有者权益实有数和增减变动情况的账户。其特点是：这些账户反映的对象是企业经济活动的基础，通常都有余额，其余额期末均要反映在资产负债表上。基本账户具体分为：盘存账户、投资权益账户、结算账户和跨期摊提账户四小类。

（二）调整账户

调整账户是用来调整某些基本账户计价的账户。其特点是：这些账户与被调整账户结合起来，才是某项资产或负债、所有者权益的实有数。其主要包括：资产性质调整账户、负债性质调整账户、所有者权益性质调整账户以及共同性质调整账户。

调整账户根据调整方式分为抵减账户、附加账户和抵减附加账户。

（三）业务账户

业务账户是用来反映和监督企业在经营过程中进行的各种业务活动的账户。其特点是：这些账户所反映的经济内容是经营过程及成果，其发生额非常重要，与利润有密切关系，是编制利润表的基本依据。业务账户分为：集合分配账户、成本计算账户和损益计算账户。

- 账户
  - 基本账户
    - 盘存账户
      - 现金、银行存款、其他货币资金
      - 原材料、包装物、低值易耗品
      - 库存商品、固定资产
      - 物资采购（余额部分）
      - 在建工程（余额部分）
    - 结算账户
      - 应收账款、应收票据、预付账款、其他应收款
      - 应付账款、应付票据、预收账款
      - 应付工资、应付福利费、短期借款
      - 应付利润或应付股利、其他应付款
      - 长期借款、应付债券、长期应付款
    - 投资权益账户——实收资本或股本、资本公积、盈余公积
    - 跨期摊提账户——待摊费用、长期待摊费用、预提费用
  - 调整账户
    - 累计折旧、坏账准备、短期投资跌价准备
    - 存货跌价准备、长期投资减值准备
    - 委托贷款减值准备、固定资产减值准备
    - 在建工程减值准备、无形资产减值准备
    - 利润分配、材料成本差异
  - 业务账户
    - 集合分配账户——制造费用
    - 成本计算账户
      - 生产成本（本期发生额）
      - 物资采购（本期发生额）
      - 在建工程（本期发生额）
    - 配比账户
      - 主营业务收入、其他业务收入、营业外收入
      - 主营业务成本、主营业务税金及附加、其他业务支出
      - 营业费用、管理费用、财务费用、营业外支出
      - 投资收益、所得税费用
    - 财务成果账户——本年利润

图6－2 账户按结构和用途分类

二、九小类账户

（一）盘存账户

盘存账户是用来反映和监督货币资金和各项实物资产的增减变动及实存额的账户。主要包括“现金”、“银行存款”、“材料”、“产成品”、“固定资产”等账户。其特点是：所有的盘存类账户都是资产类账户；除银行存款账户外，其余账户均可采用实物盘点的方法确定其数量；除现金和银行存款账户外，其余账户均应按其名称设置明细账并提供金额和实物数量两种指标。

（二）结算账户

结算账户是用来反映和监督企业同其他单位或个人之间的债权、债务结算情况的账户。按其性质可分为债权结算账户、债务结算账户、债权债务结算账户三类。

1. 债权结算账户

债权结算账户是用来反映和监督企业同其他单位或个人之间的债权结算情况的账户。主要

包括“应收账款”、“应收票据”、“预付账款”、“其他应收款”等账户。其特点是：以债权人的名称设置明细账；只进行金额核算并提供金额指标。

2. 债务结算账户

债务结算账户是用来反映和监督企业同其他单位或个人之间的债务结算情况的账户。主要包括“短期借款”、“应付账款”、“应付票据”、“预收账款”、“其他应付款”等账户。其特点是：以债务人的名称设置明细账；只进行金额核算并提供金额指标。

3. 债权债务结算账户

债权债务结算账户是用来反映和监督企业同其他单位或个人之间的往来结算业务的账户。该类账户形成的原因：企业在实际经营活动中，常常与某些企业发生往来业务，在与同一个单位发生往来业务的过程中，企业有时充当债权人的角色，有时又充当债务人的角色。于是，为了便于集中反映企业与同一单位发生的债权、债务的往来结算情况，就有必要设置和运用既属债权结算又属债务结算的往来账户，即双重性账户。其特点是：以与企业发生业务往来的单位或个人的名称设置明细分类账户；期末无论哪方余额，并不表示债权或债务的实有额，而只表示期末债权、债务增加变动后的差额；该账户所属明细账的借方余额之和与贷方余额之和的差额，应当与总账的余额相等；月末应根据明细账余额的方向来判断是资产还是负债，从而填制资产负债表，以真实地反映债权债务的实际情况。

（三）投资权益账户

投资权益账户亦称所有者投资账户，是专门用来反映和监督企业所有者投资的增减变动及其结存情况的账户。其主要包括“实收资本”、“资本公积”、“盈余公积”、“未分配利润”等账户。贷方记录所有者投资的增加额，借方记录所有者投资的减少额，期末余额在贷方，表示期末所有者投资的实有额。其特点是：按投资人设置明细账户进行明细分类核算，且只记录金额。

（四）集合分配账户

集合分配账户是用来归集和分配生产经营过程中某个阶段所发生的各种费用的账户。设置的原因：企业在生产经营过程中，往往会发生一些不能或不便于直接计入某一成本计算对象，而应由多个成本计算对象共同负担的生产费用。为减少计算分配的工作量、加强费用的预算控制，对这些费用先按其发生的地点进行归类集中，月末再按一定的标准分配计入各个成本计算对象。属于这类账户的，主要是“制造费用”。其结构及特点是：借方记录车间各种间接生产费用的发生额，贷方记录月末按一定标准分配计入各个成本计算对象的转出额，月末结转之后无余额。

（五）跨期摊配账户

跨期摊配账户是用来反映应由几个会计期间共同负担的费用，而且将这些费用在各个会计期间进行分摊和预提的账户。设置的原因：生产费用中，有一些是应由几个会计期间共同负担的，如大修理费用、借款利息、财产保险费等，为正确计算各个会计期间的损益，就需要按照权责发生制原则的要求划分费用的归属期，故需设置跨期摊配账户来满足权责发生制原则的要求。属于跨期摊配账户的有“待摊费用”、“长期待摊费用”和“预提费用”。

（六）成本计算账户

成本计算账户是用来反映生产经营过程中物资采购及产品生产过程中发生的、应计入成本的全部费用、并据以确定其各个成本计算对象的实际成本的账户。其主要包括“物资采购”、“生产成本”等账户。借方记录应计入成本的全部费用，包括直接计入各个成本计算对象的费用和分配转入各个成本计算对象的费用；贷方记录结转的已完成采购过程或生产过程的成本计算对象的实际成本；期末若有余额必在借方，表示尚未完成某一过程的成本计算对象的实际成本，如在途材料、在产品。其特点是：均按各成本计算对象设置明细分类账户，进行明细分类核算；各明细分类账户既要进行数量记录，也要进行金额记录；若有余额，亦可列入盘存类账户。

（七）配比账户

配比账户是用来汇集经营过程中所取得的收入和发生的成本、费用和营业收入、营业外收支，借以在期末进行配合比较、计算确定经营期内的财务成果的账户。

（1）收入的账户，主要包括“主营业务收入”、“其他业务收入”、“投资收益”、“营业外收入”等账户。

（2）费用的账户，主要包括“主营业务成本”、“营业费用”、“主营业务税金”、“管理费用”、“财务费用”、“营业外支出”、“所得税”等账户。其特点是：其最终的归属均与“本年利润”相关，月末全部转入“本年利润”账户，结转之后无余额。

（八）财务成果计算账户

财务成果计算账户是用来反映企业在一定时期内全部生产经营活动最终成果的账户，其主要是指“本年利润”账户。其结构是：贷方记录期末从各收入类账户结转记入的本期发生的收入额；借方记录期末从各费用类账户结转记入的本期发生的费用额；期末余额若为贷方，则表示一定时期内收入大于费用的差额，即本期实现的净利润；期末余额若为借方，则表示一定时期内收入小于费用的差额，即本期发生的亏损总额。其特点是：在年度内，财务成果账户呈现为累计性账户，无论是何月，账面记录的净利润或亏损均表示为截至本月累计发生额，故年度内各月的财务成果计算账户或有贷方余额，或有借方余额；体现配比原则，将一定时期发生的收入，与形成这些收入的耗费在空间上、时间上通过该账户实行配比，反映经营结果；只需提供价值指标；年末需将“本年利润”账户实现的净利润或发生的亏损反方向结转至“未分配利润”账户，结转后无余额。

（九）调整账户

调整账户是用来调整被调整账户的余额，以求得被调整账户的实际余额而设置的账户。设置的原因是：某一会计要素需设置两个账户，用两种数字从两个不同的方面进行记录。其中一个账户反映原始数字，而另一个账户反映对原始数字的调整数字，将原始数字同调整数字相加或相减，则可求得被调整后的实际余额。

调整账户按其调整方式不同分为备抵账户、附加账户和备抵附加账户三类。

1. 备抵账户

备抵账户又称抵减账户，是用来抵减被调整账户余额，以求得被调整账户实际余额的账户。其调整方式为：被调整账户余额 − 备抵账户余额 = 被调整账户实际余额。其特点是：备抵账户与其被调整账户存在着反方向关系，即当被调整账户的余额为借方（或贷方）时，备抵账户的余额为贷方（或借方）。

2. 附加账户

附加账户亦称增加账户，是用来增加被调整账户的余额，以求得被调整账户实际余额的账

3. 投资权益账户（　　）。
A. 借方登记所有者投资的增加数
B. 余额在贷方
C. 贷方登记所有者投资的减少数
D. 包括“实收资本”、“资本公积”、“盈余公积”等账户
E. 贷方登记所有者投资的增加数
4. 盘存账户（　　）。
A. 借方登记增加数　　B. 贷方登记减少数
C. 余额总是在借方　　D. 属于资产类账户
E. 余额有时在贷方
5. 利润类账户是反映企业财务成果及分配情况的账户，根据反映的情况不同包括（　　）。
A. “投资收益”账户　　B. “利润分配”账户
C. “本年利润”账户　　D. “应付利润”账户
E. “应付股利”账户
6. “材料成本差异”账户是（　　）。
A. 负债账户　　B. 资产账户　　C. 损益类账户
D. 抵减附加账户　　E. 费用账户
7. 下列需要在期末结转到“本年利润”账户的有（　　）。
A. 生产成本　　B. 主营业务成本　　C. 制造费用
D. 其他业务支出　　E. 营业外支出
8. 被调整账户所反映的具体会计对象的实际数额＝（　　）。
A. 被调整账户余额－抵减账户余额
B. 被调整账户余额＋抵减账户余额
C. 被调整账户余额＋附加账户余额
D. 被调整账户余额－附加账户余额
E. 被调整账户余额＋抵减附加账户余额
9. 跨期摊提账户的贷方表示（　　）。
A. 待摊费用的减少　　B. 预提费用的减少
C. 待摊费用的增加　　D. 预提费用的增加
E. 制造费用的减少
10. 下列账户属于抵减账户的是（　　）。
A. “累计折旧”账户　　B. “存货跌价准备”账户
C. “短期投资跌价准备”账户　　D. “材料成本差异”账户
E. “长期投资减值准备”账户

六、业务与计算题

练习一

目的：练习抵减附加账户的运用。

资料：

某企业有关核算资料和12月份经济业务如下：

1. 有关账户的月初余额如下：

“原材料——甲”8 000元（8吨×1 000元/吨）

“低值易耗品——乙”1 200元

“材料成本差异——原材料”借方余额280元

“材料成本差异——低值易耗品”贷方余额353元

2. 本月发生下列材料采购业务：

（1）1日，从本市购入一批甲种原材料，原材料价款32 000元，其款项用转账支票支付，原材料已验收入库，其计划成本为30 000元。

（2）8日，从上海工具厂购进乙种低值易耗品一批，价款为20 000元，用银行存款支付，材料已入库，其计划成本为21 000元。

（3）10日，生产耗用甲种原材料8吨，计划成本为6 400元。

要求：

（1）计算本月末甲种原材料和乙种低值易耗品的材料成本差异率。

（2）计算本月生产耗用甲种材料的实际成本。

（3）计算期末甲种原材料和乙种低值易耗品的实际成本。

练习二

目的：练习账户按经济内容、用途和结构分类。

资料：

账户名称：应收账款、应付账款、应付股利、短期借款、制造费用、银行存款、应付票据、预付账款、待摊费用、本年利润、实收资本、财务费用、管理费用、现金、生产成本、预提费用、累计折旧、盈余公积、库存商品、所得税、利润分配、应交税金、固定资产、主营业务收入、短期投资跌价准备、固定资产减值准备。

要求：

将上述账户名称填入下表的相应栏目内：

账户分类	资产账户	负债账户	所有者权益账户	收入账户	费用成本账户	利润账户
盘存账户						
结算账户						
投资权益账户						
跨期摊提账户						
调整账户						
集合分配账户						
成本计算账户						
损益计算账户						

第七章　会计凭证

第一节　会计凭证的意义和种类

一、会计凭证的含义

所谓会计凭证，是指记录经济业务、明确经济责任、作为记账依据的书面证明。填制和审核会计凭证是会计工作的开始，也是会计对经济业务进行核算与监督的重要环节。

一切会计记录都必须有真凭实据，从而使会计核算资料具有客观性，这是会计核算必须遵循的原则，也是会计核算区别于其他经济管理活动的一个重要特点。所以，填制和审核会计凭证就成为会计核算工作的起点。任何经济业务的发生都必须由经办经济业务的有关人员填制会计凭证，记录经济业务的日期、内容、数量和金额，并在凭证上签名盖章，对会计凭证的真实性和正确性负完全责任。只有经过审核无误的会计凭证，才能据以收、付款，动用财产物资及登记账簿。

二、会计凭证的意义

1. 会计凭证是审核经济业务的依据

通过会计凭证的审核，可以检查单位的各项经济业务是否符合国家的法规、制度和计划，是否具有最好的经济效益，有无铺张、浪费、贪污、盗窃等损害公共财产的行为发生，有无违反财经纪律的现象，还可以及时发现经济管理中存在的问题，从而可以防止违法乱纪、损害公共利益的行为发生，改善经营管理，提高经济效益。

2. 会计凭证是加强经济责任制的重要手段

各单位所发生的经济业务，特别是财产物资的进出与耗用，都是由有关部门协同完成的。只有通过填制和审核会计凭证，才能将经济业务的经办人员联系在一起，互相促进、互相监督。由于会计凭证载明了经济业务的内容、发生的时间及经办人员的签章，所以它可以确定经办单位及经办人员的责任。即使发生了问题，也易于弄清情况，区分责任，作出正确的裁决。

3. 会计凭证是记账的依据

各单位日常发生的经济业务，如资金的取得和运用、生产过程中的各种耗费以及财务成果的取得和分配等，既有货币资金的收付，又有财产物资的进出。通过填制会计凭证，可以将日常发生的大量的经济业务真实地记录下来；通过分类与汇总，作为登记账簿的依据，同时会计凭证也是经济活动分析和会计检查的重要原始依据。

三、会计凭证的种类

在实际工作中，会计凭证按其填制的程序和用途可分原始凭证和记账凭证。

（一）原始凭证

原始凭证，又称为单据，是业务发生时取得或填制的，用以证明经济业务已发生或记录完成情况的资料，是会计核算重要的原始依据。原始凭证可进一步分类。

1. 原始凭证按其来源可分为外来原始凭证和自制原始凭证

外来原始凭证是指经济业务发生时从外单位取得的原始凭证，如购货时取得的发票、付款时取得的收据或结算凭证等。增值税专用发票格式见表 7－1，普通发票格式见表 7－2。

自制原始凭证是指本单位业务经办人员填制的原始凭证，如入库材料的收料单、发出材料的领料单、各种费用分配表等。收料单一般格式见表 7－3，领料单一般格式见表 7－4。

2. 原始凭证按其填制手续不同可分为一次凭证、累计凭证和汇总凭证

一次凭证是指在经济业务发生或完成时一次填制完成的凭证。外来原始凭证和大部分自制原始凭证都是一次凭证。

累计凭证是指在一定时期内连续记载同类经济业务的原始凭证，如限额领料单（一般格式见表 7－5）、领料登记表等。

汇总凭证又称原始凭证汇总表，是指根据一定时期内若干张反映同类经济业务的原始凭证汇总编制而成的原始凭证，如收料凭证汇总表、发出材料汇总表（一般格式见表 7－6）等。

表 7–1　广东省增值税专用发票

发票联

开票日期：　　　　　　　　　　　　　　　　　　　　NO：

<table>
<tr><td rowspan="2">购货单位</td><td>名　　称</td><td colspan="4"></td><td colspan="9">纳税人登记号</td><td colspan="10"></td></tr>
<tr><td>地址、电话</td><td colspan="4"></td><td colspan="9">开户银行及账户</td><td colspan="10"></td></tr>
<tr><td colspan="3" rowspan="2">货物及应税劳务名称</td><td rowspan="2">计量单位</td><td rowspan="2">数量</td><td rowspan="2">单价</td><td colspan="9">金　　额</td><td rowspan="2">税率（%）</td><td colspan="9">金　　额</td></tr>
<tr><td>百</td><td>十</td><td>万</td><td>千</td><td>百</td><td>十</td><td>元</td><td>角</td><td>分</td><td>百</td><td>十</td><td>万</td><td>千</td><td>百</td><td>十</td><td>元</td><td>角</td><td>分</td></tr>
<tr><td colspan="3"></td><td></td><td></td><td></td><td></td><td></td><td></td><td></td><td></td><td></td><td></td><td></td><td></td><td></td><td></td><td></td><td></td><td></td><td></td><td></td><td></td><td></td><td></td></tr>
<tr><td colspan="3"></td><td></td><td></td><td></td><td></td><td></td><td></td><td></td><td></td><td></td><td></td><td></td><td></td><td></td><td></td><td></td><td></td><td></td><td></td><td></td><td></td><td></td><td></td></tr>
<tr><td colspan="3"></td><td></td><td></td><td></td><td></td><td></td><td></td><td></td><td></td><td></td><td></td><td></td><td></td><td></td><td></td><td></td><td></td><td></td><td></td><td></td><td></td><td></td><td></td></tr>
<tr><td colspan="3">合　计</td><td></td><td></td><td></td><td></td><td></td><td></td><td></td><td></td><td></td><td></td><td></td><td></td><td></td><td></td><td></td><td></td><td></td><td></td><td></td><td></td><td></td><td></td></tr>
<tr><td colspan="3">价税合计（大写）</td><td colspan="22">仟　佰　拾　万　仟　佰　拾　元　角　分</td></tr>
<tr><td rowspan="2">销货单位</td><td>名　　称</td><td colspan="4"></td><td colspan="9">纳税人登记号</td><td colspan="10"></td></tr>
<tr><td>地址、电话</td><td colspan="4"></td><td colspan="9">开户银行及账户</td><td colspan="10"></td></tr>
<tr><td>备注</td><td colspan="24"></td></tr>
</table>

收款人：　　　　　　　　　　　　　　　　开票单位（未盖章无效）：

表 7-2 广东省商品零售统一发票

发票联　　　　　　　　　　　　　　　　　　　　　　　　NO：

购货单位：　　　　　　　　　　　　　　　　　　　　　　年　月　日

货物名称	规格	单位	数量	单价	金额								
					百	十	万	千	百	十	元	角	分
金额（大写）	万	仟	佰	拾	元	角	分						
备注：													

②付款方报销凭证

开票单位：　　　　　　　　　　收款人：　　　　　　　开票人：

表 7-3 宏光集团公司收料单

收料单

发票号码：NO：01004389　　　　　　　　　　　　收料单编号：11057

供应单位：　　　　　　　年　月　日　　　　　　收料仓库：材料库

材料类别：原料及主要材料

编号	名称	规格	单位	数量		实际成本					计划成本	
				应收	实收	买价		运杂费	其他	合计	单位成本	金额
						单价	金额					
K150	A 材料		千克	400	400	65	26 000	279		26 279		
合　计							26 000	279		26 279		

采购员　　　　　　检验员　　　　　　记账员　　　　　　保管员

说明：验收入库的材料按计划成本记入“原材料明细表”，月末一次结账。

表 7-4 宏光集团公司领料单

仓库：材料库　　　　　　　年　月　日　　　　　　领料单编号：L-05

编号	类别	材料名称	规格	单位	数量		计划价格	
					请领	实发	单价	金额
用途	加工车间使用				领料部门		发料部门	
					负责人	领料人	核准人	发料人

表 7－5 宏光集团公司限额领料单

领料部门：一车间　　　　　　　　　　　　　　　　　　　　发料仓库：2 号库

用途：生产用　　　　　　　　　　2010 年 6 月　　　　　　　　　　编号：021

材料编号	材料名称	规格	计量单位	领用限额	单价	全月实用	
						数量	金额
1201	钢材	20mm 圆钢	千克	1 000	5 元	950	4 750

领料日期	请领数量	实发数量	领料人签章	发料人签章	限额结余
4	200	200	姚远	张生	800
9	300	300	姚远	张生	500
15	200	200	姚远	张生	300
合计	700	700			

供应部门负责人：　　　　　　　　生产部门负责人：　　　　　　　　仓库管理员：

表 7－6 宏光集团公司发出材料凭证汇总表

2010 年 4 月

应贷账户			原材料					
应借账户			原料及主要材料	辅助材料	外购半成品	修理备用件	燃料	合计
			实际成本	直接材料实际成本	实际成本	实际成本	间接材料实际成本	实际成本
基本生产成本	铸工车间	铁铸件	12 900	1 500				
		铝铸件	30 000	500				
		小计	42 900	2 000			4 580	
	加工（1）车间	HG－3130 磨床	25 600					
		HG－4250 钻床	19 950					
		HG－5140 铣床	8 450					
		小计	54 000					
	加工（2）车间	HG－3130 磨床	24 800					
		HG－4250 钻床	20 600					
		HG－5140 铣床	9 800					
		小计	55 200					
	装配车间	HG－3130 磨床			69 850			
		HG－4250 钻床			32 560			
		HG－5140 铣床			26 840			
		小计	129 250					
	合计		152 100	2 000	129 250		4 580	

（续上表）

应贷账户		原材料					
应借账户		原料及主要材料	辅助材料	外购半成品	修理备用件	燃料	合计
		实际成本	直接材料实际成本	实际成本	实际成本	间接材料实际成本	实际成本
辅助生产成本	机修车间	1 690					
	供汽车间		500				6 018
	合计	1 690	500				6 018
总计		153 790	2 500	129 250		4 580	6 018

（二）记账凭证

记账凭证是根据原始凭证或原始凭证汇总表编制，用以确定会计分录，作为记账依据的会计凭证。

由于原始凭证来自不同的单位，种类繁多，数量庞大，格式不一，不能清楚地表明应记入会计科目的名称和方向。为了便于登记账簿，必须填制记账凭证，这样不仅可以简化记账工作，减少差错，而且便于对账和查账，提高记账工作的质量。

1. 收款凭证、付款凭证和转账凭证

记账凭证按其所记录的经济业务是否与现金和银行存款的收付有关，可分为收款凭证、付款凭证和转账凭证三种。

（1）收款凭证。收款凭证是用来记录现金和银行存款等货币资金收款业务的凭证，它是根据现金和银行存款收款业务的原始凭证填制的，其格式和内容如表 7－7 所示。

表 7－7　收款凭证

借方科目：银行存款　　　　2010 年 6 月 15 日　　　　银收字第 16 号

摘要	贷方		金额									
	总账科目	明细科目	千	百	十	万	千	百	十	元	角	分
售出甲产品 10 件	主营业务收入	略				2	0	0	0	0	0	0
	应交税金	应交增值税					3	4	0	0	0	0
合　计						2	3	4	0	0	0	0

财务主管　　　记账　　　审核　　　出纳　　　制单

（2）付款凭证。付款凭证是用来记录现金和银行存款等货币资金付款业务的凭证，它是根据现金和银行存款付款业务的原始凭证填制的，其格式和内容如表 7－8 所示。

收、付款凭证是出纳人员办理收、付款项的依据，也是登记现金日记账和银行存款日记账

的依据。出纳人员不能仅仅根据收、付款业务的原始凭证收、付款项，还必须根据由会计主管人员审核批准的收款凭证和付款凭证办理收、付款项。这样可以加强货币资金管理，有效监督货币资金的使用。

表 7－8　付款凭证

贷方科目：现金　　　　2010 年 6 月 15 日　　　　现付字第 16 号

摘要	借方		金额									
	总账科目	明细科目	千	百	十	万	千	百	十	元	角	分
支付本月工资	应付工资	略				4	0	0	0	0	0	0
合　计						4	0	0	0	0	0	0

财务主管　　记账　　审核　　出纳　　制单

（3）转账凭证。转账凭证是用来记录与现金、银行存款等货币资金收付业务无关的转账业务的凭证，它是根据有关转账业务的原始凭证登记的。其格式和内容如表 7－9 所示。转账凭证是登记总分类账及有关明细账的依据。

表 7－9　转账凭证

2010 年 6 月 29 日　　　　转字第 110 号

摘要	总账科目	明细科目	√	借方金额										√	贷方金额									
				千	百	十	万	千	百	十	元	角	分		千	百	十	万	千	百	十	元	角	分
计提本月折旧	制造费用							7	0	0	0	0	0											
	管理费用							3	0	0	0	0	0											
	累计折旧																	1	0	0	0	0	0	0
合计							1	0	0	0	0	0	0					1	0	0	0	0	0	0

财务主管　　记账　　审核　　出纳　　制单

2. 通用记账凭证和专用凭证

在经济业务较简单的企业，为了简化凭证种类，可以只使用一种通用的记账凭证和专用凭证，即收款凭证、付款凭证和转账凭证，用来记录所发生的各种经济业务。通用记账凭证的格式如表 7－10 所示。

表 7-10　记账凭证

2010 年 5 月 31 日　　　　　　　　　　记字第 110 号

摘要	总账科目	明细科目	√	借方金额										√	贷方金额								
				千	百	十	万	千	百	十	元	角	分		千	百	十	万	千	百	十	元	角	分
销售产品	银行存款						2	3	4	0	0	0	0										
	主营业务收入																	2	0	0	0	0	0	0
应交税金	应交增值税																		3	4	0	0	0	0
合计							2	3	4	0	0	0	0					2	3	4	0	0	0	0

会计主管　　　　记账　　　　审核　　　　出纳　　　　制单

3. 记账凭证按其包括的会计科目是否单一，又可分为复式记账凭证和单式记账凭证

复式记账凭证又叫多科目记账凭证，要求将某项经济业务所涉及的全部会计科目，集中登记在一张凭证上，有利于了解经济业务的全貌，便于查账，同时减少了编制记账凭证的工作量和记账凭证数量，不足之处在于不便于分工记账和汇总。上述收款凭证、付款凭证和转账凭证的格式均为复式记账凭证的格式。

单式记账凭证又叫单科目记账凭证，要求把某项业务所涉及的会计科目，分别登记在两张或两张以上的记账凭证中，每张会计凭证上只登记一个会计科目，其对方科目只供参考，不凭对方科目记账。单式记账凭证便于按科目汇总，有利于分工记账，但缺点是编制记账凭证的工作量较大，出现差错不易查找。

4. 记账凭证还可按其是否经过汇总，分为汇总记账凭证和非汇总记账凭证

汇总记账凭证按汇总方法不同，可分为分类汇总和全部汇总两种。分类汇总记账凭证有汇总收款凭证、汇总付款凭证和汇总转账凭证。全部汇总的记账凭证有记账凭证汇总表即科目汇总表等。

各种汇总记账凭证的格式和编制方法，参见第十三章的有关内容。前面介绍的收款凭证、付款凭证和转账凭证均属非汇总记账凭证。

原始凭证和记账凭证之间存在着密切的联系。原始凭证是记账凭证的基础，在编制记账凭证时，原始凭证就是记账凭证的附件；记账凭证是对原始凭证内容的概括和说明，当某些账户所属明细账户较多时，原始凭证是登记明细账户的依据。二者关系密切，不可分割。

第二节　原始凭证的填制和审核

一、原始凭证的基本内容

填制原始凭证是会计工作的起点，也是整个会计核算的基础。从某种意义上来说，原始凭证的质量在一定意义上决定了分类核算和会计报表的质量。《会计法》第十四条第4款规定：原始凭证记载的各项内容均不得涂改，随意涂改过的原始凭证即为无效凭证，不能作为填制记账凭证或登记会计账簿的依据；原始凭证所记载的内容有错误的，应当由出具单位重开或者更正，更正工作必须由原始凭证出具单位进行，并应当在更正处加盖出具单位印章；重新开具原始凭证也应当由原始凭证出具单位进行；原始凭证金额有错误的不得更正，只能由原始凭证出具单位重开；原始凭证开具单位应当依法开具准确无误的原始凭证，对于填制有误的原始凭证，负有更正和重新开具的法律义务，不得拒绝。会计机构必须对原始凭证进行审核，并根据经过审核的原始凭证及有关资料编制记账凭证。

经济业务是多种多样的，因而记录经济业务的各种原始凭证也不尽相同。但是无论哪一种原始凭证，都必须具备以下基本内容，这些内容称为凭证要素：

（1）原始凭证的名称。原始凭证的名称要标明原始凭证所记录业务的内容，反映原始凭证的用途，如“发货票”、“入库单”等。

（2）原始凭证的日期和编号。原始凭证的日期一般是业务发生或完成的日期。如果在业务发生或完成时，因各种原因未能及时填制原始凭证的，应以实际填制日期为准。

（3）接受凭证的单位或个人的名称。

（4）经济业务的内容摘要。经济业务的内容摘要表明经济业务的项目、名称及有关的说明。

（5）经济业务的具体内容。经济业务的具体内容包括实物名称、数量、单价和金额，这是经济业务的核心。

（6）填制单位的名称、公章和有关人员的签章。

二、原始凭证的填制要求

（一）原始凭证的填制

1. 一次凭证的填制方法

一次凭证是在经济业务完成时，由经办人填制的，一般只反映一项经济业务或同时反映若干项同类性质的经济业务。

下面介绍“收料单”的填制，借以说明一次凭证的填制方法。“收料单”是企业购进材料验收入库时，由仓库保管人员填制的一次性原始凭证。企业外购材料都应履行入库手续，由仓库保管人员根据供应单位开来的发票账单，严格审核，对运达的材料认真计量，并按实收数量认真填制“收料单”。收料单一式三联，一联随发票账单交会计部门报账，会计部门据以进行材料增加的核算；一联留仓库，据以登记材料物资明细账、卡；一联交采购人员存查。“收料

凭证的日期填写。

（2）凭证编号。记账凭证必须编号，便于查找。

（3）经济业务摘要。摘要是对经济业务的简要说明。

（4）会计科目。会计科目是账户的名称，正确使用会计科目是进行账务处理的基础环节。

（5）金额。记账凭证所列金额是会计核算的基础，关系到会计账簿、会计报表的正确与否。为此，计算必须准确，书写要清楚、符合要求。

（6）所附原始凭证的张数。原始凭证是编制记账凭证的依据，必须在记账凭证上填写所附原始凭证的张数，两者必须相符。

（7）填制凭证人员、稽核人员、记账人员、会计机构负责人、会计主管人员的签名或盖章，便于明确经济责任。

二、记账凭证的填制要求

（一）记账凭证的填制方法

1. 收款凭证和付款凭证的填制

（1）涉及现金和银行存款增加的经济业务编制收款凭证。

收款凭证是用来反映现金和银行存款收入的记账凭证。它是根据有关现金和存款收入业务的原始凭证编制的，包括现金收款凭证和银行存款收款凭证两种。其编制方法如下：

在借贷记账法下，收款凭证的设证科目是借方科目，在收款凭证左上方所列的“借方科目”应是“现金”或“银行存款”科目。在凭证内所反映的贷方科目，应填列与收入现金或银行存款相对应的会计科目。“金额”栏合计数表示借贷双方的记账金额。收款凭证的格式和内容如表7－7所示。

（2）涉及现金和银行存款减少的经济业务编制付款凭证。

付款凭证是用来反映现金和银行存款付出的记账凭证。它是根据有关现金和存款付出业务的原始凭证编制的，包括现金付款凭证和银行存款付款凭证两种。其编制方法如下：

在借贷记账法下，付款凭证的设证科目是贷方科目，在付款凭证左上方所列的“贷方科目”应是“现金”或“银行存款”科目。在凭证内所反映的借方科目，应填列与付出现金或银行存款相对应的会计科目。“金额”栏合计数表示借贷双方的记账金额。应注意的是：涉及现金和银行存款相互划转的经济业务，只填制一张付款凭证即可。付款凭证的格式和内容如表7－8所示。

2. 转账凭证的填制

转账凭证是用来反映转账业务的记账凭证。它是根据转账经济业务，即不涉及现金和银行存款业务的原始凭证编制的。不涉及现金、银行存款增减的经济业务应编制转账凭证。在借贷记账法下，将经济业务所涉及的会计科目全部填列在凭证内，借方科目在先，贷方科目在后，将各会计科目所记应借应贷的金额填列在“借方金额”或“贷方金额”栏内。借、贷方金额合计数应相等。转账凭证的格式和内容如表7－9所示。

3. 单式记账凭证

单式记账凭证又叫单科目记账凭证，它是由出纳或会计人员根据审核无误的原始凭证编制的。

单式记账凭证按一项经济业务所涉及的每个会计科目单独编制一张记账凭证，每一张记账凭证中只登记一个会计科目。单式记账凭证为单独反映每项经济业务所涉及的会计科目及其对应关系，又分设“借项记账凭证”和“贷项记账凭证”。

【例】生产产品领用甲材料，价款20 000元，这项经济业务编制会计分录如下：

借：生产成本　　　　　　　　　　20 000

　贷：原材料　　　　　　　　　　　　20 000

以上业务所涉及的借方会计科目与金额填列到“借项记账凭证”内，其格式和内容如表7－11所示。

表7－11　借项记账凭证

2010年6月5日　　　　　　　　记字1010号

摘要	总账科目	明细科目	账页	金额
生产消耗材料	生产成本			20 000
对应总账科目：原材料	合计			20 000

以上业务所涉及的贷方会计科目与金额填列到“贷项记账凭证”内，其格式和内容如表7－12所示。

表7－12　贷项记账凭证

2010年6月5日　　　　　　　　记字1013号

摘要	总账科目	明细科目	账页	金额
生产消耗材料	原材料	甲材料		20 000
对应总账科目：生产成本	合计			20 000

在借项记账凭证和贷项记账凭证中所列示的对应总账科目只起参考作用，不得作为登记账簿的依据。

（二）记账凭证的填制要求

各种记账凭证，除了必须严格按上述填制原始凭证的要求填制外，还必须注意以下八点：

1. 凭证摘要简明

记账凭证的摘要栏是对经济业务的简要说明，又是登记账簿的主要依据，必须针对不同性质的经济业务的特点，考虑登记账簿的需要正确地填写，不可漏填或错填。如有关材料等实物收付的经济业务，摘要栏内应注明其品种、数量、单价以及凭证的编号等。

2. 科目运用准确

必须按照设定的会计科目，根据经济业务的性质编制会计分录，以保证核算口径的一致，便于综合汇总。使用借贷记账法编制分录时，只能编制简单分录或复合分录，一般不能编制多借多贷的会计分录，以便从账户对应关系中反映经济业务的情况。

3. 业务记录明确

填制记账凭证可以根据每一份原始凭证单独填制，也可以根据同类经济业务的许多份原始凭证填制，还可以根据汇总的原始凭证来填制。为了简化记账凭证的填制手续，对于转账业务，可以用自制的原始凭证或汇总原始凭证来代替记账凭证，但是，必须在凭证中加列会计分录。

4. 编号顺序科学

记账凭证在一个月内应当连续编号，以便核查。在使用通用凭证时，可按经济业务发生顺序编号。采用收款凭证、付款凭证和转账凭证的，可采用“字号编号法”，即按凭证类别顺序编号。例如：收字第×号、付字第×号、转字第×号等。也可采用“双重编号法”，即按总字顺序编号与按类别顺序编号相结合。如某收款凭证为“总字第×号，收字第×号”。一笔经济业务需要编制多张记账凭证时，可采用“分数编号法”。例如，一笔经济业务需要编制两张转账凭证，凭证的顺序号为10号时，可编制为转字第10－1/2号、转字第10－2/2号。前面的整数表示业务顺序，分子表示两张中的第一张和第二张，分母表示本号有几张。在使用单式记账凭证时，也可采用“分数编号法”。

5. 填写日期规范

收、付款凭证应按货币资金收付的日期填写，转账凭证原则上应按收到原始凭证的日期填写。如果一份转账凭证依据不同日期的某类原始凭证填制时，可按填制凭证日期填写。月末，当有些转账业务要等到下月初方可填制转账凭证时，也可按月末的日期填写。

6. 凭证附件完整

记账凭证所附的原始凭证张数必须注明，以便查核。如果根据同一原始凭证填制数张记账凭证时，则应在未附原始凭证的记账凭证上注明“附件××张，见第××号记账凭证”。如果原始凭证需要另行保管，则应在附件栏目内注明。

7. 避免重复记账

在用收款、付款、转账等复式记账凭证时，凡涉及现金、银行存款的收款业务，填制收款凭证；涉及现金、银行存款的付款业务，填制付款凭证；涉及现金、银行存款之间的划转款业务，习惯上只填付款凭证，以免重复记账。例如，现金存入银行时应编一张“现金”的付款凭证，从银行提取现金时应编一张“银行存款”的付款凭证，据以登记现金、银行存款日记账。凡不涉及现金、银行存款业务的，填制转账凭证。在一笔经济业务中，凡既涉及现金（或银行存款）收付，又有转账业务的，相应地填制收款（或付款）和转账凭证。

8. 填写内容齐全

记账凭证填写完毕，应进行复核与检查，并按所使用的记账方法进行试算平衡，有关人员均要签名盖章。出纳人员根据收款凭证收款或根据付款凭证付款时，要在凭证上加盖“收讫”或“付讫”的戳记，以免重收重付、出现差错。

三、记账凭证的审核

记账凭证是登记账簿的依据，为了保证账簿登记的正确性，记账凭证填制完毕必须进行审核。对会计凭证进行审核，实质上就是要正确处理企业与国家、企业与企业、企业内部各部门之间以及职工之间的经济关系，它是一项政策性很强的工作。要做好会计凭证的审核工作，正确发挥会计的监督作用，会计人员应当做到既要熟悉和掌握国家政策、法令、规章制度和计划、预算的有关规定，又要熟悉和了解本单位的经营情况。这样，才能明辨是非，确定哪些经济业务是合理、合法的，哪些经济业务是不合理、不合法的；才能从实际出发，坚持原则，促使经办业务的人员自觉地执行政策，遵守制度，正确处理各种经济关系。

会计人员既要依靠领导，向领导反映情况，提出建议，主动取得领导的支持，以利于凭证审核工作的顺利进行，又要经常向职工群众做好宣传工作，采取适当方式，及时地、反复地向他们传达、宣讲、解释有关的财经纪律和规章制度，依靠职工群众进行广泛的群众监督。

此外，会计人员还要以身作则，模范地遵守各项政策法令和规章制度，这样才能发挥会计监督的作用。记账凭证审核的内容包括：

（1）填制凭证的日期是否正确。收款凭证和付款凭证的填制日期是否是货币资金的实际收入日期、实际付出日期；转账凭证的填制日期是否是收到原始凭证的日期或者是编制记账凭证的日期。

（2）凭证是否编号，编号是否正确。

（3）经济业务摘要是否正确地反映了经济业务的基本内容。

（4）会计科目的使用是否正确，总账科目和明细科目是否填列齐全。

（5）记账凭证所列金额计算是否准确，书写是否清楚、符合要求。

（6）所附原始凭证的张数与记账凭证上填写的所附原始凭证的张数是否相符。

（7）填制凭证人员、稽核人员、记账人员、会计机构负责人、会计主管人员的签名或盖章是否齐全。

第四节　会计凭证的传递和保管

一、会计凭证的传递

会计凭证的传递是指会计凭证从填制到归档保管的整个过程中，在本单位内部各有关部门和人员之间的传递程序和传递时间。不同的会计凭证所记录的经济业务不尽相同，所要据以办理的业务手续和所需的时间也不尽相同。会计凭证的传递是会计制度的一个重要组成部分，应当在会计制度中作出明确的规定。

正确地组织会计凭证的传递，对于及时核算和监督经济业务的发生和完成情况，合理地组织经济活动，加强经营管理责任制建设具有重要的意义。

（一）正确组织会计凭证传递的意义

1. 有利于及时反映经济业务执行或完成情况

各种记账凭证所记载的经济业务内容不同，涉及的部门和人员不同，办理经济业务的手续也不尽一致。正确、合理地组织会计凭证的传递，有利于有关部门和人员及时了解经济业务的情况，加速处理经济业务。

2. 有利于加强经营管理责任制建设，有效实行会计监督

只有正确地组织凭证的传递，才能及时地、真实地反映和监督经济业务的发生和完成情况，把有关部门和人员组织起来，分工协作，使正常的经济活动得以顺利地实现；考核经办业务的有关部门和人员是否按照规定的凭证手续办事，从而加强经营管理责任制建设，提高经营

管理水平，提高经济活动的效率。

（二）会计凭证传递的内容

会计凭证传递的内容具体包括传递程序、传递时间和衔接手续三个方面。

1. 会计凭证的传递程序

会计凭证的传递程序，即会计凭证在企业内部各部门及经办人员之间传递的路线。科学的传递程序应该使会计凭证沿着最迅速、最合理的流向运行。因此，在制订会计凭证传递程序时，应当注意考虑下列三个问题：

（1）要根据经济业务的特点、企业内部机构的设置和人员分工的情况以及经营管理的需要，恰当地规定各种会计凭证的联数和传递的必要环节，做到既要使各有关部门和人员能利用凭证了解经济业务的情况，并按照规定手续进行处理和审核，又要避免凭证传递通过不必要的环节，影响传递速度。

（2）要根据有关部门和人员对经济业务办理必要手续（如计量、检验、审核、登记等）的需要，确定凭证在各个环节停留的时间，保证业务手续的完成。但又要防止出现不必要的耽搁，从而使会计凭证以最快速度传递，充分发挥它及时传递经济信息的作用。

（3）建立凭证交接的签收制度。为了确保会计凭证的安全和完整，在各个环节中都应指定专人办理交接手续，做到责任明确，手续完备、严密、简便易行。

2. 会计凭证的传递时间

会计凭证的传递时间，即会计凭证在各环节中及其有关人员处停留及传送的时间。科学的传递时间应考虑各部门、相关人员的工作内容和工作量在正常情况下所耗费的时间。明确规定各种凭证在各个环节上停留的最长时间，不能拖延和积压会计凭证，以免影响会计工作的正常秩序。一切会计凭证的传递和处理都应在报告期内完成，不允许跨期，否则，将影响会计核算的准确性与及时性。

3. 会计凭证的衔接手续

会计凭证的衔接手续指会计凭证在各个环节、各个部门和相关人员之间的收发与交接。衔接手续应该做到既完备严密，又简便易行。凭证的收发、交接都要按照规定的手续办理，有条不紊，确保会计凭证的安全与完整。

（三）正确组织会计凭证传递应注意的问题

（1）企业应根据自身经济活动的特点、内部机构的设置、人员分工等具体情况及经营管理方面的需要，具体规定各种会计凭证的联数和传递程序。

（2）企业应根据经济业务的性质、需要办理的各项必要手续等，确定会计凭证在各工作环节中的停留时间。

（3）应当进行调查研究，并在此基础上由会计部门会同有关部门和人员协商确定会计凭证的传递程序和传递时间。

二、会计凭证的保管与销毁

（一）会计凭证的日常保管

会计凭证的保管是指会计凭证登账后的整理、装订和归档存查。各种会计凭证在办理各项业务手续并据以记账之后，最终应由会计部门按照《会计档案管理办法》的规定，对各类凭证加以整理、归类、编号，并妥善保管。具体要求是：

（1）会计凭证要及时传递，不得积压。

（2）记账凭证登记完毕后，应当按照分类和编号顺序保管，不得散乱丢失。

（3）定期将记账凭证按编号顺序整理，检查有无缺号、附件是否齐全，然后附上封面和封底，装订成册。

（4）对于某些重要凭证，为便于日后查阅，可另行归档。

（5）从外单位取得的原始凭证如有遗失，应取得原签发单位盖有公章的证明，并说明原来凭证的号码、名称和内容等，由经办单位负责人批准后，方能代替原始凭证。如确实无法取得证明的，应由当事人写明详细情况，由经办单位负责人批准后，才能代替原始凭证。

（6）装订成册的会计凭证应由专人负责集中保管，按年月顺序排列，以便查阅。

（二）会计档案的归档

会计凭证存档后，保管责任随之转移到档案保管人员身上。保管人员应当按照会计档案保管的要求，对会计档案进行分类、存档和保管。

（三）会计凭证的销毁

会计凭证的保管期限及销毁手续应严格遵守《会计档案管理办法》的有关规定执行。一般会计档案的保管期限是15年；未满保管期限的会计凭证不得随意销毁。会计凭证保管期满后，必须按规定的审批手续，报经批准后才能销毁。批准销毁后要进行监销，并取得销毁过程中有关人员签字盖章的证明。

【能力训练】

一、名词解释

会计凭证　原始凭证　记账凭证　累计凭证　原始凭证汇总表　科目汇总表

二、判断题

1. 原始凭证的填制不得使用圆珠笔填写。(　　)
2. 转账业务即银行存款在不同企业单位的银行户之间的划转。(　　)
3. 原始凭证和记账凭证都是具有法律效力的证明文件。(　　)
4. 采用累计原始凭证可以减少凭证的数量和记账的次数。(　　)
5. 一张累计凭证可连续记录所发生的经济业务。(　　)
6. 收款业务是指销售产品收取货款的业务。(　　)
7. 记账凭证的编制依据是审核无误的原始凭证。(　　)
8. 科目汇总表只能作为登记总账的依据。(　　)
9. 汇总记账凭证即记账凭证汇总表，两者的编制方法相同。(　　)
10. 会计凭证的保管期满以后，企业可自行进行处理。(　　)

三、填空题

1. 一次凭证只是反映____________________或____________________的凭证。
2. 会计凭证按其____________________可分为原始凭证和记账凭证。
3. 原始凭证是__________的依据，而记账凭证是__________的依据。
4. 一般外来原始凭证都是__________；自制原始凭证既有__________，也有__________。

5. 记账凭证按编制的方法不同，可分为________和________。

6. 除________和________的记账凭证可以不附原始凭证外，其他记账凭证必须附有原始凭证。

7. ________是全部汇总的记账凭证。

8. 为了保证原始凭证内容的真实性，应从________和________两方面对原始凭证进行严格的审查和核对。

9. 会计凭证的传递一般包括规定合理的________、________及凭证在传递过程中的________等。

10. 会计凭证的保管是指会计凭证登账之后的________、________和________。

四、单项选择题

1. 下列凭证中，（　　）属于外来原始凭证。

A. 购货发票　　B. 领料单　　C. 销货发票　　D. 工资结算单

2. 下列凭证中，（　　）属于自制原始凭证。

A. 银行付款通知单　　B. 购货发票

C. 销货发票　　D. 上缴税金收据

3. "材料耗用汇总表"是一种（　　）。

A. 一次凭证　　B. 累计凭证

C. 原始凭证汇总表　　D. 复式凭证

4. 一张单式记账凭证一般填列（　　）会计科目的凭证。

A. 一个　　B. 两个　　C. 三个　　D. 两个以上

5. 将现金存入银行时，应该填制（　　）。

A. 银收字记账凭证　　B. 现付字记账凭证

C. 转账凭证　　D. 单式凭证

6. 销售产品收到商业汇票一张，应该填制（　　）。

A. 银收字记账凭证　　B. 现付字记账凭证

C. 转账凭证　　D. 单式凭证

7. 记账凭证审核时，一般不包括（　　）。

A. 记账凭证是否附有原始凭证，是否同所附原始凭证的内容相符合

B. 记账凭证的时间是否与原始凭证的时间一致

C. 根据原始凭证所记的会计科目和金额是否正确

D. 规定的项目是否填列齐全，有关负责人是否签名或盖章

8. 下列不能作为会计核算的原始凭证的是（　　）。

A. 发货票　　B. 合同书　　C. 入库单　　D. 领料单

9. 货币资金之间的划转业务只编制（　　）。

A. 付款凭证　　B. 收款凭证　　C. 转账凭证　　D. 记账凭证

10. 原始凭证是在（　　）时取得的。

A. 经济业务发生　　B. 填制记账凭证　　C. 登记总账　　D. 登记明细账

五、多项选择题

1. “收料单”是（ ）。

A. 外来原始凭证　B. 自制原始凭证　C. 一次凭证　D. 累计凭证

E. 记账凭证

2. “限额领料单”是（ ）。

A. 外来原始凭证　B. 自制原始凭证　C. 一次凭证　D. 累计凭证

E. 转账凭证

3. 原始凭证应具备的基本内容有（ ）。

A. 原始凭证的名称和填制日期　B. 接受凭证单位名称

C. 经济业务的内容　D. 数量、单价和大小写金额

E. 填制单位和有关人员的签章

4. 记账凭证必须具备的基本内容有（ ）。

A. 记账凭证的名称　B. 填制日期和编号

C. 经济业务的简要说明　D. 会计分录

E. 有关人员的签名和盖章

5. 单式记账凭证一般有（ ）。

A. 通用凭证　B. 转账凭证　C. 借项凭证　D. 贷项凭证

E. 汇总收款凭证

6. 如果某一笔经济业务需填制两张记账凭证，该凭证的顺序号为70号，则此两张记账凭证的编号应为（ ）。

A. 70（1）号　B. 70（2）号　C. $70^{-1/2}$号　D. $70^{-2/2}$号

E. 均为70号

7. 汇总记账凭证包括（ ）。

A. 汇总收款凭证　B. 汇总付款凭证

C. 汇总转账凭证　D. 科目汇总表

E. 累计凭证

8. 下列经济业务中，应填制转账凭证的是（ ）。

A. 国家以厂房对企业投资　B. 外商以货币资金对企业投资

C. 购买材料未付款　D. 销售商品收到商业汇票一张

E. 支付前欠某单位账款

9. 下列经济业务中，应填制付款凭证的是（ ）。

A. 提现金备用　B. 购买材料预付定金

C. 购买材料未付款　D. 以存款支付前欠某单位账款

E. 将现金存入银行

10. 下列说法正确的是（ ）。

A. 原始凭证必须记录真实，内容完整

B. 一般原始凭证发生错误，必须按规定办法更正

C. 有关现金和银行存款的收支凭证，如果填写错误，必须作废

D. 购买实物的原始凭证必须有验收证明

E. 一式几联的原始凭证应当注明各联的用途，只能用一联作为报销凭证

六、业务与计算题

目的：练习编制记账凭证。

资料：

浦江工厂会计科采用的是收、付、转记账凭证，3 月 1 日至15 日发生的经济业务如下：

（1）1 日，国家投资流动资金 100 000 元，存入银行。

（2）4 日，从银行存款户开出转账支票 20 000 元，支付材料款，材料已验收入库。

（3）5 日，收回客户还来货款 4 200 元，存入银行。

（4）7 日，将现金 300 元存入银行。

（5）8 日，国家投资机器一台，计 50 000 元，已验收使用。

（6）8 日，生产车间领用材料 140 000 元，投入生产。

（7）10 日，从银行存款户开出转账支票 6 000 元，偿还应付账款。

（8）11 日，向银行借入流动资金借款 30 000 元，存入银行。

（9）12 日，用现金支付电话费 150 元。

（10）14 日，购入材料 180 000 元，已验收入库，由银行存款户开出转账支票 10 000 元偿还进料款，其余未付。

（11）15 日，向银行提取现金 6 000 元。

（12）15 日，用现金发放职工工资 6 000 元。

要求：

根据以上经济业务编制会计分录。（要求标明凭证编号）

第八章　会计账簿

第一节　账簿的意义和种类

一、设置和登记账簿的意义

会计账簿是指由一定格式账页组成的，以会计凭证为依据，全面、系统、连续地记录各项经济业务的簿籍。

账簿是会计核算必不可少的工具，为了全面、连续、系统地反映企业、事业单位的经济活动和财务收支情况，需要把数量众多、零星分散的资料加以分类和整理，这一任务是通过设置和登记账簿来完成的。设置和登记账簿既是编制会计报表的基础，也是连接会计凭证与会计报表的中间环节。通过账簿记录，既可以对经济活动进行序时核算，也可以进行分类核算；既可以提供各项总括的核算资料，又可以提供明细核算资料。

合理设置和登记账簿，可以系统地记录和提供企业、事业单位经济活动的各种数据。它对加强经济核算、改善和提高经营管理水平具有重要意义：

（1）通过设置和登记账簿，可以全面系统地反映物资和资金的增减变动情况，保证物资和资金完整、合理地使用。通过账簿的序时核算和分类核算，可以把企业的经营活动情况，收入的构成和支出的情况，财物的购置、使用和保管情况全面系统地反映出来，获得各种总括资料和明细分类核算资料，从而为经济管理和经济活动分析提供系统而完整的会计资料。

（2）计算收支，考核经营成果，提高经营管理水平。账簿记录了一定时期资金运用和取得情况，能提供费用、成本、销售收入和财务成果等资料。结合有关资料，进行经济活动分析，总结经验，提出措施，改进工作。

（3）为编制会计报表提供资料。根据账簿记录的费用、成本和收入、成果资料，可以计算一定时期的财务成果，检查费用、成本、利润计划的完成情况；经过审核之后，为编制会计报表提供总括与具体的资料，这是编制会计报表的主要资料。

二、账簿的种类

1. 会计账簿按用途进行分类，可以分为序时账簿、分类账簿和备查账簿

（1）序时账簿又称日记账，它是对各项经济业务按照发生时间的先后顺序进行登记的账

簿。按其记录内容的不同，日记账又可分为普通日记账和特种日记账。

普通日记账是按全部经济业务发生的时间先后顺序进行登记的账簿，又称分录簿。

特种日记账是按某一部分经济业务发生的时间先后顺序进行登记的账簿，包括现金日记账和银行存款日记账。

（2）分类账簿是对各项经济业务按照账户进行分类登记的账簿。按照分类的概括程度不同，分类账簿又可分为总分类账和明细分类账两种。

（3）备查账簿是对某些未能在日记账和分类账中记录的业务事项进行补充登记的账簿。

2. 会计账簿按外表形式可以分为订本式账簿、活页式账簿和卡片式账簿

（1）订本式账簿是指在未启用以前就把许多账页固定地装订在一起的账簿。这种账簿的账页固定，不能增减抽换。既可防止账页散失，又可防止抽账换页的现象。但由于账页固定，使用起来欠灵活，在同一时间内只能由一人登记账簿，不便于分工记账。

（2）活页式账簿是指账页数不固定、随时可增减账页的账簿。这种账簿的页数可根据需要确定，不足时，可随时增加账页，登记方便，可同时由数人分工记账。账簿的空白账页，在使用时连续编号，装置在账夹中，并由有关人员盖章，以防散失；使用完毕，不再登记时，将其装订成册，以便保管。

（3）卡片式账簿是指印有记账格式的卡片以登记各项经济业务的账簿。卡片不固定在一起，数量可根据经济业务增减，如材料卡片、固定资产卡片等。使用完毕，不再登账时，则将卡片穿孔固定保管。

以上三种账簿形式不同，作用也各异。在实际工作中，可根据实际需要设置各类账簿。具有统驭性或比较重要的账簿，如总分类账、库存现金日记账、银行存款日记账，一般采用订本式账簿。作为对总分类账进行补充说明的明细分类账，常采用活页式账簿或卡片式账簿。

3. 会计账簿按格式可分为三栏式账簿、数量金额式账簿和多栏式账簿

这些不同格式的账簿可以适应企业经济业务记录的不同需要。

三、账簿设置的原则

任何会计主体都应该根据其经营活动的特点和经营管理的需要设置一定种类和数量的会计账簿。为确保各单位提供的账簿资料符合可比性原则，以及确保会计核算资料的有效性，在设置会计账簿时应当遵循如下基本原则：

1. 统一性原则

账簿的设置应考虑本单位经济活动的特点、规模大小、业务繁简等实际情况，但同时必须符合会计制度统一规定。

2. 系统性原则

设置的各种账簿应形成严密的账簿组织系统，避免漏设必要的账户或重复设置账户。各种账簿之间既有明确分工，又有一定的联系。有关账户之间还应具有统驭和被统驭的关系或平行制约的关系。

3. 科学性原则

企业的任何经济业务都应在有关账簿中进行记录，并进行加工整理。因此，所设置账簿的种类、数量、格式等必须能够满足经济核算的需要，保证全面、系统地反映和控制本企业的经

营活动情况，为经营管理提供系统、分类的财务信息。

4. 实用性原则

设置会计账簿应从实际出发，一方面应结合本单位经营活动的特点，考虑经营规模和业务量的大小；另一方面还应考虑本单位会计机构的设置和会计人员的配备等情况。在保证满足经营活动管理和会计核算需要的前提下，设置账簿应力求精简，不宜过多或过少，以节约人力、物力和财力。账簿中的账页格式应简单明了，账页不宜过大，便于日常使用，也便于存档保管。

第二节　账簿的格式和登记方法

一、账簿的基本构成要素

（一）封面

封面主要标明账簿名称，如总账、债权债务明细账等。

（二）扉页

扉页主要用来登载目录及经管人员一览表，其主要内容包括：单位名称、起止页数、启用日期、会计主管人员、经管人员、移交人和移交日期、接管人和接管日期等。其一般格式见表8－1、表8－2和表8－3。

表8－1　目录

年度

账号	科目	起讫页数	账号	科目	起讫页数	账号	科目	起讫页数

表 8－2 账簿经管人员表

单位名称 账簿名称				全宗号 目录号	
账簿页数	自第 页起至 页止共 页			案宗号	
使用日期				保管期限	
单位领导人签章			会计主管人员签章		
经管人员职别	姓名	经管或接管日期	签章	移交日期	签章
		年月日		年月日	
		年月日		年月日	

表 8－3 账簿启用表

账簿启用表										
单位名称									单位公章	
账簿编号	字第 号第 册共 册									
账簿页数	本账簿共计 页 号									
启用日期	年 月 日									
经管人员		接管			移交			会计负责人		备注
姓名	盖章	年	月	日	年	月	日	姓名	盖章	
印花税票 粘贴处										

（三）账页

账页是账簿的主要内容，一般包括账户名称（或称会计科目、二级科目等），登记日期栏，凭证种类和号数栏，摘要栏（记录经济业务内容的简要说明），借、贷方金额及余额的方向、金额栏，总页次和分户页次。

二、日记账及登记方法

为了加强现金、银行存款的管理和核算，各单位都应当设置现金日记账和银行存款日记账，以便于核算和监督现金与银行存款收入、付出和结存情况。

1. 现金日记账和银行存款日记账的格式

现金日记账和银行存款日记账的格式一般有三栏式和多栏式，一般格式见表 8－4 和表 8－5。

表 8－4　现金日记账

年		凭证		摘要	借方									√	贷方									√	余额									√
月	日	字	号		百	十	万	千	百	十	元	角	分		百	十	万	千	百	十	元	角	分		百	十	万	千	百	十	元	角	分	
				承前页																														

表 8－5　银行存款日记账

年		凭证		摘要	借方									√	贷方									√	余额									√
月	日	字	号		百	十	万	千	百	十	元	角	分		百	十	万	千	百	十	元	角	分		百	十	万	千	百	十	元	角	分	
				承前页																														

按制度规定，现金日记账和银行存款日记账必须采用订本式账簿。不得用银行对账单或者其他方法代替日记账。

2. 现金日记账和银行存款日记账的登记方法

应当根据每天办理完毕的收、付款凭证，随时按顺序逐笔登记，最少每天登记一次。日记账一般采用“收入”、“支出”和“余额”三栏式格式。为了清晰地反映收付款业务的对应关系，在金额栏前可设“对方科目”栏。银行存款日记账在“摘要”栏后还应设“结算凭证种类号数”栏，以便与开户银行对账。现金日记账是根据现金收款凭证、现金付款凭证以及从银行提取现金的银行付款凭证登记的。登记现金日记账要做到日清月结，即每日业务终了，必须结出当天余额，并与库存现金实存数相核对（但不必每笔业务都要结出余额，而应根据需要，每隔几笔结算一次）。每月业务终了，要将其月末余额与现金总账的月末余额相核对。

三、分类账及登记方法

（一）总分类账的格式和登记方法

总分类账是根据会计科目开设的，用来分类登记全部经济业务的账簿。

1. 格式

总账一般采用借、贷、余三栏式格式，也可采用多栏式格式，即日记总账。为保证总账记录的安全和完整，一般应采用订本式。总分类账的一般格式见表8－6。

表8－6　总分类账

会计科目：

年		凭证		摘要	借方											√	贷方											√	借或贷	余额											√
月	日	字	号		亿	千	百	十	万	千	百	十	元	角	分		亿	千	百	十	万	千	百	十	元	角	分			亿	千	百	十	万	千	百	十	元	角	分	

2. 登记方法

登记总账既可以直接根据各种记账凭证逐笔登记，也可先把各种记账凭证汇总，编制成“汇总记账凭证”或“科目汇总表”后，再据以登记（视不同的会计核算形式而定）。

（二）明细分类账的格式和登记方法

明细账是根据总账科目所属的明细科目设置，用来分类登记某一类经济业务的账簿。

1. 格式

明细账根据记录的内容和提供资料的要求不同，一般采用以下格式：

（1）三栏式明细分类账。三栏式明细账的账页只设借方、贷方和余额三个金额栏，不设数量栏。这种格式主要适用于只需要进行金额核算而不需要进行数量核算的债权债务结算科目的明细分类核算，如应收账款、应付账款、预收账款、预付账款、其他应付款等。三栏式明细分类账账页的一般格式见表8－7。

表 8－7 明细账

会计科目：

年		凭证		摘要	借方											√	贷方											√	借或贷	余额											√
月	日	字	号		亿	千	百	十	万	千	百	十	元	角	分		亿	千	百	十	万	千	百	十	元	角	分			亿	千	百	十	万	千	百	十	元	角	分	

（2）数量金额式明细分类账。数量金额式明细分类账的账页按收入、发出和结余再分别设置数量和金额栏。这种格式适用于既需要进行金额核算，又需要进行实物数量核算的各种财产物资的明细核算，如原材料、库存商品等。其一般格式见表 8－8。

表 8－8 数量金额式明细账

类别

编号

最高存量

最低存量　　存储处所　　计量单位　　规格　　品名

年		凭证		摘要	借（收入）方												贷（发出）方												余额											
月	日	字	号数		数量	单价	金额										数量	单价	金额										数量	单价	金额									
							千	百	十	万	千	百	十	元	角	分			千	百	十	万	千	百	十	元	角	分			千	百	十	万	千	百	十	元	角	分

（3）多栏式明细分类账。多栏式明细分类账的账页格式根据管理需要呈多样性。在明细

项目分设若干专栏，在同一账页上集中反映各有关明细科目或项目的金额。这种格式适用于费用、成本、收入、成果的明细核算，如生产成本、制造费用、管理费用、营业费用、主营业务收入、本年利润等。其一般格式见表8-9。

表8-9 制造费用明细账

年		凭证号数	摘要	借方				贷方	余额
月	日			机物料消耗	修理费	折旧费	合计		
			领用材料						
			支付修理费						
			计提折旧						
			结转制造费用						
			月结						

（4）横线登记式明细分类账。横线登记式明细分类账的账页格式是在一条横线上将前后密切相关的经济业务进行详细登记，该种账页用以检查每一笔经济业务从开始到完成的变动情况。如材料采购、在途物资、其他应收款等明细账都可以采用这种格式。其一般格式见表8-10。

表8-10 材料采购明细账

年		凭证号数		摘要	借方金额			贷方金额			借或贷	余额
月	日	字	号数		买价	采购费	合计	…	…	合计		

2. 各种明细账的登记方法

应根据本单位业务量的大小和经营管理的需要，以及所记录的经济业务内容而定，可以根据原始凭证或记账凭证逐日逐笔登记，也可以根据这些凭证逐日或定期（3天或5天）汇总登记。

四、备查账簿的设置和登记

备查账簿的主要用途是记录序时账簿和分类账簿未能或无法反映的特殊经济事项。它的种类和格式一般没有固定的模式，完全取决于特殊经济业务的种类、内容以及对该业务实施管理的具体要求。为此，备查账簿的格式及内容应讲求实用性和简单化。如工业企业为了对受托加工的材料加强实物管理，用来登记加工材料的增、减、结存情况的“受托加工材料登记簿”（见表8-11），以及为加强对经营租入固定资产的实物管理而设置的“租入固定资产登记簿”等。

表 8 – 11 受托加工材料登记簿

第 页

收料凭证		材料名称	规格	计量单位	数量	加工后材料				余料	退料凭证		送料人	领料人
字	号					名称及规格	计量单位	数量	收取加工费		日期	编号		

第三节 对账和结账

一、对账

如实反映企业经济活动情况是会计核算的一个基本原则。为了确保各种账簿记录的完整正确，如实地反映和监督经济活动，为编制会计报表提供真实可靠的数据资料，必须做好对账工作。所谓对账，简单地说就是核对账目，即把账簿和账户上记载的有关数据及时进行检查和核对，它是会计核算与监督的一项重要内容。

对账的具体内容包括：账簿记录与会计凭证互相核对；总分类账记录与明细分类账记录、日记账记录互相核对；账簿记录与有关财产物资的实有数互相核对；对债权债务的查询核对。上述账证核对、账账核对、账实核对和账款核对不仅可以及时纠正差错，为企业在生产经营过程中提供正确、可靠的数据资料，还可及时地揭露营私舞弊和违法乱纪事件，保护企业财产的安全与完整。

1. 账证核对

账证核对就是指各种账簿（包括总分类账、明细分类账和现金、银行存款日记账）的记录与有关记账凭证及其所附的原始凭证的核对。

2. 账账核对

账账核对即根据各账簿之间的内在联系，核对各账簿的余额。具体包括以下内容：

（1）通过编制“总分类账户本期发生额对照表”，核对总分类账户月末借方余额合计数与贷方余额合计数是否相等。

（2）通过分别编制各种“明细分类账户本期发生额明细表”，核对各总分类账户本期发生额和余额与所属明细分类账户的本期发生额及余额的合计数是否相符。

（3）核对现金、银行存款日记账月末余额与现金、银行存款总账月末余额是否相符。

（4）按月或定期核对会计部门各种财产物资明细分类账期末余额与财产物资保管、使用部门的明细分类账余额是否相符。

3. 账实核对

账实核对主要指各项财产物资和现金、银行存款的账面余额与实存数额相核对。主要包括以下四项工作：

（1）核对各项财产物资明细分类账的账存数与实存数是否相符。

（2）核对现金日记账的余额同现金实际库存数是否相符。

（3）银行存款日记账的记录应与银行对账单核对相符。

（4）各种应收、应付款项明细分类账的余额应与有关结算单位或个人核对相符。

二、结账

（一）结账的程序

结账，就是将账簿记录定期进行结算的账务工作。换句话说，就是在期末对企业所有账簿进行本期发生额和期末余额的计算和结转。其内容及步骤包括：

（1）检查本期内日常发生的经济业务是否已全部登记入账，若发现漏账、错账，应及时补记、更正。

（2）在实行权责发生制的单位，应按照权责发生制的要求，进行账项调整的账务处理，以计算确定本期的成本、费用、收入和财务成果。

（3）将损益类科目转入“本年利润”科目，结平所有损益类科目。

（4）在本期全部经济业务登记入账的基础上，结算出所有账户的本期发生额和期末的余额。计算登记各种账簿的本期发生额和期末余额。

按照《会计工作基础规范》，对现金、银行存款日记账按日结账，对其他账户按月、季、年结账。

（二）结账的规范

（1）日结或月结时，应在该日、该月最后一笔经济业务下面划一条通栏单红线，在红线下“摘要”栏内注明“本日合计”、“本月合计”或“本月发生额及余额”字样，在“借方”栏、“贷方”栏或“余额”栏分别填入本日、本月合计数和月末余额，同时在“借或贷”栏内注明借贷方向。然后在这一行下面再划一条通栏单红线，以便与下日、下月发生额划清。

（2）季结时，通常在每季度的最后一个月月结的下一行，在“摘要”栏内注明“本季合计”或“本季度发生额及余额”，同时结出借、贷方发生总额及季末余额。然后在这一行下面划一条通栏单红线，表示季结的结束。

（3）年结时，在第四季度季结的下一行，在“摘要”栏注明“本年合计”或“本年发生额及余额”，同时结出借、贷方发生额及期末余额。然后在这一行下面划上通栏双红线，以示封账。

（4）年度结账后，总账和日记账应当更换新账，明细账一般也应更换。但有些明细账，如固定资产明细账等可以连续使用，不必每年更换。年终时，要把各账户的余额结转到下一会计年度，只在“摘要”栏注明“结转下年”字样，结转金额不再抄写。如果账页的“结转下年”行以下还有空行，应当自“余额”栏的右上角至日期栏的左下角用红笔画对角斜线注销。在下一会计年度新建有关会计账簿的第一行“余额”栏内填写上年结转的余额，并在“摘要”栏注明“上年结转”字样。

（5）编制会计报表前，必须把总账和明细账登记齐全，试算平衡，不准先出报表，后补记账簿和办理结账。

（6）凡涉及债权债务及待处理事项的账户，填写“上年结转”时，还应在“摘要”栏填写组成金额的发生日期及主要经济业务内容说明，一行“摘要”栏写不完的，可以在次行“摘要”栏继续填写，最后一行的“余额”栏填写上年度余额。

第四节　登记账簿的规则

一、账簿启用规则

会计账簿是企业重要的经济档案。为了确保账簿记录的合法性、合理性和真实性，保证会计资料的完整性，防止舞弊与违法犯罪，明确经济责任，启用会计账簿时，应当在账簿封面上写明单位名称和账簿名称，并按照规定进行交接。在账簿扉页上应当附启用表，其内容包括启用日期、账簿页数、记账人员和会计机构负责人、会计主管人员姓名，并加盖名章和单位公章。

记账人员或会计人员调动工作时，应注明交接日期、接办人员和监交人员姓名，由交接双方人员签名或盖章。

启用订本式账簿时，应当从第一页到最后一页顺序编定页数，不得跳页、缺号。使用活页式账页，应按账页顺序编号，并定期装订成册；装订后再按实际使用的账页顺序编定页码，另加目录，记明每个账户的名称和页次。账簿启用表的格式见表8－3。

二、账簿登记规则

账簿作为重要的会计档案和会计信息主要的储存工具，必须按规定的方法，依据审核无误的记账凭证进行登记。在登记时应符合以下要求：

（1）确保账簿记录的准确完整。登记会计账簿时，应当将会计凭证、编号、业务内容摘要、金额和其他有关资料逐项记入账内，做到数字准确、摘要清楚、登记及时、字迹工整。

（2）注明记账符号。登记完毕后，要在记账凭证上签名或盖章，并注明已经登账的符号（“√”），表示已经记账，以免重登、漏登，便于查阅与核对。

（3）书写留空。账簿中书写的文字或数字上面要留有适当的空距，不要写满格，一般应占格距的1/2。

（4）正常记账使用蓝黑墨水，特殊记账使用红色墨水。登记账簿要使用蓝黑墨水或碳素墨水书写，不得使用圆珠笔（银行的复写账簿除外）或铅笔书写。在下列记账中可用红色墨水书写：①按照红字冲账的记账凭证，冲销错误记录；②在不设借贷等栏的多栏式账页中，登记减少数；③在三栏式账户的“余额”栏前，如未印明余额的方向，在“余额”栏内登记负数余额；④会计制度中规定用红字登记的其他记录。

（5）序时登记。各种账簿按页次顺序连续登记，不得跳行、隔页。如果发生跳行、隔页，应当将空行、空页划线注销，或注明“此行空白”或“此页空白”字样，并由记账人员签名或盖章。

（6）结出余额。凡需要结出余额的账户，结出余额后，应当在“借或贷”等栏内写明

"借"或"贷"等字样。没有余额的账户，应当在"借或贷"等栏内写"平"字，并在"余额"栏内用"0"表示。现金日记账和银行存款日记账必须逐日结出余额。

（7）过次承前。每一账页登记结转下页时，应当结出本月合计数及余额，写在本页最后一行和下页第一行有关栏内，并在"摘要"栏内注明"过次页"和"承前页"字样，也可以将本页合计数及金额只写在下页第一行有关栏内，并在"摘要"栏内注明"承前页"字样。

（8）账簿记录发生错误，不准涂改、挖补、刮擦或者用药水消除字迹，不准重新抄写，应按规定的更正方法进行更正。

三、错账更正

在记账和对账的过程中，如果发现账簿记录发生错误，那就必须加以更正。从企业角度来讲，由于错误发生的具体情况不同，发现错误的时间有先有后，因此，更正错误的方法也就不一致。通常来讲，更正错误的方法有以下几种：

（一）划线更正法

所谓划线更正法，指记账凭证正确，企业在记账或结账过程中发现账簿的文字或数字发生错误时，可用红线对错误的文字和数字进行划销，并要在划线上面作出正确的记录的一种错账更正办法。

1. 适用范围

这种更正方法只适用于对账前所发现的记账凭证正确无误而账簿上因笔误或计算错误造成的文字或数字的错误。

2. 更正办法

具体的更正办法是：首先将错误的文字或数字用一条红线划掉，然后在被划掉的错误文字或数字上面写上正确的文字或数字，并由更正人在更改的地方盖章。但在这里应注意，对文字可只划掉错误部分，但对数字则必须划掉一个完整数字的全体，而不能只更正其中错误部分。

【例1】错将5 600写成6 500，应将6 500四个数字整体用红线划掉，再在红线上方空白处用蓝字改写成5 600，在更改处由记账人员盖章，以明确经济责任。

（二）红字更正法

所谓红字更正法，也叫赤字冲账法或红笔订正法，指为了正确反映账簿中的发生额和科目对应关系，记账以后发现记账凭证所记的科目或金额有错时，先用红字填制一张与原错误完全相同的记账凭证，冲销原有的错误记录，同时再用蓝字填制一张正确的记账凭证，注明"订正×年×月×号凭证"，据以登记入账的一种错账更正方法。

1. 适用范围

（1）因记账凭证所列会计分录应借、应贷科目的错误而造成账簿记录出现错误。这种错误包括会计分录中应借、应贷的科目发生错误，或者应借、应贷科目的金额发生错误。

（2）因记账凭证数字上错误而造成账簿记录中的数字大于应记数字，应借、应贷科目无错。

2. 更正办法

（1）因记账凭证所列会计分录应借、应贷科目的错误而造成账簿记录出现错误，更正这种错误的方法是：用红字金额填写一张与错误凭证内容完全一致的记账凭证，并用红字金额登记入账，冲销账簿中的错误记录，然后再用蓝字填制一张正确的记账凭证，据以入账。

（2）应借、应贷科目无错，但记账凭证数字上错误，而造成账簿记录中的数字大于应记数字。更正这种错误的方法是：按错误数字大于正确数字之间的差额，用红字金额按原分录编制一张记账凭证，并据以入账，从而对多记部分加以冲销。

【例2】从某单位购入甲种材料一批，买价100 000元，增值税17 000元，贷款未付，并编制记账凭证和登记账。

借：原材料　　　　100 000

　贷：应付账款　　　　100 000

期末经过对账发现，原编记账凭证有错误，因为企业采购材料应先通过“材料采购”账户来归集材料买价和采购费用，确定材料采购成本，然后才能转入“原材料”账户中。并少记应交税费科目。这属于第一种情况。因此应用红字更正法来加以更正。

首先，用红字金额编制一张与原记账凭证相同的转账凭证，并据以入账。

借：原材料　　　　[100 000]

　贷：应付账款　　　　[100 000]

其次，再用蓝字金额编制一张正确的转账凭证，并登记入账。

借：材料采购　　　　100 000

　　应交税费——应交增值税（进项税额）　　　　17 000

　贷：应付账款　　　　117 000

【例3】以现金6 500元存入银行，在填制记账凭证时，误将金额填为8 500元，并已记入账簿中。原会计分录为：

借：银行存款　　　　8 500

　贷：库存现金　　　　8 500

更正时，应将多记的金额2 000元用红字编制一张与原记账凭证内容相同的记账凭证，并记入账簿中，以冲减多记金额：

借：银行存款　　　　[2 000]

　贷：库存现金　　　　[2 000]

（三）补充登记法

所谓补充登记法，指记账凭证所列金额小于应记金额（应借、应贷会计科目正确）而引起的账簿记录错误时，采取补记金额以更正原错误账簿记录的一种方法。

1. 适用范围

当记账以后，发现记账凭证应借、应贷科目虽然正确，但所列金额小于应列金额。

2. 更正办法

记账以后，发现记账凭证应借、应贷科目虽然正确，但所列金额小于应列金额时，更正这种错误的方法是：按少记的金额用蓝字填制一张应借、应贷会计科目与原错误记账凭证相同的会计凭证，在“摘要”栏中写明“补记少记金额”以及原错误记账凭证的号数和日期，并据以登记入账，以补充登记少记的金额。

【例4】收到购买单位偿还前欠货款5 100元存入银行。在填制记账凭证时，误将金额填为

1 500元，并已据以登记入账。原会计分录为：

借：银行存款　　　　　　　　　　　　1 500

　贷：应收账款　　　　　　　　　　　　1 500

更正时，应将少记的金额用蓝字填制一张与原错误记账凭证内容完全相同的记账凭证，并用蓝字登记入账，以增加原少记金额。

借：银行存款　　　　　　　　　　　　3 600

　贷：应收账款　　　　　　　　　　　　3 600

第五节　账簿的更换与保管

一、账簿的更换

会计账簿的更换是指在会计年度终了，将上年旧账更换为次年新账。

更换新账的程序是：年度终了，在本年有余额的账户“摘要”栏内注明“结转下年”字样。在更换新账时，注明各账户的年份，在第一行“日期”栏内写明1月1日；“记账凭证”栏空置不填；将各账户的年末余额直接抄入新账“余额”栏内，并注明余额的借贷方向。过入新账的有关账簿余额的转让事项，不需要编制记账凭证。在新的会计年度建账并不是所有的账簿都更换为新的。一般来说，现金日记账、银行存款日记账、总分类账、大多数明细分类账应每年更换一次。但是，有些财产物资明细账和债权债务明细账，由于材料品种、规格和往来单位较多，更换新账重抄一遍工作量较大，因此，可以跨年度使用，不必每年更换一次。第二年使用时，可直接在上年终了的双线下面记账。各种备查账簿也可以连续使用。

二、账簿的保管

会计账簿是各单位重要的经济资料，必须建立管理制度，妥善保管。账簿管理分为平时管理和归档保管两部分。

（一）账簿平时管理的具体要求

各种账簿要分工明确，指定专人管理，账簿经管人员既要负责记账、对账、结账等工作，又要负责保证账簿安全。会计账簿未经领导和会计负责人或者有关人员批准，非经管人员不能随意翻阅查看会计账簿。会计账簿除需要与外单位核对外，一般不能携带外出，对携带外出的账簿，一般应由经管人员或会计主管人指定专人负责。会计账簿不能随意交与其他人员管理，以保证账簿安全，防止任意涂改账簿等问题发生。

（二）旧账归档保管

年度终了更换并启用新账后，对更换下来的旧账要整理装订，造册归档。归档前旧账的整理工作包括：检查和补齐应办的手续，如改错盖章、注销空行及空页、结转余额等。活页账应撤出未使用的空白账页，再装订成册，并注明各账页号数。旧账装订时应注意：活页账一般按账户分类装订成册，一个账户装订成一册或数册；某些账户账页较少，也可以合并装订成一册。装订时应检查账簿扉页的内容是否填写齐全。装订后应由经办人员及装订人员、会计主管人员在封口处签名或盖章。旧账装订完毕应编制目录和编写移交清单，然后按期移交档案部门保管。各种账簿同会计凭证和会计报表一样，都是重要的经济档案，必须按照制度统一规定的保存年限妥善保管，不得丢失和任意销毁。根据《会计档案管理办法》的规定，总分类账、明细分类账、辅助账、日记账均应保存15年。其中，现金、银行存款日记账要保存25年，涉外和对私改造账簿应永久保存。保管期满后，应按照规定的审批程序报经批准后才能销毁。

【能力训练】

一、名词解释

会计账簿　序时账簿　分类账簿　备查账簿　红字更正法　结账

二、判断题

1. 总分类账和明细分类账一律都是根据记账凭证登记的。(　　)

2. 记账以后，发现所记金额小于应记金额，但记账凭证正确，应采用红字更正法进行更正。(　　)

3. 备查账簿是对某些在日记账和分类账中未能记录的事项进行补充登记的账簿，因此，各单位必须设置。(　　)

4. 在整个账簿体系中，序时账和分类账是主要账簿，备查账为辅助账簿。(　　)

5. 现金日记账和银行存款日记账必须采用订本式账簿，但企业可以用银行对账单代替日记账。(　　)

6. 结账之前，如果发现账簿中所记的文字或数字有过账笔误，而记账凭证并没有错，应采用划线更正法进行更正。(　　)

7. 登记账簿必须用蓝黑墨水书写，不得使用圆珠笔或铅笔书写。(　　)

8. 多栏式现金日记账的登记方法与三栏式一样，区别在于现金收入和现金支出分别反映在两本账上。(　　)

9. 总账采用订本式账簿，账页格式为多栏式。(　　)

10. 账簿中书写的文字和数字上面要留有适当的空格，不要写满格，一般应占格距的1/2。(　　)

三、填空题

1. 账簿按外表形式分类可以分为________、________和________。

2. 更正错账的方法一般有________、________和________等。

3. 多栏式银行存款支出日记账中________按日转记到________中。

4. 明细分类账的格式，通常有________、________和________。

5. 分类账簿又分为________和________两类。

6. 总分类账的登记方法，由于采用的________不同，其________和登记程序是不一样的。

7. ________、________等的明细分类账的格式一般采用卡片式。

8. 账簿的综合试算主要是通过编制________和________进行的。

9. 对账的内容包括________、________和________。

10. 为了醒目、便于看账，进行月结时，可在________一行数字上面划________。

四、单项选择题

1. 必须逐日逐笔登记的账簿是（　　）。

A. 明细账　　B. 总账　　C. 日记账　　D. 备查账

2. 记账以后，发现记账凭证中科目正确，但所记金额小于应记的金额，应采用（　　）进行更正。

A. 红字更正法　　B. 平行登记法　　C. 补充登记法　　D. 划线更正法

3. 下列账簿不能采用多栏式账页的是（　　）。

A. 总账　　B. 管理费用明细账

C. 现金日记账　　D. 银行存款日记账

4. 不能作为银行存款日记账登记依据的是（　　）。

A. 现金收款凭证　　B. 部分现金付款凭证

C. 银行存款收款凭证　　D. 银行存款付款凭证

5. 产成品明细账通常采用（　　）账簿。

A. 多栏式　　B. 三栏式　　C. 数量金额式　　D. 卡片式

6. 记账凭证上记账栏中"√"记号表示（　　）。

A. 已经登记入账　　B. 已经审核

C. 此凭证作废　　D. 此凭证编制正确

7. 可以采用三栏式的明细账是（　　）。

A. 产成品明细账　　B. 制造费用明细账

C. 固定资产明细账　　D. 债权债务明细账

8. 结账前发现账簿或凭证的文字或数字发生错误时，可以采用的错账更正方法是（　　）。

A. 划线更正法　　B. 红字更正法　　C. 补充登记法　　D. 更换凭证法

9. 以下属于对账中账证核对的内容是（　　）。

A. 银行存款日记账账面余额与开户银行账目定期核对

B. 总分类账户各账户期末余额与银行存款日记账期末余额核对

C. 现金日记账与某日收款凭证核对

D. 总分类账户各账户期末余额与明细分类账的期末余额核对

10. 记账人员在记账凭证上注明已记账的符号，主要是为了（　　）。

A. 明确记账责任　　B. 避免错行或隔页

C. 避免重记或漏记　　D. 防止凭证丢失

五、多项选择题

1. 下列各项属于对账内容的是（　　）。

A. 明细账与总账核对　　B. 库存商品账与实物核对

C. 往来账与业务合同核对　　D. 记账凭证与原始凭证核对

E. 库存现金与现金账核对

2. 下列账簿中必须采用订本式账簿的是（　　）。

A. 明细账　　B. 总账　　C. 现金日记账　　D. 银行存款日记账

E. 备查账

3. 下列各项可以采用多栏式明细账簿的是（　　）。

A. 生产成本　　B. 管理费用　　C. 原材料　　D. 应收账款

E. 制造费用

4. 现金日记账的登记依据是（　　）。

A. 现金收款凭证　　B. 现金付款凭证

C. 转账凭证　　D. 银行存款收款凭证

E. 部分银行存款付款凭证

5. 明细分类账采用的格式有（　　）。

A. 三栏式　　B. 多栏式　　C. 数量金额式　　D. 订本式

E. 联合式

6. 明细分类账可以直接根据（　　）登记。

A. 记账凭证　　B. 原始凭证　　C. 科目汇总表　　D. 汇总原始凭证

E. 备查账

7. 下列情况，可以使用红色墨水记账的有（　　）。

A. 按照红字冲账的记账凭证，冲销错误记录

B. 在不设借贷的多栏式账页中，登记减少数

C. 在三栏式账户的余额前，如未印明余额方向的，在“余额”栏内登记负数余额

D. 进行年结、月结时划线

E. 补充登记时

8. 下列情况可以使用红字更正法的是（　　）。

A. 记账凭证中所记金额大于原始凭证中的应记金额，且已入账

B. 记账凭证中所记金额小于原始凭证中的应记金额，且已入账

C. 记账凭证中的应借、应贷科目错误，且已入账

D. 记账凭证中的应借、应贷金额错误，且已入账

E. 记账凭证无错，登账时发生数字错误

9. 银行存款日记账登记的依据是（　　）。

A. 银行存款收款凭证　　B. 银行存款付款凭证

C. 部分现金收款凭证　　D. 部分现金付款凭证

E. 转账凭证

10. 有关债权债务明细分类账，下列说法正确的是（　　）。

A. 为了详细反映结算情况而采用多栏式　　B. 根据有关收款凭证记账

C. 根据有关付款凭证记账　　D. 根据有关转账凭证记账

E. 采用三栏式格式

六、业务与计算题

目的：练习错账更正的方法。

资料：某企业将账簿记录与记账凭证进行核对时，发现下列经济业务内容的账簿记录有误：

(1) 签发转账支票3 000元预付本季度办公用房租金。原编记账凭证的会计分录为:

借: 预提费用　　3 000

　贷: 银行存款　　3 000

(2) 结转本月实际完工产品的生产成本49 000元。原编记账凭证的会计分录为:

借: 库存商品　　94 000

　贷: 生产成本　　94 000

(3) 购入材料一批, 计货款7 600元(含增值税17%)。原编记账凭证的会计分录为:

借: 材料采购　　7 600

　贷: 银行存款　　7 600

(4) 计提本月固定资产折旧费4 100元。原编记账凭证的会计分录为:

借: 管理费用　　1 400

　贷: 预提费用　　1 400

(5) 结算本月应付职工工资, 其中生产工人工资为14 000元, 管理人员工资为3 400元。原编记账凭证的会计分录为:

借: 生产成本　　1 400

　　管理费用　　340

　贷: 应付职工薪酬　　1 740

(6) 结转本期商品销售收入480 000元。原编记账凭证的会计分录为:

借: 本年利润　　450 000

　贷: 主营业务收入　　450 000

(7) 用银行存款支付所欠供货单位货款7 600元。原编记账凭证的会计分录为:

借: 应付账款　　6 700

　贷: 银行存款　　6 700

(8) 以现金支付采购人员差旅费2 000元。原编记账凭证的会计分录为:

借: 其他应付款　　2 000

　贷: 库存现金　　2 000

(9) 车间管理人员出差回来报销差旅费1 900元, 交回现金100元, 予以转账。原编记账凭证的会计分录为:

借: 管理费用　　1 900

　　库存现金　　100

　贷: 其他应收款　　2 000

要求: 将上列各项经济业务的错误记录分别以适当的更正错账方法予以更正。

第九章　会计核算形式

第一节　会计核算形式概述

一、会计核算形式的概念

在会计核算过程中，要对会计数据进行记录、归类、汇总、呈报，要经过接受并审核原始凭证、填制记账凭证、登记账簿、对账、调整应记账项并计算成本和损益、结账、编制会计报表等过程，这些会计处理的方法和程序因单位的性质、规模和业务的繁简不同而有较大差别。因此，各单位应从各自的实际出发，科学地组织本单位的财务处理程序，形成一个能够连续、系统、全面、综合地对经济活动进行会计核算与监督的系统，以便准确提供管理所需的会计信息。

所谓会计核算形式（亦称会计核算组织程序或账务处理程序），是指将经济业务通过会计凭证分类，过记到账簿上，再根据账簿编制会计报表的编制步骤和方法。其基本步骤如下：

（1）经济业务发生，接受并审核原始凭证，编制记账凭证。

（2）登记日记账和分类账（总分类账和明细分类账）。

（3）账证核对。

（4）调整应记账项并计算成本和损益。

（5）结账，编制会计报表。

二、合理组织会计核算形式的意义

科学地组织账务处理程序，对提高会计核算的质量和会计工作的效率、充分发挥会计的职能作用具有重要意义，主要表现在：

（1）科学地建立会计核算形式，可以简化会计核算手续，提高会计工作效率和质量。

（2）运用适当的会计核算形式，可以减少会计凭证、账簿的使用数量，节约费用支出。

（3）有效地运用会计核算形式，有助于会计工作的分工协作，明确责任。

三、会计核算形式的要求

每个企业单位均须根据本单位的经济业务特点，选择一种合理的会计核算形式，科学地组织日常核算工作。适用的、合理的会计核算形式，主要应符合以下要求：

(1) 要与本单位的经济性质、经营规模、业务繁简和管理要求相适应，有利于加强会计核算，有利于组织分工协作，有利于建立岗位责任制。

(2) 要能正确、及时、完整地提供会计核算资料，全面系统地反映企业经济活动情况，以满足企业内部和外部各有关方面对会计信息的需要。

(3) 要在保证会计核算质量的前提下，力求简化核算手续，节约人力、物力，提高工作效率。

四、会计核算形式的种类

由于会计凭证、账簿、报表的种类、格式和程序不同，尤其是登记总账的依据和方法不同，在实际工作中形成了不同的会计核算形式，目前主要有以下五种：

(1) 记账凭证核算形式。

(2) 科目汇总表核算形式。

(3) 汇总记账凭证核算形式。

(4) 日记账核算形式。

(5) 多栏式日记账核算形式。

当前，我国各企业、事业单位一般采用的会计核算形式主要有记账凭证核算形式、科目汇总表核算形式和汇总记账凭证核算形式。

本书仅对前三种会计核算形式进行介绍。

第二节　记账凭证核算形式

一、记账凭证核算形式的特点

记账凭证核算形式是指以直接根据记账凭证逐笔登记总分类账为主要特点的一种核算形式。它是会计核算中最基本的一种核算形式，反映了会计核算形式的一般内容。其他各种会计核算形式均是在其基础上发展和演变而来的。

二、记账凭证核算形式下凭证、账簿的格式及设置

采用这种核算形式，一般应设置现金日记账、银行存款日记账、总分类账和明细分类账。日记账和总账一般采用三栏式；明细账可根据实际需要，分别采用三栏式、数量金额式或多栏式。记账凭证一般采用通用记账凭证格式，也可采用收款凭证、付款凭证和转账凭证三种格式。

三、记账凭证核算形式的账务处理程序

记账凭证核算形式的账务处理程序如下（见图 9-1）：

(1) 根据原始凭证或原始凭证汇总表，编制收款凭证、付款凭证和转账凭证或通用格式

记账凭证。

（2）根据收款凭证、付款凭证及所附原始凭证，逐笔顺序登记现金日记账和银行存款日记账。

（3）根据记账凭证结合有关原始凭证或原始凭证汇总表，逐笔登记各种明细分类账。

（4）根据记账凭证逐笔登记总分类账。

（5）月末，将现金日记账、银行存款日记账和明细分类账的余额与对应的总分类账的余额互相核对。

（6）根据总分类账、明细分类账和其他有关资料编制会计报表。

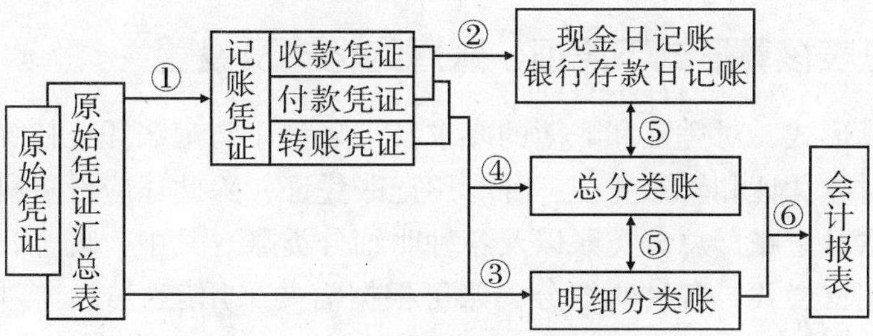

图 9－1　记账凭证核算形式程序图

四、记账凭证核算形式的优缺点及其适用范围

1. 记账凭证核算形式的评价

记账凭证核算形式的优点是简单明了，核算手续简便，层次清楚，便于查账。这是由于省去了编制记账凭证的汇总工作，而且对于一些不经常发生经济业务的账户可省去设置明细账，只需在总账的摘要栏中说明经济业务的主要内容，从而简化了记账工作。总分类账还较详尽地反映了全部经济业务内容，账户的对应关系和经济业务的来龙去脉比较清晰，便于查账和用账。

记账凭证核算形式的缺点主要是登记总分类账的工作量较大，而且不便于对会计工作进行分工。

由于记账凭证核算形式是直接根据记账凭证逐笔登记总分类账，因此在实际应用时应当尽可能地将同类原始凭证编制成原始凭证汇总表，再根据原始凭证汇总表编制记账凭证，以减少记账凭证数量，从而减少登记总分类账的工作量。

2. 记账凭证核算形式的适用范围

记账凭证核算形式一般适用于规模较小、经济业务较少、凭证不多的单位。

第三节　科目汇总表核算形式

一、科目汇总表核算形式的特点

科目汇总表核算形式又称记账凭证汇总表核算形式，是根据记账凭证定期编制科目汇总表，然后根据科目汇总表登记总分类账的一种账务处理形式。其特点是：定期地将所有记账凭证汇总编制科目汇总表，然后根据科目汇总表登记总分类账。

二、科目汇总表核算形式下凭证、账簿的格式及设置

科目汇总表核算形式，对凭证和账簿的要求及记账程序与记账凭证核算形式基本相同。一般设置收款凭证、付款凭证和转账凭证三种专用记账凭证，除此还应设置科目汇总表，设置现金日记账、银行存款日记账、总分类账以及各种明细分类账。其中，现金日记账、银行存款日记账和总分类账采用三栏式，各种明细分类账可根据需要采用三栏式、多栏式或数量金额式。总分类账如表 9－1 所示。

表 9－1　总分类账

会计科目：

2010 年		凭证号数	摘要	借方	贷方	借或贷	余额
月	日						
5	1		月初余额				
	10	科汇 × 号	1 日至 10 日发生额				
	20	科汇 × 号	11 日至 20 日发生额				
	31	科汇 × 号	21 日至 31 日发生额				
	31		本月发生额及余额				

复核：　　　　　　　　　　记账：　　　　　　　　　　制表：

三、科目汇总表的编制方法

科目汇总表是根据一定时期内的全部记账凭证，按科目进行归类编制的汇总表，如表 9－2 所示。在科目汇总表中，分别计算出每一个总账科目的借方发生额合计数、贷方发生额合计数。由于借贷记账法的记账规则是“有借必有贷，借贷必相等”，所以在编制的科目汇总表内，全部总账科目的借方发生额合计数一定与贷方发生额合计数相等。

科目汇总表可以每月汇总一次并编制一张，也可以每旬汇总一次、每月编制一张。科目汇总表可以输入电脑，用电脑进行科目汇总表的编制可以大大简化和加速会计核算工作。科目汇总表编制方法如下：

（1）全部汇总，是将一定时期的全部记账凭证，按照相同科目的借方和贷方归类，定期

汇总每一会计科目的借方本期发生额和贷方本期发生额，填写在一张科目汇总表上，再据以登记总分类账。

（2）分类汇总，是将一定时期的收款凭证、付款凭证和转账凭证分别汇总，编制收款凭证科目汇总表、付款凭证科目汇总表和转账凭证科目汇总表，再据以登记总分类账。

在实际工作中，科目汇总表可采用不同的格式，既可以用一张通用的科目汇总表汇总所有科目，也可以按现金、银行存款和转账业务分别汇总与该业务有关的科目。

表9－2　科目汇总表

2010年5月1日至10日　　第×号

会计科目	账页	本期发生额		记账凭证起讫号数（略）
		借方	贷方	
库存现金		60 440	59 400	
银行存款		165 400	107 600	
应收账款		58 500	15 000	
其他应收款		2 000	2 000	
材料采购		11 700	33 000	
原材料		33 000		
应付账款		23 400	60 000	
应付工资		56 800		
应交税金		5 400		
主营业务收入			148 900	
销售费用		295		
管理费用		1 865		
财务费用		7 100		
合计		425 900	425 900	

复核：　　　　　　　　记账：　　　　　　　　制表：

四、科目汇总表核算形式的账务处理程序

采用科目汇总表核算形式，其账务处理程序如下（见图9－2）：

（1）根据原始凭证，编制汇总原始凭证。

（2）根据原始凭证或汇总原始凭证，编制各种记账凭证，包括收款凭证、付款凭证和转账凭证。

（3）根据收款凭证和付款凭证，逐日逐笔登记现金（银行存款）日记账。

（4）根据原始凭证或汇总原始凭证、记账凭证，登记各种明细分类账。

（5）根据一定时期内的全部记账凭证，定期汇总编制科目汇总表。

（6）根据定期编制的科目汇总表，登记总分类账。

（7）月末，将现金（银行存款）日记账的余额、明细分类账的余额分别与总分类账中的相关账户的余额相核对。

（8）月末，根据审核无误的总分类账和明细分类账的记录编制会计报表。

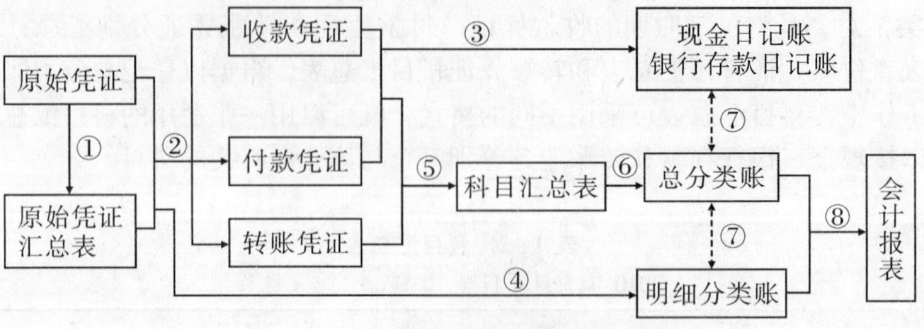

图9－2　科目汇总表核算形式程序图

五、科目汇总表核算形式的优缺点及其适用范围

1. 科目汇总表核算形式的评价

与记账凭证核算形式相比，科目汇总表核算形式的优点是：

（1）根据科目汇总表登记总分类账，大大减少了登记总账工作量。

（2）通过科目汇总表的编制，可以根据各科目本期借、贷方发生额的合计数进行试算平衡，及时发现并纠正记账过程中的差错，从而保证记账工作的质量。

科目汇总表核算形式的缺点是：科目汇总表不分对应科目进行汇总，反映不出账户的对应关系和经济业务的来龙去脉，不便于对经济业务进行分析和检查，不利于查账。

2. 科目汇总表核算形式适用范围

这种核算程序一般适用于规模较大、经济业务较多的单位。

【例】宏光集团公司2010年5月的相关经济业务资料如下：

根据记账凭证汇总登记科目汇总表，见表9－3（以一个月为汇总时间）。

（一）期初资料

2010年5月期初总分类账户余额如表9－3所示。

表9－3　5月期初总分类账户余额表

账户名称	借方余额	账户名称	贷方余额
库存现金	2 000	应付账款	52 000
银行存款	260 000	短期借款	200 000
应收账款	100 000	实收资本	540 000
其他应收款	3 000	盈余公积	170 000
原材料	57 000	利润分配	49 000
库存商品	71 000	累计折旧	130 000
长期投资	243 000		
固定资产	405 000		
合计	1 141 000	合计	1 141 000

（二）本月业务

2010 年 5 月宏光集团公司发生下列经济业务：

（1）5 月 1 日，从银行提取现金 5 000 元备用；

（2）5 月 1 日，向远华公司购入甲材料价值 120 000 元，增值税 20 400 元，货款及税款由银行存款支付，材料尚未验收入库；

（3）5 月 2 日，采购员张某出差，暂借差旅费 1 000 元，以现金支付；

（4）5 月 2 日，以现金支付 1 日向远华公司购入甲材料的运杂费 1 000 元；

（5）5 月 3 日，甲材料经验收入库，结转其采购成本；

（6）5 月 4 日，从银行提取现金 104 000 元，其中 100 400 元备发工资，3 600 元备用；

（7）5 月 5 日，以现金 100 400 元发放职工工资；

（8）5 月 6 日，以银行存款支付罚款 2 000 元；

（9）5 月 7 日，领用甲材料 120 000 元，其中生产 A 产品用 80 000 元，生产 B 产品用 25 000 元，车间修理用 8 000 元，工厂行政管理部门用 7 000 元；

（10）5 月 11 日，售给恒通厂 A 产品 1 000 件，每件 160 元，货款计 160 000 元，税款 27 200 元，均存入银行；

（11）5 月 12 日，以银行存款 30 000 元，支付本月产品推销费用；

（12）5 月 17 日，售给大成厂 B 产品 500 件，每件 120 元，货款计 60 000 元，税款 10 200 元，尚未收到；

（13）5 月 28 日，以银行存款支付本月电费 9 000 元；

（14）5 月 31 日，分配本月应付供电公司电费 9 000 元，其中 A 产品 4 500 元，B 产品 3 500 元，厂部 1 000 元；

（15）5 月 31 日，分配结转本月职工工资 100 400 元，其中 A 产品工人工资 43 000 元，B 产品工人工资 32 000 元，车间管理人员工资 14 400 元，厂部人员工资 11 000 元；

（16）5 月 31 日，计提本月固定资产折旧 30 000 元，其中车间 24 000 元，厂部 6 000 元；

（17）5 月 31 日，预提本月应负担的短期借款利息 1 000 元；

（18）5 月 31 日，摊销生产车间负担的财产保险费 2 000 元，厂部负担的财产保险费 800 元；

（19）5 月 31 日，根据 A、B 产品生产工时比例分配本月发生的制造费用（A 产品耗用 5 000 小时，B 产品耗用 6 000 小时）；

（20）5 月 31 日，本月投产的 A 产品 2 000 件和 B 产品 1 000 件全部完工，结转其生产成本；

（21）5 月 31 日，按销售收入的 5% 结算本月应交消费税；

（22）5 月 31 日，结转本月销售 A 产品 1 000 件的生产成本 74 750 元和 B 产品 500 件的生产成本 44 450 元；

（23）5 月 31 日，结转本月销售收入 220 000 元，并结转各项支出账户到“本年利润”账户；

（24）5 月 31 日，按规定计算应交所得税（税率 33%），并结转本年利润；

（25）5 月 31 日，结转本年利润；

（26）5月31日，按净利润的10%提取盈余公积，按投资比例计算应付给投资者利润3 000元。

（三）要求

采用科目汇总表核算形式进行会计核算。

【解析】（1）上述原始凭证或原始凭证汇总表（略）。

（2）收款凭证、付款凭证和转账凭证（略）。

（3）总账与明细账（略）。

（4）科目汇总表见表9－4。

表9－4 科目汇总表

2010年5月31日　　科汇字第03号

科目名称	借方	贷方	备注
银行存款		9 000	21－31日发生额
其他应收款		2 800	
库存商品	236 400	119 200	
应付账款	9 000	9 000	
盈余公积		2 077	
利润分配	5 077	20 770	
累计折旧		30 000	
应付职工薪酬		100 400	
生产成本	131 400	236 400	
制造费用	40 400	48 400	
管理费用	18 800	25 800	
主营业务收入	220 000		
营业外支出		2 000	
销售费用		30 000	
财务费用	1 000	1 000	
应付利息		1 000	
应交税费		21 230	
营业税金及附加	11 000	11 000	
主营业务成本	119 200	119 200	
本年利润	220 000	220 000	
所得税费用	10 230	10 230	
应付股利		3 000	
合计	1 022 507	1 022 507	

第四节 汇总记账凭证核算形式

一、汇总记账凭证核算形式的特点

汇总记账凭证核算形式是指定期将所有记账凭证汇总编制成汇总记账凭证，然后再根据汇总记账凭证登记总分类账的一种核算形式。汇总记账凭证核算形式的特点是：先定期将全部记账凭证按收、付款凭证和转账凭证分别归类汇总，编制成各种汇总记账凭证，再根据汇总记账凭证登记总分类账。

二、汇总记账凭证核算形式下凭证、账簿的格式及设置

采用这种核算形式，除仍应设置收款凭证、付款凭证和转账凭证外，还要设置汇总收款凭证、汇总付款凭证和汇总转账凭证，在各种汇总凭证中都要反映账户的对应关系。由于汇总记账凭证反映了账户的对应关系，为使总分类账的内容与各种汇总记账凭证一致，总分类账所采用的借、贷、余三栏式中的借、贷两栏应设有“对方科目”专栏的格式，以便清晰反映科目之间的对应关系。其日记账、明细账的设置与记账凭证核算程序基本相同。

三、汇总记账凭证的编制方法

汇总记账凭证可分为汇总收款凭证、汇总付款凭证和汇总转账凭证三种格式。其中，汇总付款凭证分别按现金和银行存款科目的借方科目设置，定期将该期间内全部现金收款凭证和银行存款收款凭证所反映的经济事项按与设证科目相对应的贷方科目加以归类，一般每月编制一张；汇总付款分别按现金和银行存款科目的贷方科目设置，定期将该期间内全部现金付款凭证和银行存款付款凭证所反映的经济事项按与设证科目相对应的借方科目加以归类，一般每月编制一张；汇总转账凭证通常按每一科目的贷方分别设置，定期将该期间内全部转账凭证所反映的经济事项按与设证科目相对应的借方科目加以归类，一般每月编制一张。

1. 汇总收款凭证的编制

汇总收款凭证根据库存现金、银行存款科目编制，汇总了一定时期的现金和银行存款的收款业务。汇总收款凭证的汇总时间一般为 5 天或按旬编制，每月编制一次。月末，根据现金、银行存款汇总收款凭证的合计数，分别记入总分类账户现金和银行存款账户的借方，以及各个对应账户的贷方。具体格式如表 9 – 5 所示：

表 9－5　汇总收款凭证

借方科目：现金　　　　2010 年 5 月　　　　现汇收字第　　号

贷方科目	金额				总账页数	
	上旬凭证 号至　号	中旬凭证 号至　号	下旬凭证 号至　号	全月合计	借方	
合计						

2. 汇总付款凭证的编制

汇总付款凭证根据库存现金、银行存款科目编制，汇总了一定时期的现金和银行存款的付款业务。汇总付款凭证的汇总时间一般为 5 天或按旬编制，每月编制一次。根据现金、银行存款汇总付款凭证的合计数，分别记入总分类账户现金和银行存款账户的贷方，以及各个对应账户的借方。具体格式如表 9－6 所示：

表 9－6　汇总付款凭证

贷方科目：现金　　　　2010 年 5 月　　　　现汇付字第　　号

借方科目	金额				总账页数	
	上旬凭证 号至　号	中旬凭证 号至　号	下旬凭证 号至　号	全月合计	借方	
合计						

3. 汇总转账凭证的编制

汇总转账凭证，在习惯上一般都按每一科目的贷方分别设置，并根据转账凭证汇总其对应的借方科目。汇总转账凭证定期汇总填列一次，每月填制一张。具体格式如表 9－7 所示。

为了便于填制汇总转账凭证，平时填制转账凭证时只能一贷多借，不能一借多贷。月末，根据汇总转账凭证的合计数分别记入总分类账中各个借方账户的借方以及该汇总凭证所列的贷方账户的贷方。如果在月份内某一贷方科目的转账凭证为数不多时，也可不编制汇总转账凭证，直接根据转账凭证记入总分类账。

表 9－7　汇总转账凭证

贷方科目：原材料　　　　2001 年 10 月　　　　转汇字第　　号

借方科目	金额				总账页数	
	上旬凭证 号至　号	中旬凭证 号至　号	下旬凭证 号至　号	全月合计	借方	
合计						

四、汇总记账凭证核算形式的账务处理程序

汇总记账凭证核算形式的账务处理程序如下（见图 9－3）：

（1）根据原始凭证或原始凭证汇总表，编制收款凭证、付款凭证和转账凭证。

（2）根据收款凭证、付款凭证及所附原始凭证，逐笔顺序登记现金日记账和银行存款日记账。

（3）根据记账凭证及有关原始凭证或原始凭证汇总表，逐笔登记各种明细分类账。

（4）根据收款凭证、付款凭证、转账凭证定期编制汇总收款凭证、汇总付款凭证、汇总转账凭证。

（5）根据各种汇总记账凭证登记总分类账。

（6）月末，将现金日记账、银行存款日记账的余额和明细分类账余额合计数，分别与对应的总分类账户的余额互相核对。

（7）根据总分类账、明细分类账和其他有关资料编制会计报表。

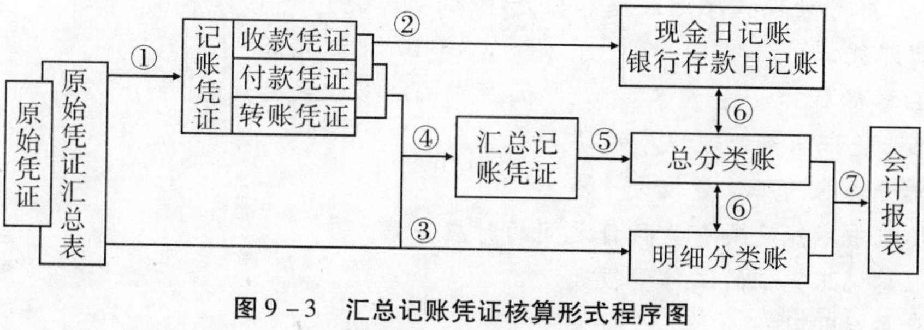

图 9－3　汇总记账凭证核算形式程序图

五、汇总记账凭证核算形式的优缺点和适用范围

1. 汇总记账凭证核算形式的评价

（1）汇总记账凭证核算形式的优点：①汇总记账凭证核算形式是根据汇总记账凭证月终一次登记总分类账的，从而大大减少了登记总账的工作量；②汇总记账凭证是按照会计科目的

对应关系编制的，清晰地反映了经济业务的来龙去脉，总分类账也反映账户的对应关系，便于查账。

（2）汇总记账凭证核算形式的缺点：这种核算形式的汇总记账凭证是按每一贷方科目而不是按经济业务性质归类、汇总的，不利于日常核算工作的合理分工。同时，编制汇总记账凭证工作量也较大。

2. 汇总记账凭证核算形式适用范围

这种核算形式适用于规模较大、经济业务较多、管理要求总分类核算提供详细资料的大型会计单位。

【能力训练】

一、判断题

1. 记账凭证是登记各种账簿的唯一依据。（ ）

2. 不论采用哪种账务处理程序，都必须设置日记账、总分类账和明细分类账。（ ）

3. 不同的账务处理程序规定了填制会计凭证、登记账簿、编制会计报表的不同步骤和方法。（ ）

4. 科目汇总表可以反映科目之间的对应关系。（ ）

5. 编制会计报表是账务处理程序的组成部分。（ ）

二、单项选择题

1. 根据记账凭证逐笔登记总分类账户是（ ）账务处理程序的主要特点。

A. 汇总记账凭证　　B. 多栏式日记账

C. 科目汇总表　　D. 记账凭证

2. 各种账务处理程序的主要区别是（ ）。

A. 登记明细账的依据不同　　B. 登记总分类账的依据不同

C. 总账日记账的依据不同　　D. 编制会计报表的依据不同

3. （ ）账务处理程序是最基本的会计核算形式。

A. 汇总记账凭证　　B. 记账凭证

C. 科目汇总表　　D. 多栏式日记账

4. 汇总记账凭证账务处理程序的缺点是（ ）。

A. 登记总分类账的工作量较大

B. 总分类账中不能反映有关科目之间的对应关系

C. 编制汇总记账凭证的工作量较大

D. 不便于查对账目

5. 科目汇总表账务处理程序的优点是（ ）。

A. 可以减少登记总分类账的工作量　　B. 便于分析经济业务的来龙去脉

C. 查明原因后再调整账面记录　　D. 便于查对账目

6. 在科目汇总表核算形式中，据以登记总分类账的依据是（ ）。

A. 汇总记账凭证　　B. 试算平衡表　　C. 科目汇总表　　D. 记账凭证

三、多项选择题

1. 在各种账务处理程序下，明细分类账可以根据（ ）登记。

A. 记账凭证 B. 汇总记账凭证 C. 科目汇总表 D. 原始凭证

2. 在科目汇总表账务处理程序下记账凭证是用来（ ）的依据。

A. 登记明细分类账 B. 登记总分类账
C. 登记现金日记账 D. 登记银行存款日记账

3. 科目汇总表和记账凭证两种账务处理程序的共同特点是（ ）。

A. 根据原始凭证编制记账凭证
B. 根据记账凭证或原始凭证登记明细账
C. 根据总账和明细账的有关资料编制会计报表
D. 根据收、付款凭证登记日记账

4.（ ）账务处理程序适用于规模大、业务量较多的单位。

A. 记账凭证 B. 汇总记账凭证
C. 科目汇总表 D. 多栏式日记账

5. 我国常用的账务处理程序主要有（ ）。

A. 记账凭证账务处理程序 B. 汇总记账凭证账务处理程序
C. 科目汇总表账务处理程序 D. 多栏式日记账账务处理程序

四、简答题

1. 什么是账务处理程序？选择账务处理程序有何基本要求？
2. 简述记账凭证账务处理程序的特点、核算的基本步骤、优缺点和适用范围。
3. 简述科目汇总表账务处理程序的特点、核算的基本步骤、优缺点和适用范围。
4. 比较记账凭证账务处理程序和科目汇总表账务处理程序的异同。
5. 如何编制科目汇总表？

五、业务与计算题

资料：某工厂2010年8月发生以下经济业务：

1. 向大方工厂购入A材料200千克，每千克130元，增值税率17%，货款以银行存款支付。
2. 以现金支付A材料运杂费180元。
3. A材料200千克验收入库，按实际成本转账。
4. 购买劳保用品100元，增值税率17%，以现金支付，并交车间使用。
5. 仓库发出B材料460千克，每千克进价100元，其中300千克用以制造甲产品，160千克用于制造乙产品。
6. 购入新机器一台，价值60 000元，增值税率17%，以银行存款支付。
7. 销售给大发公司甲产品100件，每件300元，增值税率17%，货款尚未收到。
8. 仓库发出A材料100千克，每千克130元，用于制造甲产品。
9. 以现金90元支付销售产品运杂费。
10. 开出转账支票1 000元，提取现金。
11. 以转账支票550元购买管理部门办公用品。

12. 售出乙产品200件，价款48 000元，增值税率17%，货款存入银行。

13. 收到W公司货款54 000元及税金9 180元，存入银行。

14. 管理部门人员出差回来报销差旅费1 730元，已借支2 000元，余款交回现金。

15. 经批准报废旧机器一台，原价值18 000元，已计提折旧13 800元。

16. 以现金支票支付报废机器清理费用430元。

17. 报废机器残值出售，收入价款1 250元，存入银行。

18. 报废机器净收入转入营业外收入处理。

19. 向银行提取现金49 000元，备发工资。

20. 以现金支付职工医药费2 310元。

21. 以银行存款支付本月电费4 800元，其中车间用电4 000元，管理部门用电800元。

22. 结算本月职工工资49 000元，其中生产工人工资38 200元（A产品工人工资23 600元，B产品工人工资14 600元）；车间技术、管理人员工资6 200元；行政管理部门人员工资4 600元。

23. 计提本月固定资产折旧4 890元，其中车间用固定资产折旧3 400元，行政管理部门固定资产折旧1 490元。

24. 预提本月份应负担银行借款利息600元。

25. 以银行存款6 850元上交销售税金。

要求：

（1）根据上列经济业务编制会计分录。

（2）根据会计分录编制科目汇总表。

第十章 财产清查

第一节 财产清查的意义

一、财产清查的含义

财产清查是指对各项财产、物资进行实地盘点和核对，查明财产物资、货币资金和结算款项的实有数额，确定其账面结存数额和实际结存数额是否一致，以保证账实相符的一种会计专门方法。

财产清查是内部牵制制度的一个部分，其目的在于定期检查内部牵制制度执行是否有效。在企业日常工作中，在考虑成本、效益的前提下，可选择范围大小适宜、时机恰当的财产清查。《会计法》规定：各单位应当定期将会计账簿记录与实物、款项及有关资料相互核对，保证会计账簿记录与实物及款项的实有数相符。

二、财产清查的意义

（一）财产清查的必要性

保证核算资料的客观真实性和正确性是会计核算应遵循的基本原则。在实际工作中，由于受各种因素影响会出现账存数与实存数不一致的情况，概括起来主要有以下六个方面原因：

（1）自然影响。财产在保管过程中由于气候等原因发生自然损耗或溢余，以及发生自然灾害或意外毁损。

（2）记账错误。在凭证、账簿中，出现漏记、错记或计算上的错误。

（3）保管不善。由于管理不善或工作人员失职而发生财产的损失、变质或短缺等。

（4）计量不准。在财产收发过程中，由于计量、检验不准确，而出现品种、数量或质量上的差错。

（5）贪污盗窃。由于不法分子的贪污盗窃等直接侵占企业财产物资的行为所造成的损失。

（6）有关凭证未到，形成未达账项，造成结算双方账实不符等。

由于上述原因都可能引起财产物资实际数与账面数不一致，因此，必须对各项财产物资进行清查，以保证会计资料的真实性。

（二）财产清查的意义

企业进行财产清查具有十分重要的意义：

1. 确保会计核算资料的真实可靠

通过财产清查，可查明各项财产物资的实际结存数，并与账簿记录互相核对，以发现记账中的错误，确定账实是否相符。若不相符，要查明原因，分清责任，并按规定的手续及时调整账面数字，直至账实相符。只有这样，才能保证根据账簿信息编制的财务报表真实可靠，从而提高会计信息质量。

2. 挖掘财产物资潜力，加速资金周转

通过财产清查，特别是对债权债务的清查，可以促进其及时结算，及时发现坏账并予以处理。同时，可以及时发现企业财产物资超储积压、占用不合理等情况，以尽早采取措施利用或处理，促进企业合理占用资金，加速资金周转。

3. 保护财产物资的安全完整

通过财产清查，可以查明各项财产物资的保管情况，如是否完整，则可查明有无毁损、变质、被非法挪用、贪污、盗窃等，还可以查明各项财产物资的储备和利用情况，如有无储备不足，有无超储、积压、呆滞现象等，以便及时采取措施，堵塞漏洞，加强管理，建立健全有关内部牵制制度，确保财产物资的安全完整。

三、财产清查的分类

（一）按清查的对象和范围不同，分为全面清查和局部清查

全面清查是对所有财产进行盘点和核对，包括固定资产、各种存货、其他物资以及未完工程、现金、银行存款、借款等和各种往来款项等。全面清查涉及的范围广，工作量大，耗费时间较长，一般在下述情况下采用：①年终决算前；②单位撤销、合并或改变隶属关系时；③清产核资。

局部清查，是根据需要对总分财产物资进行盘点和核对。一般对于流动性较大的存货，在年内应轮流盘点或重点抽查。如对流动资产中变化频繁的原材料、库存商品等，既要进行年度全面清查，又要根据需要随时进行盘点或重点抽查；对各种贵重物资每月至少清查一次，对库存现金应天天核对，对银行存款应按照银行对账单逐笔核对。

（二）按清查的时间不同，分为定期清查和不定期清查

定期清查，是按照预先计划安排的时间对财产进行的清查，如在年末、季末、月末对账时进行清查。

不定期清查，是根据实际需要进行的临时性清查，如因更换财产、现金保管员，发生非常损失等需要进行清查。

第二节　财产清查的盘存制度

一、财产物资的盘存制度

财产物资的盘存制度有两种，即永续盘存制和实地盘存制。各单位可以根据经营管理需要

和财产物资品种的不同，分别采用不同的方法，以达到账实相符和提高经营管理水平的目的。

（一）永续盘存制

永续盘存制，又称账面盘存制，是指根据账簿记录，计算期末财产物资账面结存数量的方法。其基本内容是：对各项财产物资的增加和减少，都必须根据会计凭证在有关账簿中进行连续登记，并随时在账上结算出结存数。

这种盘存制能在账上即时反映各项财产物资的增加、减少和结存数量，有利于加强实物控制和财产物资管理，但核算工作量较大，可能发生账实不符的情况。所以，应定期进行财产清查。

（二）实地盘存制

实地盘存制，是指根据实地盘点，确定期末财产物资账面结存数量的方法。其基本内容是：对于各项财产物资，平时在账上只登记增加数，不登记减少数，月末根据实地盘点的结存数来倒计财产物资的减少数，再据以登账，即“以存计耗”、“以存计销”。其公式为：

本期减少数＝月初结存数＋本期增加数－期末结存数

这种盘存制在核算上较为简便，但手续不严密，不能随时反映财产物资收、发、存的动态，同时会掩盖物资管理中存在的问题，因而现行制度规定企业应采用永续盘存制。

二、财产物资账面数额确认方法

在永续盘存制下，企业平时在账上应登记存货发出、结存的数量和金额。由于各种原因的影响，即使企业购进相同存货都会形成不同的购进单价；当发出存货时，就会涉及采用哪一个购进单价的问题，也就涉及发出存货单价的计价问题。常用的发出存货单价的计价方法有：

（一）先进先出法

先进先出法是以先收到的存货先发出去为前提，对发出和期末存货进行计价的一种方法。

【例1】采用先进先出法在收入存货时，应逐笔登记每批收入存货的数量、单价和金额。发出存货时，按先进先出的原则计价，并逐笔登记存货的发出和结存金额。如果发出存货属于两批或多批购进的，每批的单价又不同，则应该用对应的每批单价分别计价后再求和。

以宏光集团公司的数据为例，采用先进先出法记录的库存商品成本明细账数据如表10－1所示。

表10－1　库存商品（A产品）　　单位：元

日期	收入			发出			结存		
	数量	单价	总成本	数量	单价	总成本	数量	单价	总成本
2010.5.1							300	2.00	600
2010.5.4	200	2.20	440				300 200	2.00 2.20	600 440
2010.5.10				300 100	2.00 2.20	600 220	100	2.00	200

（续上表）

日期	收入			发出			结存		
	数量	单价	总成本	数量	单价	总成本	数量	单价	总成本
2010. 5. 20	300	2. 30	690				100 300	2. 00 2. 30	200 690
2010. 5. 28				100 100	2. 2 2. 3	220 230	200	2. 30	460
2010. 5. 31	200	2. 50	500				200 200	2. 30 2. 50	460 500
小计	700		1 630	600		1 270	400	2. 40	960

运用先进先出法计算得出的该商品本期销售成本为 1 270 元（反映在利润表上），期末库存商品的成本为 960 元（反映在资产负债表上）。

采用先进先出法的优点是：①无论是定期盘存制还是永续盘存制都比较容易应用；②所得的资产负债表上的存货价值比较符合当前的实际情况；③成本流与实际的物流比较一致；④系统性和客观性较好；⑤不易人为地操纵报表数据；⑥在物价下跌的情况下，先进先出法计算的发出商品的金额较高，结存商品的金额较低，反映在利润表中的利润偏低，相应的资产负债表的存货数据也会偏低，比较符合稳健性原则。

采用先进先出法的缺点是：①在存货收发业务频繁，单价又经常变动的情况下，存货的计价工作量较大；②在物价上涨、通货膨胀的情况下，先进先出法计算的发出商品的金额较低，结存商品的金额较高，反映在利润表中的利润偏高，会相应增加企业的所得税，相应的资产负债表的存货数据也会偏高，不符合稳健性原则；③以最陈旧的存货对应当前的销售收入，不符合匹配原则。

一般在企业的经营活动中受存货形态影响较大或容易腐败变质的存货采用先进先出法。

（二）后进先出法

后进先出法，是以后收到的存货先发出去为前提，对发出和期末存货进行计价的一种方法。当发出存货的数量超过存货中最后一批进货的数量时，超过部分再依次按前一次收进的单价进行计算。这一计价方法的假设与先进先出法正好相反，是建立在假定后收到的存货先发出的基础之上。采用这种方法的结果是新的期末结存存货价值反映早期进货的成本，而耗用存货的成本则接近存货近期进货的成本水平。企业采用后进先出法时，应揭示与采用先进先出法或加权平均法的差异。

【例 2】仍以宏光集团公司的数据为例，采用后进先出法计算的存货成本如表 10－2 所示：

表 10－2　库存商品（A 产品）　　单位：元

日期	收入			发出			结存		
	数量	单价	总成本	数量	单价	总成本	数量	单价	总成本
2010. 5. 1							300	2. 00	600
2010. 5. 4	200	2. 20	440				300 200	2. 00 2. 20	600 440
2010. 5. 10				200 200	2. 20 2. 00	440 400	100	2. 00	200
2010. 5. 20	300	2. 30	690				100 300	2. 00 2. 30	200 690
2010. 5. 28				200	2. 30	460	100 100	2. 00 2. 30	200 230
2010. 5. 31	200	2. 50	500				100 100 200	2. 00 2. 30 2. 50	200 230 500
小计	700		1 630	600		1 300	400	2. 325	930

运用后进先出法计算得出的该商品本期销售成本为 1 300 元，期末库存商品的成本为 930 元。

采用后进先出法的优点是：①系统性和客观性较好；②不易人为地操纵报表数据；③以最新的存货成本对应当前的销售收入，符合匹配原则；④在物价波动且上升的情况下后进先出法与先进先出法正好相反，它会引起资产负债表上显示的存货成本偏低，计算得出的发出商品的成本偏高，利润偏低，税前收入也偏低。这比较符合稳健性原则，但上市公司如有提升股价的愿望，或需要对外报告时通常要重新调整报表数据。

采用后进先出法的缺点是：①在存货收发业务频繁，单价又经常变动的情况下，存货的计价工作量较大；②以陈旧的存货列示在资产负债表上，所得的资产负债表上的存货价值不符合当前的实际情况；③成本流与实际的物流不一致；④在物价下跌的情况下，后进先出法计算的发出商品的金额较低，反映在利润表中的利润偏高。结存商品的金额较高，相应的资产负债表的存货数据也会偏高，不符合稳健性原则；⑤不适用于定期盘存制，永续盘存制比较容易应用。

（三）加权平均法

加权平均法是以本月全部收货数量加月初存货数量作为权数，除以本月全部收货金额加月初存货金额，计算出存货的加权平均单价，从而计算发出和期末存货成本的一种方法。其公式为：

加权平均单价＝（月初结存金额＋本月收入金额）÷（月初结存数量＋本月收入数量）

本月发出存货成本＝本月发出存货数量×加权平均单价

月末结存存货成本＝月末结存存货数量×加权平均单价

或＝月初结存存货成本＋本月收入存货成本－本月发出存货成本

【例3】仍以宏光集团的数据为例，采用加权平均法，上例库存商品明细账如表10－3所示。

表10－3 库存商品（A产品） 单位：元

日期	收入			发出			结存		
	数量	单价	总成本	数量	单价	总成本	数量	单价	总成本
2010.5.1							300	2.00	600
2010.5.4	200	2.20	440				500		
2010.5.10				400			100		
2010.5.20	300	2.30	690				400		
2010.5.28				200			200		
2010.5.31	200	2.50	500				400		
小计	700		1 630	600	2.23	1 338	400	2.23	892

$$\text{加权平均单价}=\frac{2.00\times300+[(2.20\times200)+(2.30\times300)+(2.50\times200)]}{300+(200+300+200)}=2.23$$

本期发出存货＝600×2.23＝1 338（元）

期末结存成本＝400×2.23＝892（元）

运用加权平均法计算得出的该商品本期销售成本为1 338元，期末库存商品的成本为892元。

加权平均法的优点是：①计算的结果比较客观、一致，容易应用，不存在人为地操纵报表数据的问题；②本期销售商品的单价和期末库存商品的单价均采用同一个成本数据，消除了物价变动对发出存货和结存存货的影响，利润表和资产负债表上的相关存货的单价相同，不会产生利润表和资产负债表的相关存货数据偏高或偏低的问题；③比较适用于定期盘存制，因为期末之前不需要对实际的存货进行盘点，加权平均的成本在会计期末才能确定。

加权平均法的主要缺点是：①平时不能得到发出和库存商品的单价，不便于随时进行存货的分析和决策；②计算得出的平均成本不能使当前的成本与当前的销售收入相匹配；③在物价稳定上升或下降时，计算结果的存货成本和发出商品成本处于先进先出法和后进先出法之间。

个别计价法和移动平均法不在这里赘述。

第三节 财产物资清查的方法

一、财产清查的程序

财产清查是一项复杂而又细致的工作，一般包括三个步骤：

（一）成立财产清查组织

财产清查前成立清查组，负责财产清查的组织和管理。其主要职责是：实施清查以前，合理安排清查工作；清查过程中，进行监督、检查和指导；清查结束后，提出处理意见和建议。

（二）准备清查工具

会计部门提供完整、正确的会计记录，财产管理部门将各种手续办理齐全，将实物整理整齐，并准备有关的衡量器具及清查所需的登记表。

（1）账簿准备。会计部门要将总账、明细账等相关资料登记齐全，核对正确，结出余额；对于银行存款、借款等结算款项，要取得银行对账单，以便查对。

（2）实物准备。保管部门要将保管的各种财产物资以及账簿、卡片等画上标签，标明品种、规格、数量，以便查对。

（3）计量器具和登记表格的准备。对清查所需的度量仪器应提前校验准确；对所需的所有表册均应准备妥当。

（三）实施具体清查

清查人员按清查组的计划和要求进行清查。在清查财产物资时，应有财产物资的保管员在场，并登记盘点表；清查现金时，应有出纳人员在场，并登记现金盘点报告表；清查银行存款时，应将银行存款日记账和银行对账单核对，并记录“未达账项登记表”，必要时还可以到银行查证；清查债权债务时，可通过询证、函证进行核实，并登记“结算款项核对登记表”。

二、财产清查方法

为了保证财产清查工作的质量，提高工作效率，达到财产清查的目的，确定各项财产清查的方法是很有必要的。

（一）现金的清查

现金的清查是采用实地盘点的方法，确定库存现金的实存数，再与现金日记账的账面余额核对，以查明盈亏情况。在进行现金清查时，为了明确经济责任，出纳员必须在场，在清查过程中不能用白条抵库，也就是不能用不具有法律效力的借条、收据等抵充库存现金。现金盘点后，应根据盘点的结果及与现金日记账核对的情况填制“现金盘点报告表”，如表 10－4 所示。

表 10－4　现金盘点报告表

单位名称：　　　　　　　　　　　　年　　月　　日

实存金额	账存金额	对比结果		注
		盈	亏	

盘点人签章________　　　　　　　　　　出纳员签章________

（二）银行存款的清查

银行存款的清查一般采用将企业开设的银行存款日记账与开户银行的对账单相核对，并在此基础上编制“银行存款余额调节表”，确认二者之间是否相符的方法。

核对前，首先把至清查日止所有银行存款的收、付业务登记入账，对发生的错账、漏账应及时查清更正。然后，再与开户银行的对账单逐笔核对。若二者余额相符，则说明无错误；若二者不相符，则可能存在着未达账项或银行、企业任意一方（或双方）存在不正常的错账或漏账。在编制银行存款余额调节表时，应在企业银行存款日记账余额和银行对账单余额的基础上，分别加减未达账项，求得调整后的双方余额应该相符。

未达账项是指企业单位与银行之间，对同一项经济业务由于凭证传递上的时间差所形成的一方已登记入账，而另一方因未收到相关凭证，尚未登记入账的会计事项。主要包括四种情形：

（1）银行已经收款入账，而企业尚未收到银行的收款通知因而未收款入账的款项，如委托银行收款等。

（2）银行已经付款入账，而企业尚未收到银行的付款通知因而未付款入账的款项，如借款利息的扣付、托收无承付等。

（3）企业已经收款入账，而银行尚未办理完转账手续因而未收款入账的款项，如收到外单位的转账支票等。

（4）企业已经付款入账，而银行尚未办理完转账手续因而未付款入账的款项，如企业已开出支票而持票人尚未向银行提现或转账等。

出现第一和第四种情况时，会使开户单位银行存款账面余额小于银行对账单的存款余额；出现第二和第三种情况时，会使开户单位银行存款账面余额大于银行对账单的存款余额。无论出现哪种情况，都会使开户单位存款余额与银行对账单存款余额不一致，对此，必须编制“银行存款余额调节表”进行调节。

银行存款余额调节表是在企业银行存款日记账的余额和银行对账单余额的基础上，分别加减未达账项，借以确认双方余额是否相符的一种试算表。在正常情况下，银行存款余额调节表左右双方调节后的余额应体现如下相等关系：

（1）企业账面存款余额＝银行对账单存款余额＋企业已收而银行未收账项－企业已付而银行未付账项＋银行已付而企业未付账项－银行已收而企业未收账项。

（2）银行对账单存款余额＝企业账面存款余额＋企业已付而银行未付账项－企业已收而银行未收账项＋银行已收而企业未收账项－银行已付而企业未付账项。

（3）银行对账单存款余额＋企业已收而银行未收账项－企业已付而银行未付账项＝企业账面存款余额＋银行已收而企业未收账项－银行已付而企业未付账项。

【例】宏光集团公司2010年3月31日银行存款日记账的账面余额为54 000元，银行转来对账单的余额为83 000元。经逐笔核对，发现以下未达账项：

（1）企业送存转账支票60 000元，并已登记银行存款增加，但银行尚未记账；

（2）企业开出转账支票45 000元，但持票单位尚未到银行办理转账，银行尚未记账；

（3）企业委托银行代收某公司购货款48 000元，银行已收妥并登记入账，但企业尚未收到收款通知，尚未记账；

（4）银行代企业支付电话费4 000元，银行已登记企业银行存款减少，但企业未收到银行付款通知，尚未记账。

根据上述资料，编制“银行存款余额调节表”。

【解析】（1）企业已记增加，银行未记，银行记增加60 000元；（2）企业已记减少，银行未记，银行记减少45 000元；（3）银行代收某公司购货款48 000元已记增加，企业未记，企业记增加48 000元；（4）银行代企业支付电话费4 000元，银行已记减少，企业未记，企业记减少4 000元。根据上述四种资料，编制“银行存款余额调节表”如下：

表10－5　银行存款余额调节表　　单位：元

项目	金额	项目	金额
企业银行存款日记账余额	54 000	银行对账单余额	83 000
加：银行已收、企业未收款	48 000	加：企业已收、银行未收款	60 000
减：银行已付、企业未付款	4 000	减：企业已付、银行未付款	45 000
调节后的存款余额	98 000	调节后的存款余额	98 000

注意：(1)“银行存款余额调节表”的编制只是银行存款清查的方法，它只起到对账作用，不能作为调节账面余额的原始凭证。银行存款日记账的登记，还应待收到有关原始凭证后再进行。(2) 经过调节以后确认的余额是企业可以动用存款的最高数额。

(三) 往来款项的清查

对各种应收、应付款的清查应采取“询证核对法”，通过电话、信函或面询等方式，查询核对，即同对方核对账目的方法。清查单位应在其各种往来款项记录准确的基础上，编制“往来款项对账单”，寄发或派人送交对方单位进行核对。现以应收账款为例，说明“往来款项对账单”的格式和内容如下：

表10－6　往来款项对账单

<table>
<tr><td colspan="2">往来款项对账单</td></tr>
<tr><td colspan="2">××单位：
贵单位　年　月　日购入我单位产品　件，已付货款　元，尚有　元货款未付，请核对后将回联单寄回。</td></tr>
<tr><td rowspan="2"></td><td>核查单位：(盖章)</td></tr>
<tr><td>年　月　日</td></tr>
<tr><td colspan="2">沿此虚线裁开，将以下回联单寄回！</td></tr>
</table>

表10－7　往来款项对账单（回联）

<table>
<tr><td colspan="2">往来款项对账单（回联）</td></tr>
<tr><td colspan="2">××单位：
贵单位寄来的“往来款项对账单”已经收到，经核对相符无误。</td></tr>
<tr><td rowspan="2"></td><td>××单位（盖章）</td></tr>
<tr><td>年　月　日</td></tr>
</table>

(四) 实物的清查

实物财产是指具有实物形态的各种财产，包括原材料、半成品、在产品、库存商品、低值易耗品、包装物和固定资产等。不同品种的实物财产，由于其实物形态、体积、重量和堆放方式等不同，对它们所采用的清查方法也有所不同。常用的实物财产清查方法包括实地盘点法、技术推算盘点法、抽样盘存法、函证核对法等。具体方法见表 10－8。

表 10－8　实物财产清查方法一览表

实物财产清查的方法	适用情况
实地盘点法	机器设备、包装物、原材料、产成品、库存商品等
技术推算法	散装的、大量成堆的化肥和饲料等物资
抽样盘存法	数量多、重量均匀的实物财产
函证核对法	委托外单位加工或保管的物资等

实物财产在清查过程中使用的凭证包括“盘存单”和“实存账存对比表”等，具体表格形式见表 10－9、表 10－10。

表 10－9　盘存单

单位名称：　　财产类别：　　盘点时间：　　存放地点：　　编号：

序号	名称	规格型号	计量单位	数量	单价	金额	备注

盘点人：　　保管人：

表 10－10　实存账存对比表

单位名称：　　年　月　日　　编号：

序号	名称	规格型号	计量单位	单价	实存		账存		实存与账存对比				备注
									盘盈		盘亏		
					数量	金额	数量	金额	数量	金额	数量	金额	
	金额合计												

盘点人：　　会计：

为了明确经济责任，在进行财产清查时，相关实物财产保管人员必须在场，并参加盘点工作。对各项财产的盘点结果，应如实、准确地登记在“盘存单”上，并由相关参加盘点人员同时签章生效。

第四节　财产清查结果的账务处理

企业进行财产物资清查后，应对发现的各种问题，按照国家有关法律、法规或制度的规定进行处理。从会计的角度，应对财产清查中出现的账实不符情况进行相应的账务处理。

一、财产清查结果的处理步骤

企业对财产清查的结果处理应按照以下步骤进行：

（1）核准金额，查明各种差异的性质和原因，提出处理意见。根据清查情况，核准货币资金、财产物资和债权债务的盈亏金额，并分析造成账实不符的原因，明确经济责任，据实提出处理意见。

（2）调整账簿，做到账实相符。为了做到账实相符，保证会计信息真实正确，对财产清查中发现的盘盈或盘亏，应及时调整账簿记录。

（3）查明盘盈、盘亏的原因，决定处理方法，报经有关部门批准。

（4）编制记账凭证，登记入账，核销盘盈、盘亏。

二、存货清查结果的账务处理

为了反映和监督在财产清查过程中查明的各种财产的盈亏或毁损及其报经批准后的转销数额，应设置“待处理财产损溢”账户。该账户属于资产类账户，具有双重性质。该账户的借方登记各项财产的盘亏或毁损数额和各项盘盈财产报经批准后的转销数；贷方登记各项财产的盘盈数额和各项盘亏或毁损财产报经批准后的转销数。企业清查的各种财产的损溢，应于期末前查明原因，经有关机构批准后，在期末结账前处理完毕。处理前的借方余额，反映尚未处理财产的净损失；处理前的贷方余额，反映尚未处理财产的净溢余。期末，处理后该账户无余额。

（一）货币资金清查结果的账务处理

库存现金清查中发现库存现金短缺或盈余时，除了设法查明原因外，还应根据库存现金“盘点报告单”及时进行账务处理。应在“待处理财产损溢”账户核算，待查明原因后再转账。

【例1】库存现金清查中发现长款150元。

借：库存现金　　150

　贷：待处理财产损溢——待处理流动资产损溢　　150

【例2】经反复核查，未查明原因，报经批准转作营业外收入处理。

借：待处理财产损溢——待处理流动资产损溢　　150

　贷：营业外收入　　150

【例3】库存现金清查中发现短款500元。

借：待处理财产损溢——待处理流动资产损溢　　500

　贷：库存现金　　500

【例4】经查，上述该短款属于出纳员的责任，应由出纳员赔偿。

借：其他应收款　　　　　　　　　　　　　　　500

　贷：待处理财产损溢——待处理流动资产损溢　　　　500

（二）存货盘盈

当发现存货盘盈时，应根据“实存账存对比表”，将盘盈存货项目的价值记入“原材料”、“生产成本”、“库存商品”等账户的借方，同时记入“待处理财产损溢——待处理流动资产损溢”账户的贷方，报经批准后，冲减管理费用。

当发现存货盘亏或毁损时，批准之前应先记入“待处理财产损溢——待处理流动资产损溢”账户的借方，同时记入有关存货账户的贷方。批准以后，再根据造成损耗的原因分别进行账务处理：

（1）属于自然损耗产生的定额内合理的损耗，经批准后即可记入“管理费用”。

（2）属于超定额短缺的，能确定过失人的应由过失人负责赔偿；属于保险责任范围的，应向保险公司索赔，记入“其他应收款”账户。扣除过失人或保险公司赔款和残料价值后，记入“管理费用”。

（3）属于非常损失造成的存货毁损，扣除保险公司赔款和残料价值后，记入“营业外支出”账户。

【例5】关于存货的盘盈：宏光集团公司经财产清查，发现盘盈钢材2 000千克。经查明是由于收发计量上的错误造成的，按每千克4元入账。其账务处理如下：

（1）未批准前，其账务处理如下：

借：原材料——钢材　　　　　　　　　　　　8 000

　贷：待处理财产损溢——待处理流动资产损溢　　　8 000

（2）批准以后，冲减管理费用：

借：待处理财产损溢——待处理流动资产损溢　　8 000

　贷：管理费用　　　　　　　　　　　　　　　8 000

【例6】关于存货的盘亏：宏光集团公司盘亏A产品100千克，单位实际成本100元。经查明，属于定额内的合理损耗。其账务处理如下：

（1）批准前，调整存货账的实存数：

借：待处理财产损溢——待处理流动资产损溢　　10 000

　贷：库存商品——A产品　　　　　　　　　　　10 000

（2）批准以后，记入管理费用：

借：管理费用　　　　　　　　　　　　　　　10 000

　贷：待处理财产损溢——待处理流动资产损溢　　　10 000

【例7】关于存货的盘亏：宏光集团公司盘亏甲材料10吨，每吨180元。经查明，是由于过失人造成的材料毁损，应由过失人张明赔偿1 000元，毁损材料残料价值100元。其账务处理如下：

（1）批准前，调整存货账的实存数：

借：待处理财产损溢——待处理流动资产损溢　　1 800

　贷：原材料——甲材料　　　　　　　　　　　　1 800

（2）批准以后，分不同情况处理：

①由过失人赔偿

借：其他应收款——张明　　　　　　　　　　　　　1 000

　贷：待处理财产损溢——待处理流动资产损溢　　　　1 000

②残料作价入库

借：原材料——甲材料　　　　　　　　　　　　　　100

　贷：待处理财产损溢——待处理流动资产损溢　　　　100

③扣除过失人张明的赔款和残值后的盘亏数，记入管理费用：

借：管理费用　　　　　　　　　　　　　　　　　　700

　贷：待处理财产损溢——待处理流动资产损溢　　　　700

【例 8】关于存货的盘亏：某企业 B 材料盘亏一批，实际成本 7 000 元。经查明，属于非常事故造成的损失。其账务处理如下：

（1）批准前，调整存货账的实存数：

借：待处理财产损溢——待处理流动资产损溢　　　8 190

　贷：原材料——B 材料　　　　　　　　　　　　　7 000

　　　应缴税费——应交增值税（进项税额转出）　　1 190

（2）批准以后，记入营业外支出：

借：营业外支出　　　　　　　　　　　　　　　8 190

　贷：待处理财产损溢——待处理流动资产损溢　　　8 190

注意：根据增值税会计处理规定，企业购进的存货等发生非正常损失以及因改变用途等原因而发生的损失，其进项税额应相应转入有关账户，借记“待处理财产损溢”账户，贷记“应缴税费——应交增值税（进项税额转出）”。

三、固定资产清查结果的账务处理

（一）固定资产盘盈

对于盘盈的固定资产，经查明确属企业所有，应根据盘存凭证填制固定资产交接凭证，经有关人员签证后送交企业会计部门，为盘盈固定资产开立固定资产卡片，并按重置价值和已提折旧额估价入账。

盘盈固定资产在未按规定程序上报批准之前，不能增加营业外收入，应先作为待处理财产损溢处理，登记在“待处理财产损溢——待处理固定资产损溢”账户，即按盘盈固定资产的重置完全价值借记“固定资产”账户，按估计已提折旧额贷记“累计折旧”账户，按重置完全价值与累计折旧的差额贷记“待处理财产损溢——待处理固定资产损溢”账户。按规定程序上报批准后，借记“待处理财产损溢——待处理固定资产损溢”账户，贷记“营业外收入”账户。

【例 9】宏光集团公司在财产清查中发现盘盈账外设备一台，估计价值为 30 000 元，已计提折旧 5 000 元。

（1）固定资产发生盘盈时：

借：固定资产　　　　　　　　　　　　　　　　30 000

　贷：待处理财产损溢——待处理固定资产损溢　　　25 000

累计折旧　　5 000

（2）月末处理时：

借：待处理财产损溢——待处理固定资产损溢　　25 000

贷：营业外收入　　25 000

（二）固定资产盘亏

对于盘亏的固定资产，应及时办理固定资产注销手续。在按规定程序批准之前，应将固定资产卡片从原来的归类中抽出，单独保管。同时按盘亏固定资产的净值借记“待处理财产损溢”账户，按已提折旧额借记“累计折旧”账户，按原值贷记“固定资产”账户。按规定程序批准后，应按盘亏固定资产的原值扣除累计折旧、过失人及保险公司赔款后的差额借记“营业外支出”账户，同时按过失人及保险公司应赔偿额借记“其他应收款”等账户，按盘亏固定资产的净值贷记“待处理财产损溢——待处理固定资产损溢”账户。

【例10】宏光集团公司在财产清查中发现盘亏账外设备一台，估计价值为30 000元，已计提折旧5 000元。

（1）固定资产发生盘亏时：

借：待处理财产损溢——待处理固定资产损溢　　25 000

累计折旧　　5 000

贷：固定资产　　30 000

（2）月末处理时：

借：营业外支出　　25 000

贷：待处理财产损溢——待处理固定资产损溢　　25 000

四、无法支付的应付账款的账务处理

企业的应付账款，如因债权人企业倒闭、死亡等原因确实无法归还的，可按照制度规定，经批准后直接转为企业的资本公积，在“资本公积”账户中进行结算。其账务处理为借记“应付账款”，贷记“资本公积——其他资本公积”账户。

【例11】宏光集团公司在财产清查中发现所欠某单位款项40 000元，因对方撤销其机构，已经确认无法支付，经批准转作资本公积。

借：应付账款——某单位　　40 000

贷：资本公积——其他资本公积　　40 000

【能力训练】

一、名词解释

财产清查　未达账项　实地盘存制　永续盘存制

二、判断题

1. 财产管理和会计核算工作较好的单位可以不进行财产清查。（　）

2. 对于未达账项，应编制银行存款余额调节表，以检查企业与银行双方账面余额是否一致，并据以调整有关账簿的记录。（　）

3. 银行存款账实不符肯定是因为存在未达账项。（　）

4. 实物清查和现金清查均应背对背进行，因此，实物保管人员和出纳人员不能在场。(　　)

5. 调整无误的银行存款余额调节表的余额是企业银行存款的真正数额。(　　)

6. 账实不符是财产管理不善或会计人员水平不高的结果。(　　)

7. 实地盘存制就是通过逐一点数、过磅或技术推算方法对各项实物进行清查的制度。(　　)

8. 采用永续盘存制的企业，对财产物资一般不需要进行实地盘点。(　　)

9. 未达账项是由于企、事业单位的财会人员不及时登账造成的。(　　)

10. 某企业仓库被盗，为查明损失决定立即进行盘点，按照财产清查的范围应属于局部清查，按照清查的时间应属于不定期清查。(　　)

三、填空题

1. 财产清查按照清查的对象和范围可以分为__________和__________；按照清查的时间，又可分为__________和__________。

2. 现金的清查采用__________方法。

3. 银行存款的清查是采用与银行定期送来的__________核对的方法。

4. 为了调整企业与银行之间的未达账项，需要编制______________。

5. 为了反映和监督财产清查中查明的各种财产的盘盈、盘亏和毁损及处理情况，需要设置__________账户。

6. 在会计核算中应用财产清查方法，主要是为了如实反映财产物资的结存款，做到____________________。

7. 通过财产清查，可以查明各项财产的实存数，通过调账使__________与__________相等。

8. 全面清查范围广、工作量大，一般在__________前进行一次。

9. 往来结算款包括____________________。

10. 对存量较大、不宜逐一点数进行计量的财产物资清查应采用__________法进行。

四、单项选择题

1. 根据管理的需要，现金要(　　)。

A. 每日盘点一次　　B. 进行轮流清查或重点清查
C. 至少每月盘点一次　　D. 每月与银行核对一至两次

2. 对存货、固定资产清查盘点(　　)。

A. 出纳员不许在场　　B. 会计和出纳员必须在场
C. 实物保管员必须在场　　D. 实物保管员不必在场

3. 对现金清查(　　)。

A. 实物保管员必须在场　　B. 会计和出纳员不必在场
C. 出纳员不必自始至终在场　　D. 出纳员和会计部门领导必须在场

4. 对固定资产盘亏，经批准后，一般应按其净值转账，记入(　　)。

A. 管理费用　　B. 其他应收款　　C. 营业外支出　　D. 实收资本

5. 存货的盘亏或毁损，属定额范围内的自然损耗和非过失人造成的损失，报经批准后，一般记入（　　）。

A. 管理费用　　B. 营业外支出　　C. 其他应收款　　D. 生产成本

6. 对于大量成堆、难以逐一清点的财产物资的清查，一般采用（　　）方法进行清查。

A. 实地盘点　　B. 抽样检验　　C. 询证核对　　D. 技术推算盘点

7. 在记账无误的情况下，银行对账单与银行存款日记账账面余额不一致的原因是（　　）。

A. 暂收和暂付款　　B. 应收账款　　C. 应付账款　　D. 未达账项

8. 下列不属于原始凭证的是（　　）。

A. 盘存单　　B. 实存账存对比表

C. 银行存款余额调节表　　D. 库存现金盘点报告表

9. "实存账存对比表"属于（　　）。

A. 自制原始凭证　　B. 外来原始凭证　　C. 记账凭证　　D. 汇总记账凭证

10. 以下属于货币资金清查的有（　　）。

A. 其他货币资金的清查　　B. 存货的清查

C. 固定资产的清查　　D. 往来账的清查

五、多项选择题

1. 财产清查的内容包括（　　）。

A. 实物清查　　B. 实地清查　　C. 现金清查　　D. 利润清查

E. 债权债务清查

2. 财产清查按照清查时间划分为（　　）。

A. 全部清查　　B. 不定期清查　　C. 核对账目　　D. 定期清查

E. 实地盘点

3. 财产清查前的准备工作包括（　　）。

A. 组织准备　　B. 编制会计报表　　C. 实物整理准备　　D. 度量衡器具准备

E. 清查专用表格准备

4. "待处理财产损溢"账户的贷方记录（　　）。

A. 发生的财产盘盈额　　B. 发生的财产盘亏

C. 结转经批准的财产盘盈额　　D. 结转经批准的财产盘亏

E. 结转坏账损失

5. 不定期清查主要在下列特殊情况下进行，包括（　　）。

A. 变更财产物资和现金保管人员时　　B. 发生非常灾害造成财产物资受损时

C. 年终结算时　　D. 有关部门对企业进行审计时

E. 企业关、停、并、迁、改变隶属关系时

6. 永续盘存制与实地盘存制的区别有（　　）。

A. 财产物资在账簿中的记录方法不同　　B. 永续盘存制不需要进行财产清查

C. 实地盘存制不需要登记账簿　　D. 永续盘存制与实地盘存制适用范围不同

E. 设置的账簿不同

7. 各种应收、应付账项的清查，包括下列（　　）的查核。

A. 本企业与外部其他企业单位的应收、应付结算账项

B. 本企业与内部各部门之间的应收、应付结算账项

C. 对本企业职工的各种代垫、代付账项

D. 尚未报销的职工预借款项

E. 本企业预提费用

8. 下列内容属于财产全面清查范围的是（ ）。

A. 租入固定资产　　B. 应付账款　　C. 在产品　　D. 应收账款

E. 租出固定资产

9. 对银行存款的清查应根据（ ）逐笔进行核对。

A. 银行存款实有数　　B. “银行存款”总分类账户

C. 银行存款日记账　　D. 银行对账单

E. 未达账项

10. 在编制“银行存款余额调节表”时，企业银行存款日记账的余额应加减的项目是（ ）的款项。

A. 银行已收，企业未收　　B. 企业已收，银行未收

C. 企业已付，银行未付　　D. 银行已付，企业未付

E. 企业已付，银行未收

六、业务与计算题

练习一

目的：练习银行存款余额调节表的编制。

资料：中兴工厂20××年10月31日银行存款日记账的记录与开户银行送来的对账单核对时，双方本月下旬的有关数字记录如下（每旬核对一次）：

1. 中兴工厂银行存款日记账账面记录：

（1）21日开出转账支票号1246，支付购料款37 670元；

（2）23日开出转账支票号621，提取现金300元；

（3）25日开出转账支票号1247，支付光明工厂账款22 786元；

（4）26日收到天宇工厂货款24 600元；

（5）29日收到转账支票号74677，存入货款10 800元；

（6）30日开出转账支票号1248，支付材料运费845元；

（7）31日结存余额117 830元。

2. 银行对账单记录：

（1）22日代收天宇工厂货款24 600元；

（2）23日付现金支票号621，计300元；

（3）23日付转账支票号1246，购料款37 670元；

（4）25日代交自来水公司水费2 085元；

（5）28日代收浙江东湖工厂货款33 600元；

（6）30日付转账支票号1247，购料款22 786元；

（7）31日结存余额139 390元。

要求：将企业账面记录与银行对账单逐笔核对，查明未达账项，编制银行存款余额调

节表。

练习二

目的：练习财产清查结果的账务处理。

资料：某企业在进行财产清查时有下列业务：

(1) 库存商品盘盈10件，单价500元，价值5 000元。报经审批后，转销其盘盈。

(2) 发现账外设备一台，重置价值20 000元，现值12 000元。报经审批后，根据审批意见，转销固定资产盘盈。

(3) 发现甲材料账面余额455千克，价值19 110元，盘点实际存量为450千克，经查明其中2千克为定额损耗，2千克为日常计量差错，1千克为保管员张明渎职造成。

(4) 盘亏水泵一台，原价5 200元，账面已提折旧1 400元。经审批，转作营业外支出。

(5) 库存现金短少2 300元，属出纳员令狐名的过失造成。

要求：编制以上业务的会计分录。

第十一章　财务会计报告

第一节　财务会计报告概述

一、财务会计报告的含义及作用

（一）财务会计报告的含义

根据《企业财务会计报告条例》对财务会计报告的阐述，财务会计报告是指企业对外提供的反映企业某一特定日期财务状况和某一会计期间经营成果、现金流量的文件。前面各章详细介绍了企业日常的经济活动，运用会计核算方法，对各项经济业务按照一定程序，在有关账簿中进行连续、系统、全面、分类的记录和计算，使企业在一定时期的经济活动及结果在日常的会计记录中得到反映。但是，这些日常核算资料仍然数量较多，并且分散于各账簿之中。因此，上述账簿中的资料，不能集中地、概括地、相互联系地反映企业在一定时期内经济活动和财务收支的全过程。所以，仅仅进行日常的会计核算不能满足经济管理要求，也不能实现会计目标。

为此，企业有必要定期地对日常核算资料加以总结，按照一定的表格形式编制财务会计报告，总括、综合地反映企业经济活动过程和结果，为有关方面进行管理和决策提供所需要的会计信息。财务会计报告分为年度和中期报告。中期是指短于一个完整会计年度的报告期间，包括半年度、季度和月度。年度是指一个完整会计年度的报告期间，年度财务会计报告作为综合反映企业单位年末财务状况、全年经营成果和现金流量的报告，年度、半年度财务会计报告应当包括：会计报表、会计报表附注和财务情况说明书。会计报表应当包括资产负债表、利润表、现金流量表及相关附表。会计报表是指在日常核算资料的基础上，总括反映会计主体在一定时期的财务状况和经营成果的表式报告文件。编制会计报表是会计核算专门方法之一，也是会计工作的一项重要内容。

（二）财务会计报告的作用

编制财务会计报告，能为各方面的使用者提供详简适度的会计信息，便于他们作出正确的决策。其作用主要表现在以下几方面：

1. 为企业的投资者（包括潜在的投资者）和债权人（包括潜在的债权人）进行正确的投资决策和贷款决策提供会计信息

企业的生产和发展需要投资者、债权人的资金、信贷支持。若投资者、债权人不了解企业的经营情况和财务状况，他们是不会轻易投资和借贷资金给企业的。只有了解企业各方面的信息，分析对比后，他们才会决定投资的方向。企业的责任就是向投资人、债权人提供真实、及时、可靠的会计信息。

2. 为管理当局提供会计信息

通过财务会计报告，管理当局可以了解和掌握企业、单位当前的财务状况、经营成果和变动情况，以便不断改善管理。如本期企业的利润是上升还是下降，成本是超支还是节约，目前资本是多少，分布、使用是否合理，资金周转速度是快还是慢，经费运用是否合理等，这些信息对于管理当局来说都是十分重要的。

3. 便于满足上级主管、专业公司和国家经济管理部门的需要

上级主管、专业公司需对所属企业、单位上报的会计报表进行审阅，并汇总上报。利用会计报表提供的资料，可以使企业或单位的上级主管、专业公司和国家管理部门了解和掌握企业或单位一定期间的财务状况和经营成果，以便加强领导，进行宏观调控。

4. 便于财政、税务部门、银行进行了解和监督

财务会计报告所反映的企业在一定时期内的资金使用情况、上交税金情况、贷款使用情况、利润实现情况等，都会在报表中得到充分的反映。财政、税务、银行等机构需要了解企业、单位的这些情况并进行监督。

二、财务会计报告的种类

不同性质的会计主体，其财务会计报告的种类不尽相同。对企业来说，为了便于编制和运用财务会计报告，应对财务会计报告进行分类。财务会计报告可以按照不同的标准进行分类。

1. 财务会计报告按其反映的经济内容分类

（1）反映财务状况的财务会计报告，用来总括反映企业财务状况及其变动情况的会计报表，包括资产负债表、现金流量表等。

（2）反映财务成果的财务会计报告，用来总括反映企业在一定时期内经营过程中收入和业务成果的会计报表，如利润表等。

（3）反映成本费用的财务会计报告，用来总括反映企业生产经营过程中各项费用支出和成本形成情况的会计报表，如商品产品成本表、制造费用明细表等。

2. 财务会计报告按其编制时间分类

（1）月度财务会计报告。简称月报，它是反映企业本月经营成果与月末财务状况的财务会计报告。每月编制一次，如资产负债表、利润表等。

（2）季度财务会计报告。简称季报，反映企业一个季度的经营成果与季末财务状况的财务会计报告。

（3）年度财务会计报告。简称年报，反映企业全年的经营成果和年末的财务状况以及年内现金流量情况的财务会计报告。

3. 财务会计报告按其报送的对象分类

（1）对外财务会计报告，指对企业外部有关方面提供的财务会计报告。

（2）对内财务会计报告，指为企业内部服务、向企业管理者提供的财务会计报告。

4. 财务会计报告按其所包括会计主体的范围分类

（1）个别财务会计报告，指反映投资企业本身的经营成果和财务状况等方面情况的会计报表。

（2）合并财务会计报告，指在企业对外单位的投资占被投资单位资本总额半数以上的情况下，将被投资单位与本企业视为一个整体而编制的财务会计报告。它反映投资企业与被投资单位作为一个整体的经营成果、财务状况等。

5. 会计报表按其编制单位分类

（1）单位财务会计报告，指由独立核算的基层单位，根据账簿记录和其他有关资料编制的会计报表。

（2）汇总财务会计报告，指由上级主管理部门根据所属单位上报的财务会计报告并汇总单位本身的财务会计报告而编制的，以反映某个主管部门或地区的综合性指标。

6. 会计报表按其反映资金运动状况分类

（1）静态财务会计报告，从某一时点或时日反映企业资金的运动。

（2）动态财务会计报告，从某一时期反映企业资金的运动。

三、财务会计报告的编制要求

财务会计报告的编制，应根据账簿记录和其他资料，经过必要的加工计算而制成。它是继复式记账系统对会计资料进行加工后，进一步综合、归纳、整理会计信息的过程。为了保证财务会计报告能真正为投资者、债权人、国家宏观管理部门及其他报表使用者提供有用的决策信息，编制财务会计报告必须符合以下基本要求：

（一）内容完整

每个单位都必须按照国家统一会计制度规定的报表种类、格式和内容编制财务会计报告，以保证财务会计报告的完整性。对不同的会计期间（月、季、半年、年）应当编报的各种财务会计报告，必须编报齐全；应当填列的报告指标，无论是表内项目，还是补充资料，必须全部填列；应汇总编制的所属各单位的财务会计报告，必须全部汇总，不得漏编、漏报。某些重要资料，如果不便列入报表的主体部分，应在括号内说明，或以附注、附表的形式加以反映。

（二）数字真实

企业应当根据真实、正确、完整的会计资料，按照国家统一的会计制度规定编制会计报表，不能用估计数代替实际数，更不能弄虚作假，篡改数字，隐瞒谎报，以保证会计报表的真实性。

账簿记录是编制会计报表的主要依据，在编制财务会计报告时，必须做到：

（1）按期结账。在结账之前，所有已经发生的收入、支出、债权、债务、应该摊销或预提费用以及其他已经完成的经营活动和财务收支事项，都应全部登记入账。

（2）认真对账和进行财产清查。对于各种账簿记录，在编报之前，必须认真地审查和核对，对有关财产物资进行盘点和清查，对应收、应付款项和银行存（借）款进行查询核对，以达到账证相符、账账相符、账实相符。在清查中应对会计报表中各项会计要素进行合理的确认和计量，不得随意更改。

(3) 在结账、对账和财产清查的基础上，通过编制总分类账户本期发生额试算平衡表以验算账目有无错漏，为正确编制会计报表提供可靠的数据。在编报以后，还必须认真复核，做到账表相符，报表与报表之间有关数字衔接一致。

(三) 说明清楚

财务会计报告需要加以说明的问题，在会计报表附注中用简要的文字加以说明，对会计报表中主要指标的构成和计算方法以及本报告期发生的特殊情况，如经营范围变化、经营结构变更以及对本报告期经济效益影响较大的各种因素都必须加以说明。

(四) 口径统一

企业财务会计报告之间的指标要尽可能口径一致，以便投资者比较不同的投资机会。同一企业的各个会计期间也应尽可能保持报表指标的连贯性和可比性，以便分析、比较。

(五) 编报及时

财务会计报告必须遵照国家或上级主管部门规定的期限和程序，及时编制，及时报送，以保证报告的及时性。要保证财务会计报告编报及时，必须加强日常的核算工作，认真做好记账、算账、对账、财产清查和调整账面工作。同时加强会计人员的配合协作，使财务会计报告编报及时。但不能为赶编财务会计报告而提前结账，更不应为了提前报送而影响报告质量。

财务会计报告应依次编定页数，加具封面，由单位负责人和主管会计工作的负责人、会计机构负责人签名盖章，设置总会计师的单位还须由总会计师签名并盖章，分别对财务会计报告的真实性、合法性负责。单位负责人应为本单位会计行为的第一负责人，对本单位的会计报表的真实性、合法性负责；有关会计负责人员也应承担相应的责任。

此外，财务会计报告中的会计报表还应装订成册，加盖公章。封面上应注明企业名称、地址、主管部门、开业年份、报表所属年度、季度和月份、规定报送日期和送出日期等。

第二节 资产负债表

一、资产负债表的含义及作用

资产负债表，是总括反映企业在特定日期（如月末、季末、年末）财务状况的会计报表。特定日期是指编制报表这一天，因此说资产负债表是静态报表。财务状况主要是指企业资产、负债、所有者权益的总额、构成以及各项目之间的合理组合。资产负债表根据“资产 = 负债 + 所有者权益”这一基本公式，依照一定的分类标准和一定的次序，把企业在某一特定日期的资产、负债和所有者权益项目予以适当排列编制而成。

资产负债表是主要会计报表之一，它所提供的会计信息是国家宏观管理和企业内部管理制定决策所必需的资料，企业的投资者和债权人也要分别从不同的角度来利用它。每一会计主体都必须按月、按季、按半年、按全年编制资产负债表，及时为有关部门和有关人员提供企业会计信息，作为企业投资人、债权人、国家管理部门和各级管理人员投资、信贷及经营决策的依据。

资产负债表是以企业的资产、负债和所有者权益的静态状况来说明企业某一特定日期的财务状况，因而资产负债表又称财务状况表。利用资产负债表的资料，可以了解企业拥有或控制的资产总额及其构成情况、企业负债和所有者权益状况，评价企业的偿债能力和筹资能力，考察企业资本的保全和增值情况，分析企业财务结构的优劣和负债经营的合理程度，预测企业未来的财务状况和财务安全程度等。

二、资产负债表的格式和结构

（一）资产负债表的格式

资产负债表的格式一般有两种，即报告式和账户式。

1. 报告式资产负债表

报告式资产负债表，报告式又称竖式或垂直式，它是依据“资产 - 负债 = 所有者权益”的会计方程式，采用垂直予以排列的方式，即将资产负债表由上而下，分别列示其资产、负债、所有者权益项目，采取上下对照平衡原理而设计的一种形式，是将资产、负债、所有者权益项目采用垂直形式分别列示。其格式见表 11 - 1。

表 11 - 1 报告式资产负债表

年 月份

项目	金额
资产	
流动资产	
……	
资产总计	
负债	
流动负债	
……	
负债总计	
所有者权益	
实收资本	
……	
所有者权益总计	

2. 账户式资产负债表

账户式资产负债表又称横式资产负债表。它是依据“资产 = 负债 + 所有者权益”的会计方程式，利用账户余额的形式予以排列的方式，即将资产负债表分为左、右两方，左边列示资产项目，右边列示负债及所有者权益项目，左右两方的总计金额相等。我国现行制度规定，各行业广泛使用这一形式，其简化格式见表 11 - 2。

表 11－2　账户式资产负债表

年　月份

资产		负债及所有者权益	
流动资产	40 000	流动负债	30 000
长期投资	10 000	长期负债	20 000
固定资产	80 000	所有者权益	90 000
无形资产及递延资产	1 000		
其他资产	9 000		
资产合计	140 000	负债及所有者权益总计	140 000

我国财务制度规定，企业在使用账户式填制资产负债表时，正表中每一项目均要求填列年初数和期末数两个数字，分别反映本年初即上年末的财务状况和本期末（月末或年末）的财务状况，其目的在于便于报表使用者进行对比分析。所以，它实际上是一张比较资产负债表。

（二）资产负债表的结构

资产负债表采取资产总额和负债与所有者权益总额相平衡对照的结构。因此，在资产负债表的基础上，应当分为资产、负债、所有者权益三类，并分别结出总额。

（1）资产类项目。资产类项目按其流动性程度的高低顺序和变现能力的强弱排列，分别列示流动资产、长期投资、固定资产、无形资产及其他资产。

（2）负债类项目。负债类项目按其偿还期限由近至远的顺序排列，分别列示流动负债、长期负债。

（3）所有者权益类项目。所有者权益类项目按其永久性递减的顺序排列，分别列示实收资本、资本公积、盈余公积、未分配利润。

资产负债表由表头、表体和脚注三部分组成。表头部分列示报表的名称、编制单位、编制日期和货币计量单位等内容；脚注部分列示已贴现的商业承兑汇票和融资租入固定资产原价等项目，作为资产负债表的补充项目，以充分披露信息。

资产负债表的表体部分是资产负债表的核心部分，列示资产负债表的具体内容。

三、资产负债表的基本编制方法

我国主要采用账户式的资产负债表。其原因：一是账户式资产负债表反映资产、负债和所有者权益关系比较直观，其提供的会计信息清晰明了；二是我国广大会计人员对账户式会计报表已经习惯，比较熟悉。资产负债表根据各有关总分类账户和明细分类账户的期末余额填列。具体编制方法有：

1. 资产负债表各项目的填列

资产负债表中的各项目都列有“年初数”和“期末数”两栏。

“年初数”栏各项目的数字，应根据上年末资产负债表“期末数”栏内所列数字填列，如果本年度资产负债表规定的各个项目的名称和内容同上年度不相一致，应对上年年末资产负债表各项目的名称和数字按照本年度的规定进行调整，填入本表“年初数”栏内。

“期末数”栏各项目的数字，应根据会计账簿记录填列。其中大部分项目是根据总分类账簿中的有关账户的期末余额直接填列；有些项目直接根据明细分类账户余额填列；有些项目要根据几个总分类账户期末余额计算填列；有些项目要根据总分类账户所属明细分类账户余额分析、计算后填列；还有些项目要根据资产负债表有关项目数额计算填列等。各项目的具体填列方法如下：

（1）“货币资金”项目，反映企业库存现金、银行存款等的合计数。本项目应根据“现金”、“银行存款”等科目的期末余额合计填列。

（2）“短期投资”项目，反映企业购入的各种能随时变现并准备随时变现的、持有时间不超过1年（含1年）的股票、债券和基金，以及不超过1年（含1年）的其他投资。本项目应根据“短期投资”科目的期末借方余额填列。

（3）“应收票据”项目，反映企业收到的未到期收款也未向银行贴现的应收票据，包括商业承兑汇票和银行承兑汇票。本项目应根据“应收票据”科目的期末余额填列。已向银行贴现和已背书转让的应收票据不包括在本项目内，其中已贴现的商业承兑汇票应在会计报表附注中单独披露。

（4）“应收股利”项目，反映企业因股权投资而应收取的现金股利，企业应收其他单位的利润也包括在本项目内。本项目应根据“应收股利”科目的期末余额填列。

（5）“应收利息”项目，反映企业因债权投资而应收取的利息。企业购入到期还本付息债券应收的利息不包括在本项目内。本项目应根据“应收利息”科目的期末余额填列。

（6）“应收账款”项目，反映企业因销售商品、产品和提供劳务等而应向购买单位收取的各种款项，减去已计提的坏账准备后的净额。本项目应根据“应收账款”科目所属各明细科目的期末借方余额合计，减去“坏账准备”科目中有关应收账款计提的坏账准备期末余额后的金额填列。如“应收账款”科目所属明细科目期末有贷方余额，应在本表“预收账款”项目内填列。

（7）“其他应收款”项目，反映企业对其他单位和个人的应收和暂付的款项，减去已计提的坏账准备后的净额。本项目应根据“其他应收款”科目的期末余额，减去“坏账准备”科目中有关其他应收款计提的坏账准备期末余额后的金额填列。

（8）“预付账款”项目，反映企业预付给供应单位的款项。本项目应根据“预付账款”科目所属各明细科目的期末借方余额合计填列。如“预付账款”科目所属有关明细科目期末有贷方余额的，应在本表“应付账款”项目内填列，“应付账款”科目所属明细科目有借方余额的，也应包括在本项目内。

（9）“应收补贴款”项目，反映企业按规定应收的各种补贴款。本项目应根据“应收补贴款”科目的期末余额填列。

（10）“存货”项目，反映企业期末在库、在途和在加工中的各项存货的实际成本，包括原材料、包装物、低值易耗品、自制半成品、产成品等。本项目应根据“材料采购”、“原材料”、“生产成本”、“产成品”、“委托加工材料”等账户的期末借方余额之和填列。

（11）“待摊费用”项目，反映企业已经支出但应由以后各期分期摊销的费用。本项目应根据“待摊费用”账户的期末借方余额填列。如果“预提费用”账户所属明细账户出现借方余额，应在本项目内反映。

（12）“其他流动资产”项目，反映企业除以上流动资产项目外的其他流动资产。本项目应根据有关科目的期末余额填列。如其他流动资产价值较大，应在会计报表附注中披露其内容和金额。

(13)“长期股权投资”项目，反映企业不准备在1年内（含1年）变现的各种股权性质的投资的可收回金额。本项目应根据“长期股权投资”科目的期末余额分析填列。

(14)“长期债权投资”项目，反映企业不准备在1年内（含1年）变现的各种债权性质的投资的可收回金额。长期债权投资中，将于1年内到期的长期债权投资，应在流动资产类下“1年内到期的长期债权投资”项目单独反映。本项目应根据“长期债权投资”科目的期末余额，减去1年内到期的长期债权投资后的金额填列。

(15)“固定资产原价”项目，反映企业全部固定资产的原始价值。本项目应根据“固定资产”账户的期末借方余额填列。

(16)“累计折旧”项目，反映企业全部固定资产累计提取的折旧额。本项目应根据“累计折旧”账户的期末贷方余额填列。

(17)“固定资产减值准备”项目，反映企业计提的固定资产减值准备。本项目应根据“固定资产减值准备”科目的期末余额填列。

(18)“工程物资”项目，反映企业各项工程尚未使用的工程物资的实际成本。本项目应根据“工程物资”科目的期末余额填列。

(19)“在建工程”项目，反映企业期末各项未完工程的实际支出和尚未使用的工程物资的实际成本。本项目应根据“在建工程”科目的期末借方余额，减去“在建工程减值准备”科目期末余额后的金额填列。

(20)“固定资产清理”项目，反映企业因出售、毁损、报废等原因转入清理但尚未清理完毕的固定资产的账面价值，以及固定资产清理过程中所发生的清理费用和变价收入等各项金额的差额。本项目应根据“固定资产清理”科目的期末借方余额填列。如“固定资产清理”科目期末为贷方余额，以“-”号填列。

(21)“无形资产”项目，反映企业各项无形资产的期末可收回金额。本项目应根据“无形资产”科目的期末余额，减去“无形资产减值准备”科目期末余额后的金额填列。

(22)“长期待摊费用”项目，反映企业尚未摊销的摊销期限在1年以上（不含1年）的各种费用，如租入固定资产改良支出、大修理支出以及摊销期限在1年以上（不含1年）的其他待摊费用。长期待摊费用中在1年内（含1年）摊销的部分，应在本表“待摊费用”项目填列。本项目应根据“长期待摊费用”科目的期末余额，减去1年内（含1年）摊销的数额后的金额填列。

(23)“其他长期资产”项目，反映企业除以上资产以外的其他长期资产。本项目应根据有关科目的期末余额填列。如其他长期资产价值较大的，应在会计报表附注中披露其内容和金额。

(24)“递延税款借项”项目，反映企业期末尚未转销的递延税款的借方余额。本项目应根据“递延税款”科目的期末借方余额填列。

(25)“短期借款”项目，反映企业借入尚未归还的1年期以下（含1年）的借款。本项目应根据“短期借款”科目的期末余额填列。

(26)“应付票据”项目，反映企业为了抵付货款等而开出、承兑的尚未到期付款的应付票据，包括银行承兑汇票和商业承兑汇票。本项目应根据“应付票据”科目的期末余额填列。

（27）“应付账款”项目，反映企业购买原材料、商品和接受劳务供应等而应付给供应单位的款项。本项目应根据“应付账款”科目所属各有关明细科目的期末贷方余额合计填列。如“应付账款”科目所属各明细科目期末有借方余额，应在本表“预付账款”项目内填列。

（28）“预收账款”项目，反映企业预收购买单位的账款。本项目应根据“预收账款”科目所属各有关明细科目的期末贷方余额合计填列。如“预收账款”科目所属有关明细科目有借方余额的，应在本表“应收账款”项目内填列。如“应收账款”科目所属明细科目有贷方余额的，也应包括在本项目内。

（29）“应付工资”项目，反映企业应付未付的职工工资。本项目应根据“应付工资”科目期末贷方余额填列。如“应付工资”科目期末为借方余额，以“-”号填列。

（30）“应付福利费”项目，反映企业提取的福利费的期末余额，以及外商投资企业按净利润提取的职工奖励及福利基金的期末余额。本项目应根据“应付福利费”科目的期末余额填列。

（31）“应付股利”项目，反映企业尚未支付的现金股利。本项目应根据“应付股利”科目的期末余额填列。

（32）“应交税金”项目，反映企业期末未交、多交或未抵扣的各种税金。本项目应根据“应交税金”科目的期末贷方余额填列。如“应交税金”科目期末为借方余额，以“-”号填列。

（33）“其他应交款”项目，反映企业应交未交的除税金、应付股利等以外的各种款项。本项目应根据“其他应交款”科目的期末贷方余额填列。如“其他应交款”科目期末为借方余额，以“-”号填列。

（34）“其他应付款”项目，反映企业所有应付和暂收其他单位和个人的款项。本项目应根据“其他应付款”科目的期末余额填列。

（35）“预提费用”项目，反映企业所有已经预提计入成本费用而尚未支付的各项费用。本项目应根据“预提费用”科目的期末贷方余额填列。如“预提费用”科目期末为借方余额，应合并在“待摊费用”项目内反映，不包括在本项目内。

（36）“预计负债”项目，反映企业预计负债的期末余额。本项目应根据“预计负债”科目的期末余额填列。

（37）“其他流动负债”项目，反映企业除以上流动负债以外的其他流动负债。本项目应根据有关科目的期末余额填列。如“待转资产价值”科目的期末余额可在本项目内反映。如其他流动负债价值较大的，应在会计报表附注中披露其内容及金额。

（38）“流动负债合计”项目，根据以上各流动负债项目的数额合计数填列。

（39）“长期借款”项目，反映企业借入尚未归还的1年以上（不含1年）的借款本息。本项目应根据“长期借款”科目的期末余额填列。

（40）“应付债券”项目，反映企业发行的尚未偿还的各种长期债券的本息。本项目应根据“应付债券”科目的期末余额填列。

（41）“长期应付款”项目，反映企业除长期借款和应付债券以外的其他各种长期应付款。本项目应根据“长期应付款”科目的期末余额，减去“未确认融资费用”科目期末余额后的金额填列。

（42）“专项应付款”项目，反映企业各种专项应付款的期末余额。本项目应根据“专项应付款”科目的期末余额填列。

（43）“其他长期负债”项目，反映企业除以上长期负债项目以外的其他长期负债。本项目应根据有关科目的期末余额填列。如其他长期负债价值较大，应在会计报表附注中披露其内容和金额。

上述长期负债各项目中将于1年内（含1年）到期的长期负债，应在“1年内到期的长期负债”项目内单独反映。上述长期负债各项目均应根据有关科目期末余额，减去将于1年内（含1年）到期的长期负债后的金额填列。

（44）“递延税款贷项”项目，反映企业期末尚未转销的递延税款的贷方余额。本项目应根据“递延税款”科目的期末贷方余额填列。

（45）“实收资本（或股本）”项目，反映企业各投资者实际投入的资本（或股本）总额。本项目应根据“实收资本”（或“股本”）科目的期末余额填列。

（46）“已归还投资”项目，反映中外合作经营企业按合同规定在合作期间归还投资者的投资。本项目应根据“已归还投资”科目的期末借方余额填列。

（47）“资本公积”项目，反映企业资本公积的期末余额。本项目应根据“资本公积”科目的期末余额填列。

（48）“盈余公积”项目，反映企业盈余公积的期末余额。本项目应根据“盈余公积”科目的期末余额填列。其中，法定公益金期末余额，应根据“盈余公积”科目所属的“法定公益金”明细科目的期末余额填列。

（49）“未分配利润”项目，反映企业尚未分配的利润。本项目应根据“本年利润”科目和“利润分配”科目的余额计算填列。未弥补的亏损，在本项目内以“－”号填列。

2. 资产负债表具体项目的几种填列方法

从上述具体项目的填列方法分析，资产负债表的填列方法可归纳为以下几种：

（1）根据总账科目期末余额直接填列。

如应收票据、应收股利、应收利息、应收补贴款、待摊费用、其他流动资产、固定资产原价、累计折旧、工程物资、固定资产减值准备、固定资产清理（如为贷方余额，以“－”号填列）、其他长期资产、递延税款借项；短期借款、应付票据、应付工资（如为借方余额，以“－”号填列）、应付福利费、应付股利、应交税金（如为借方余额，以“－”号填列）、其他应交款（如为借方余额，以“－”号填列）、其他应付款、预提费用、预计负债、其他流动资产（如待转资产价值余额可转入）、长期借款、应付债券、专项应付款、递延税款贷项、实收资本、已归还投资、资本公积、其他长期负债等。

（2）根据同类总账科目期末余额合并计算填列。

“货币资金”项目应根据“现金”、“银行存款”、“其他货币资金”科目的期末余额合计数计算填列；又如，“存货”项目应根据“物资采购”、“原材料”、“低值易耗品”、“自制半成品”、“库存商品”、“包装物”、“分期收款发出商品”、“委托加工物资”、“委托代销商品”、“受托代销商品”、“生产成本”等科目的期末余额合计数，减去“代销商品款”、“存货跌价准备”科目期末余额后的金额填列。材料采用计划成本核算和库存商品采用售价核算的企业，还应加或减材料成本差异、商品进销差价后的金额填列。

（3）根据总账科目余额减去其备抵项目后的净额填列。

“短期投资”项目，根据“短期投资”科目的期末余额减去“短期投资跌价准备”备抵科目余额后的净额填列；又如，“在建工程”项目，根据“在建工程”科目期末余额减去“在建工程减值准备”备抵科目余额后的净额填列；再如，“无形资产”项目，根据“无形资产”科目期末余额减去“无形资产减值准备”备抵科目余额后的净额填列，“应收账款”、“其他应收款”、“长期股权投资”、“长期债权投资”等科目的期末余额均应减去其备抵科目的余额后的净额填列。

（4）根据结算科目的有关明细科目期末余额调整填列。

“应收账款”所属明细科目的期末余额为贷方余额时，应调整为“预收账款”科目的贷方余额，填入“预收账款”项目；又如，“预付账款”所属明细科目的期末余额为贷方余额时，应调整为“应付账款”科目的贷方余额，填入“应付账款”项目；再如，“应付账款”所属明细科目的期末余额为借方余额时，应调整为“预付账款”科目的借方余额，填入“预付账款”项目等。

按现行《企业会计制度》规定，一张完整的资产负债表如表11－3所示。

表11－3　资产负债表

会企01表

编制单位：　　　　　　　　　　　　年　月　日　　　　　　　　　　　　单位：元

资产	行次	年初数	期末数	负债及所有者权益	行次	年初数	期末数
流动资产：				流动负债：			
货币资金	1			短期借款	68		
短期投资	2			应付票据	69		
应收票据	3			应付账款	70		
应收股利	4			预收账款	71		
应收利息	5			应付职工薪酬	72		
应收账款	6			应付股利	73		
其他应收款	7			应交税金	74		
预付账款	8			其他应交款	75		
应收补贴款	9			其他应付款	80		
存货	10			预提费用	81		
待摊费用	11			预计负债	82		
1年内到期的长期债权投资	21			1年内到期的长期负债	83		
其他流动资产	24			其他流动负债	86		
流动资产合计	31				90		

（续上表）

资产	行次	年初数	期末数	负债及所有者权益	行次	年初数	期末数
长期投资：				流动负债合计			
长期股权投资	32			长期负债：	100		
长期债权投资	34			长期借款			
长期投资合计	38			应付债券	101		
固定资产：				长期应付款	102		
固定资产原价	39			专项应付款	103		
减：累计折旧	40			其他长期负债	106		
固定资产净值	41			长期负债合计	108		
减：固定资产减值准备	42				110		
固定资产净额	43			递延税款：			
工程物资	44			递延税款贷项	111		
在建工程	45			负债合计	114		
固定资产清理	45						
固定资产合计	50			所有者权益（或股东权益）：			
无形资产及其他资产：				实收资本（或股本）	115		
无形资产	51			减：已归还投资	116		
长期待摊费用	52			实收资本（或股本净额）	117		
其他长期资产	53			资本公积	118		
无形资产及其他资产合计	60			盈余公积	119		
				其中：法定公益金	120		
递延税款：				未分配利润	121		
递延税款借项	61			所有者权益（或股东权益）合计	122		
资产总计	67			负债和所有者权益总计	135		

第三节　利润表

一、利润表及其作用

利润表，是反映企业在一定期间内（月份、年度）生产经营成果的会计报表。它是以“收入－费用＝利润”会计方程式为理论依据，按照一定的分类标准和次序，把企业某一期间的所有收入、费用（包括成本、期间费用、税金及附加等支出）进行对比，从而计算出该期的净利润。利润表是一种动态报表。编制利润表可以了解以下会计信息：

（1）可以了解企业利润的形成情况，据以分析、考核企业经营目标和利润计划的完成情况。

（2）通过利润表及其他有关资料的分析，可以评价企业的经营业绩、获利能力，改善企业经营管理水平。

（3）可以预测企业未来期间的盈利趋势，并为企业经营短期决策提供重要的参考依据。

二、利润表的格式与结构

利润表能够反映企业在一定会计期间的利润形成及其分配情况。应当在利润表之外单独编制利润分配表，利润分配表作为利润表的附表，利润表只反映利润的形成。当利润分配情况列在利润表中，利润表不仅反映利润的形成，还能反映形成利润的分配。

利润表常见的格式有单步式和多步式两种。

1. 单步式利润表

它是将所有收入及费用分别汇总，两者相减得出本期损益。只因有一个相减步骤，故称为单步式。其具体格式见表11－4。

表11－4　单步式利润表

年　月

项目	报告期金额	本年累计金额
收入		
主营业务收入		
……		
收入合计		
费用		
主营业务成本		
……		
费用合计		
利润（或亏损）总额		

2. 多步式利润表

多步式利润表是将损益的内容作出多项分类产生一些中间信息，以反映其收益的计算过程。多步式利润表通过多步计算求出当期利润。对利润的形成分以下四个层次展开，具体如下：

第一步，从主营业务收入出发，计算出主营业务利润：

主营业务利润 = 主营业务收入 − 主营业务成本 − 主营业务税金及附加

第二步，在主营业务利润的基础上，计算出营业利润：

营业利润 = 主营业务利润 + 其他业务利润 − 营业费用

第三步，在营业利润的基础上，计算出利润总额，即税前利润：

利润总额 = 营业利润 + 投资收益 + 营业外收入 − 营业外支出

第四步，在利润总额的基础上，计算出当期净利润：

净利润 = 利润总额 − 所得税

其具体格式见表11－5。

表11－5　多步式利润表

会企02表

编制单位：　　　　　　　　　年　月　　　　　　　　　单位：元

项目	行次	本月数	本年累计数
一、主营业务收入	1		
减：主营业务成本	4		
主营业务税金及附加	5		
二、主营业务利润（亏损以“－”号填列）	10		
加：其他业务利润（亏损以“－”号填列）	11		
减：销售费用	14		
管理费用	15		
财务费用	16		
三、营业利润（亏损以“－”号填列）	18		
加：投资收益（亏损以“－”号填列）	19		
补贴收入	22		
营业外收入	23		
减：营业外支出	25		
四、利润总额（亏损以“－”号填列）	27		
减：所得税费用	28		
五、净利润（亏损以“－”号填列）	30		

三、利润表的基本编制方法

利润表的编制是根据损益类账户的本期发生额的有关资料填制。表中的“本月数”栏各项目，根据有关损益类账户的本期发生额直接填列；“本年累计数”栏，应根据上月“利润表”的累计数加上本月“利润表”的本月数之和填列。

1. 利润表各项目的填列

利润表总的来说是根据损益类账户的本期发生额编制的。

表中各项目均列有“本月数”和“本年累计数”两栏。“本月数”栏反映各项目的本月实际发生数；在编报中期财务会计报告时，填列上年同期累计实际发生数；在编报年度财务会计报告时，填列上年全年累计实际发生数。如果上年度利润表与本年度利润表的项目名称和内容不相一致，应对上年度利润表项目的名称和数字按本年度的规定进行调整，填入本表“上年数”栏。在编报中期和年度财务会计报告时，应将“本月数”栏改成“上年数”栏。

表中“本年累计数”栏反映各项目自年初起至报告期末止的累计实际发生数。

表中各项目的内容及其填列方法如下：

(1)“主营业务收入”项目，反映企业经营主要业务所取得的收入总额。本项目应根据“主营业务收入”科目的发生额分析填列。

(2)“主营业务成本”项目，反映企业经营主要业务发生的实际成本。本项目应根据“主营业务成本”科目的发生额分析填列。

(3)“主营业务税金及附加”项目，反映企业经营主要业务应负担的营业税、消费税、城市维护建设税、资源税、土地增值税和教育费附加等。本项目应根据“主营业务税金及附加”科目的发生额分析填列。

(4)“其他业务利润”项目，反映企业除主营业务以外取得的收入，减去所发生的相关成本、费用，以及相关税金及附加等支出后的净额。本项目应根据“其他业务收入”、“其他业务支出”科目的发生额分析填列。

(5)“营业费用”项目，反映企业在销售商品和商品流通企业在购入商品等过程中发生的费用。本项目应根据“营业费用”科目的发生额分析填列。

(6)“管理费用”项目，反映企业发生的管理费用。本项目应根据“管理费用”科目的发生额分析填列。

(7)“财务费用”项目，反映企业发生的财务费用。本项目应根据“财务费用”科目的发生额分析填列。

(8)“投资收益”项目，反映企业以各种方式对外投资所取得的收益。本项目应根据“投资收益”科目的发生额分析填列。如为投资损失，以“-”号填列。

(9)“补贴收入”项目，反映企业取得的各种补贴收入以及退回的增值税等。本项目应根据“补贴收入”科目的发生额分析填列。

(10)“营业外收入”项目和“营业外支出”项目，反映企业发生的与其生产经营无直接关系的各项收入和支出。这两个项目应分别根据“营业外收入”科目和“营业外支出”科目的发生额分析填列。

(11)“利润总额”项目，反映企业实现的利润总额。如为亏损总额，以“-”号填列。

（12）“所得税费用”项目，反映企业按规定从本期损益中减去的所得税。本项目应根据“所得税”科目的发生额分析填列。

（13）“净利润”项目，反映企业实现的净利润。如为净亏损，以“-”号填列。

2. 利润表具体项目的几种填列方法

从上述具体项目的填列方法分析，利润表的填列方法可归纳为以下两种：

（1）根据账户的发生额分析填列。利润表中的大部分项目都可以根据账户的发生额分析填列，如营业收入、营业成本、营业税金、营业费用、管理费用、营业外收入、营业外支出、所得税等。

（2）根据报表项目之间的关系计算填列。利润表中的某些项目需要根据它们之间的关系计算填列，如营业毛利润、营业利润、利润总额、净利润等。

当报表编制完成后，可利用报表之间的勾稽关系进行核对，以检查报表的正确性。如利润表中的净利润以及利润分配表中的未分配利润应与资产负债表中的“未分配利润”项目相互核对。

第四节　现金流量表

一、现金流量表的含义及作用

1. 现金流量表的含义

现金流量表是反映企业在一定会计期间内有关现金和现金等价物的流入和流出信息的会计报表，是一张动态报表。

按《企业会计准则——现金流量表》的定义，现金及现金等价物是指企业的库存现金以及可以随时用于支付的存款。会计上所说的现金通常是指企业的库存现金，而现金流量表中的“现金”不仅包括“现金”账户核算的库存现金，而且包括“银行存款”账户核算的企业存入银行和其他金融机构的、可以随时用于支付的各种存款，也包括“其他货币资金”账户核算的企业的外埠存款、银行汇票存款、银行本票存款、信用卡存款、信用证保证金存款等。

现金等价物是指企业持有的期限短、流动性强、易于转换为已知金额现金、价值变动风险很小的投资。现金等价物虽然不是现金，但其支付能力与现金的差别不大，可视为现金。如企业为保证支付能力，手持必要的现金，为了不使现金闲置，可以购买短期债券，在需要现金时，随时可以变现。

一项投资被确认为现金等价物必须同时具备四个条件：期限短、流动性强、易于转换为已知金额现金、价值变动风险很小。其中，期限短一般是指从购买日起，3 个月内到期。例如，可在证券市场上流通的 3 个月内到期的短期债券投资等。

2. 现金流量表的作用

现金流量表在资产负债表和利润表已经反映企业财务状况和经营成果信息的基础上进一步提供财务状况变动信息，凭此信息有助于企业的投资者、债权人和其他的会计报表使用者了解企业如何获得现金和现金等价物，评价企业支付能力，偿债能力和周转能力，有利于准确预测企业未来的现金流量，分析企业收益质量及影响现金净流量的因素。

二、现金流量表的内容

现金流量表所指的现金一般包括现金及现金等价物。其中现金是指企业库存现金以及可以随时用于交付的银行存款和其他货币资金；现金等价物是指企业持有的期限短、流动性强、易于转换为已知金额现金、价值变动风险很小的投资。如从购买日起3个月内到期的可以在市场流通的短期债券投资等。凡不能随时支付的定期存款和长期性投资均不能作为现金。企业的现金流量是指某一时期内现金流入、流出的数量。

现金流量表的基本内容有五项：

（1）经营活动所产生的现金流量，主要包括销售商品、提供劳务、购买商品、支付工资、交纳税款等；

（2）投资活动产生的现金流量，主要包括取得和收回投资，购建和处置固定资产、无形资产和其他长期资产等；

（3）筹资活动产生的现金流量，主要包括吸收投资、发行股票、分配利润和借入款项等；

（4）汇率变动对现金的影响；

（5）现金及现金等价物净增加额。

补充资料有三项：

（1）将净利润调节为经营活动产生的现金流量；

（2）不涉及现金收支的投资和筹资活动；

（3）现金及现金等价物净增加情况。

三、现金流量表的格式

我国现金流量表基本格式见表11－6。

表11－6　现金流量表

会企03表

编制单位：　　　　　　　　年度　　　　　　　　单位：元

项目	行次	金额
一、经营活动产生的现金流量：		
销售商品、提供劳务收到的现金	1	1 260 000
收到的税费返还	3	70 000
收到的其他与经营活动有关的现金	8	
现金流入小计	9	1 330 000
购买商品、接受劳务支付的现金	10	530 000
支付给职工以及为职工支付的现金	12	50 000
支付的各项税费	13	420 000
支付的其他与经营活动有关的现金	18	100 000

（续上表）

项目	行次	金额
现金流出小计	20	1 100 000
经营活动产生的现金流量净额	21	230 000
二、投资活动产生的现金流量：		
收回投资所收到的现金	22	450 000
取得投资收益所收到的现金	23	60 000
处置固定资产、无形资产和其他长期资产所收回的现金净额	25	45 000
收到的其他与投资活动有关的现金	28	555 000
现金流入小计	29	300 000
购建固定资产、无形资产和其他长期资产所支付的现金净额	30	
投资所支付的现金	31	300 000
支付的其他与投资活动有关的现金	35	255 000
现金流出小计	36	
投资活动产生的现金流量净额	37	
三、筹资活动产生的现金流量：		200 000
吸收投资所收到的现金	38	
借款所收到的现金	40	200 000
收到的其他与筹资活动有关的现金	43	100 000
现金流入小计	44	35 000
偿还债务所支付的现金	45	
分配股利、利润或偿付利息所支付的现金	46	135 000
支付的其他与筹资活动有关的现金	52	65 000
现金流出小计	53	
筹资活动产生的现金流量净额	54	550 000
四、汇率变动对现金的影响	55	
五、现金及现金等价物净增加额	56	
补充资料	行次	金额
1. 将净利润调节为经营活动产生的现金流量：		
净利润	57	（略）
加：计提的资产减值准备	58	
固定资产折旧	59	
无形资产摊销	60	
长期待摊费用摊销	61	
待摊费用减少（减：增加）	64	

（续上表）

补充资料	行次	金额
预提费用增加（减：减少）	65	（略）
处置固定资产、无形资产和其他长期资产的损失（减：收益）	66	
固定资产报废损失	67	
财务费用	68	
投资损失（减：收益）	69	
递延税款贷项（减：借项）	70	
存货的减少（减：增加）	71	
经营性应收项目的减少（减：增加）	72	
经营性应付项目的增加（减：减少）	73	
其他	74	
经营活动产生的现金流量净额	75	
2. 不涉及现金收支的投资和筹资活动：		
债务转为资本	76	
1 年内到期的可转换公司债券	77	
融资租入固定资产	78	
3. 现金及现金等价物净增加情况：		
现金的期末金额	79	
减：现金的期初余额	80	
加：现金等价物的期末余额	81	
减：现金等价物的期初余额	82	
现金及现金等价物净增加额	83	

以上正表的内容和补充资料的关系是：

（1）正表中的第一项经营活动产生的现金流量净额与补充资料中的第一项经营活动产生的现金流量净额，应当核对相符；

（2）正表中的第五项与补充资料中的第三项存在勾稽关系，金额应当一致；

（3）正表中的数字是现金流入与现金流出的差额，补充资料中的数字是现金与现金等价物期末数与期初数的差额，其计算依据不同，但结果应当一致，两者应核对相符。

四、现金流量表编制说明

现金流量表的编制方法有直接法和间接法两种。直接法是通过现金收入和支出的主要类别，反映来自企业经营活动的现金流量；间接法是根据利润表中的净收益，调整为现金流量，即从净收益中加上未支付现金的支出，如折旧、摊销等，再减去未收到现金的销货应收款等项目，求出实际的现金流量。《企业会计准则——现金流量表》要求企业采用直接法报告经营活动的现金流量，同时要求在补充资料中用间接法来计算现金流量。采用直接法报告经营活动的现金流量时，企业有关现金流量的信息可从会计记录中直接获得，也可以在利润表营业收入、营业成本等数据的基础上，通过调整存货和经营性应收应付项目的变动，以及固定资产折旧、无形资产摊销等项目后获得。

现将其主要项目填表方法简述如下：

1. 经营活动产生的现金流量

（1）“销售商品、提供劳务收到的现金”一般应包括当期销售商品或提供劳务所收到的现金收入（包括增值税销项税额），当期收到前期销售商品、提供劳务的应收账款或应收票据，当期的预收账款，当期因销货退回而支付的现金或收回前期核销的坏账损失。当前收到的货款和应收、应付账款，原规定不包括应收增值税销项税款，现为简化手续，将收到的增值税销项税款并入“销售商品、提供劳务收到的现金”及“应收”、“应付”项目中，并对报表有关项目作相应修改。

例如：甲公司本期收到商品销售收入现金120万元；支付客户退货价款5万元；应收账款期初余额为10万元，期末余额为8万元；应收票据期初余额为15万元，期末余额为6万元（均包括增值税款）。以上各项目计算结果，该公司销售商品提供劳务收到的现金应为126万元，计算公式为：

$$120+(10-8)+(15-6)-5=126\text{（万元）}$$

（2）“收到的税费返还”包括收到的增值税、消费税、营业税、所得税、关税和教育费附加的返还等。

例如：甲公司本期收到出口产品增值税退还5万元，收到消费税退还2万元。

（3）“收到的其他与经营活动有关的现金”反映企业除了上述各项以外收到的其他与经营活动有关的现金流入。

（4）“购买商品、接受劳务支付的现金”一般包括当期购买商品、接受劳务支付的现金，当期支付前期的购货应付账款或应付票据（均包括增值税款进项税额），当期预付的账款，以及购货退回所收到的现金。

例如：甲公司当期购买原材料支付现金30万元；当期支付前期进货应付账款20万元；当期预付购货款3万元（均包括增值税）。甲公司当期“购买商品、接受劳务支付的现金”为53万元（30万元+20万元+3万元）。

（5）“支付给职工以及为职工支付的现金”包括本期实际支付给职工的工资、奖金、各种津贴和补贴等，以及经营人员的养老金、保险金和其他各项支出。

例如：甲公司支付给经营人员的工资、奖金等支出5万元，应列入“经营活动所支付给职工以及为职工支付的现金”项目。

（6）“支付的各项税费”反映企业按规定支付的各项税费，包括本期发生并支付的税费，以及本期支付以前各期发生的税费和预交的税金。

例如：甲公司当期向税务机关交纳各项税款42万元，支付的其他与经营活动有关的现金10万元。

（7）“支付的其他与经营活动有关的现金”反映企业除了上述各项以外的其他与经营活动

有关的现金流出。

根据以上有关项目的例题计算，甲公司经营活动所产生的现金流入为 133 万元（126 万元 +7 万元），现金支出 110 万元（53 万元 +5 万元 +42 万元 +10 万元）；经营活动所产生的现金流量净额为 23 万元（133 万元 -110 万元）。

2. 投资活动产生的现金流量

（1）“收回投资所收到的现金”反映企业出售转让或到期收回除现金等价物以外的短期投资、长期股权投资而收到的现金，以及收回长期债权投资本金而收到的现金，按实际收回的投资额填列。

例如：甲公司出售权益性投资本金为 20 万元，收回的投资金额为 25 万元，本项目应按 25 万元填列。

（2）“取得投资收益所收到的现金”反映企业因股权性投资和债权性投资而取得的现金股利、利息，以及从子公司、联营企业或合营企业分回利润而收到的现金。到期收回的本金应在“收回投资所收到的现金”项目中反映。

例如：甲公司收回到期债券本金 20 万元，债券利息 6 万元。收到的现金应列入“收回投资所收到的现金”20 万元，“取得投资收益所收到的现金”6 万元。

（3）“处置固定资产、无形资产和其他长期资产所收回的现金净额”反映企业为处置这些资产所取得的现金，扣除为处置这些资产而支付的有关费用后的净额。

例如：甲公司出售设备一台，收到价款 5 万元，支付设备拆卸费用等 0.5 万元。收到处置固定资产的现金净额为 4.5 万元（5 万元 -0.5 万元）。

（4）“收到的其他与投资活动有关的现金”反映企业除了上述各项以外收到的其他与投资活动有关的现金流入。

（5）“购建固定资产、无形资产和其他长期资产所支付的现金净额”包括企业购买、建造固定资产，取得无形资产和其他长期资产所支付的现金，不包括为购建固定资产而发生的借款利息资本化的部分以及融资租赁租入固定资产所支付的租金和利息。

例如：甲公司购入机器一台，付价款 30 万元（含增值税），“购建固定资产、无形资产和其他长期资产所支付的现金净额”为 30 万元。

（6）“投资所支付的现金”反映企业进行权益性投资和债权性投资支付的现金。包括短期股票、短期债券投资、长期股权、债权投资所支付的现金及佣金、手续费等附加费用。

（7）“支付的其他与投资活动有关的现金”反映企业除上述各项以外，支付的其他与投资活动有关的现金流出。

根据以上有关项目例题的计算，甲公司投资活动所产生的现金流入为 55.5 万元（25 万元 +20 万元 +6 万元 +4.5 万元），现金流出为 30 万元，现金流量净额为 25.5 万元（55.5 万元 -30 万元）。

3. 筹资活动产生的现金流量

筹资活动是指导致企业资本及债务规模和构成发生变化的活动。

（1）“吸收投资所收到的现金”反映企业收到的投资者投入的资金。包括发行股票、债券所实际收到的款项净额（发行收入减去支付的佣金等发行费用后的净额）。在一般企业中，发行股票、债券的业务比较少，这里不另举例。

（2）“借款所收到的现金”是指企业举借各种短期、长期借款所收到的现金，根据收入时的实际借款金额计算。企业因借款而发生的利息列入“分配股利、利润或偿付利息所支付的现金”。

例如：甲公司向银行借到长期借款所收到的现金20万元，应列入“借款所收到的现金”。

（3）“收到的其他与筹资活动有关的现金”是指企业除上述各项目外，收到的其他与筹资活动有关的现金流入，如接受现金捐赠等。

（4）“偿还债务所支付的现金”包括归还金融企业借款、偿付企业到期的债券等，按当期实际支付的偿债金额填列。

例如：甲公司归还部分金融企业借款10万元，偿付利息3.5万元。甲公司应列入“偿还债务所支付的现金”10万元，列入“分配股利、利润或偿还债券所支付的现金”3.5万元。

（5）“分配股利、利润或偿付利息所支付的现金”是指企业实际支付的现金股利和付给其他投资单位的利润以及支付的债券利息和借款利息等。

（6）“支付的其他与筹资活动有关的现金”是指企业除上述各项外，支付的其他与筹资活动有关的现金流出，如捐赠现金支出及融资租入固定资产所支付的租赁费等。

根据以上有关项目举例数字计算，甲公司筹资活动所产生的现金流入为20万元，现金流出为13.5万元（10万元+3.5万元），现金流量净额为6.5万元（20万元-13.5万元）。

4. 汇率变动对现金的影响

这是指企业的外币现金流量以及境外子公司的现金流量折算为人民币时，所采用的现金流量发生日的汇率或平均汇率折算的人民币金额与“现金及现金等价物净增加额”中外币现金净增加额按期末汇率折算的人民币金额之间的差额。

5. 现金及现金等价物净增加额

这是指经营活动产生的现金流量净额、投资活动产生的现金流量净额、筹资活动产生的现金流量净额三项之和。根据以上举例即为23万元+25.5万元+6.5万元=55万元，如表11-6所示。

关于现金流量表的补充资料填制方法从略。

第五节　财务会计报告的报送和汇总

财务会计报告是反映会计主体财务状况、经营成果和财务收支情况的书面文件。为了充分发挥财务报表的作用，应当依照法律、行政法规和国家统一的有关会计报表提供期限的规定，及时对外提供会计报表；上级主管部门对上报的会计报表应及时组织审查和汇总。由于各单位隶属关系不同、业务活动性质不同及经济管理要求不同，对于会计报表的报送、审批和汇总的办法也不同。

一、财务会计报告的报送

企业在报送财务会计报告之前，必须由本单位会计主管人员和企业负责人进行认真复核。主要是复核报告的项目是否填列齐全，资料填列是否完整，是否附有必要的编制说明，报表与报表的有关指标是否衔接一致。经复核无误后，应将财务会计报告依次编定页数，加具封面，装订成册，加盖公章。封面上应当注明企业名称、企业统一代码、组织形式、地址、报表年度或者月份、报出日期，并由企业负责人和主管会计工作的负责人、会计负责人、会计主管人员签名并盖章；设置总会计师的企业还应当由总会计师签名并盖章。

企业应当依照企业章程的规定，向投资者提供会计报表。国务院派出监事会的国有重点大型企业、国有重点金融机构和省、自治区、直辖市人民政府派出监事会的国有企业，应当依法定期向监事会提供会计报表。各个报送单位应向哪些部门或单位报送报表，这同各单位的隶属关系、经济管理和经济监督的需要有关。如国有企业一般要向上级主管（公司或管理局）、财政和税务机关及审计等单位报送报表；同时，还应向投资者、债权人以及其他与企业有关的报表使用者提供报表。公开发行股票的股份有限公司还应当向证券机构和证监会等提供年度有关会计报表。国有企业的年度会计报表还应报送国有资产管理部门。各个报送单位应按规定的报送期限报送会计报表，以保证满足接受单位或个人能及时了解、利用、汇总的需要，发挥会计报表的应有作用。

财务会计报告报送的期限，一方面应考虑需要报表的有关单位对报表的需要程度；另一方面又要考虑编报单位的机构、组织形式、编报工作量大小以及编报单位所在地的交通条件等因素，正确规定会计报表的报送期限。这样有利于各编表单位如期报送，便于及时汇总和利用会计报表，以发挥其应有的作用。根据《企业会计制度》规定，月报应于月份终了后 6 天内报出，半年度报应于年度中期结束后 60 天内报出，年报于年度终了后 4 个月内报出。

二、会计报表的审核

各有关部门或注册会计师对各单位报送的会计报表应进行审核，主要审核会计报表的编制、报送是否符合规定，会计报表的内容是否符合财经法规、制度的要求。前者属于技术性审核，后者属于内容性审核。技术性审核主要审查报表的种类、填报的份数是否符合规定，报表的项目是否填列齐全，补充资料和必要的编制说明是否完备，报表的签章是否齐全，汇总会计报表应汇编的单位是否完全，有无漏编、漏报；报表数字计算是否正确，报表与报表有关指标是否衔接一致等。内容性审核主要检查资金筹集、使用、缴拨是否符合资金管理制度；利润或亏损的形成和利润分配是否合法，有无违反法律、财经纪律和弄虚作假现象，应上缴的税金和利润是否及时足额上缴，有无拖欠截留情况；财务收支计划完成情况，有无不按计划、制度办事的情况等。

在审核过程中，如果发现报表编制有错误，或不符合制度的要求，应及时通知报送单位进行更正。如果发现有违反财经法规的情况，应查明原因，及时纠正，严肃处理。

三、财务会计报告的汇总

各级企业主管部门对所属单位上报的报表应该逐级编报汇总财务会计报告。

各级主管部门在汇编时，必须注意汇编的单位是否齐全，对所属各单位的会计报表必须全面地加以汇编，不得漏编、漏报。在汇编以前还必须对所属企业会计报表进行审核，经审核认为正确后才能汇编。

汇总财务会计报告是根据所属各企业会计报表和汇编单位本身的会计报表加以整理、汇总而成的。

汇总财务会计报告的编制方法基本上与前述编制方法相同。大部分项目都可以按照所属单位的报表资料加以汇总，但有一部分项目不能简单地加计总数，而需在日常核算资料的基础上重新计算分析。

【能力训练】

一、名词解释

会计报表　资产负债表　利润表　现金流量表

二、判断题

1. 资产负债表是反映企业在一定期间经营成果的报表，所以它是动态报表。(　　)

2. 虽然资产负债表中的项目有些是根据账簿记录直接填列，有些是根据账簿记录计算填列，但它们共同之处都是来源于账簿的期末余额。(　　)

3. 利润表中的项目主要是根据损益类账户的余额分析计算填列。(　　)

4. 资产负债表中的“应交税金”、“应付股利”、“未分配利润”均是根据有关账户即“应交税金”、“应付股利”、“利润分配”记录的期末余额直接填列的。(　　)

5. 利润分配表中的“未分配利润”项目金额应与资产负债表中“未分配利润”项目金额相吻合。(　　)

6. 现金流量表的编制方法有直接法和间接法两种。(　　)

7. 建立现金流量表的理论依据是“现金流入－现金流出＝现金净增加额”。(　　)

8. 汇总会计报表和合并会计报表均是对所属独立核算的企业上报的会计报表汇总综合编制而成，故两者的编制结果是相同的。(　　)

9. 企业年度会计报表应经中华人民共和国政府批准的注册会计师验证和出具证明，方为有效会计报表。(　　)

10. 企业的会计报表应当由企业的负责人和主管会计工作的负责人签名；设总会计师的企业，还须由总会计师签名。(　　)

三、填空题

1. 会计报表按经济内容分为__________和__________。

2. 会计报表按编报时间分为__________、__________、__________和__________。

3. 在我国，编制会计报表的程序和质量上的基本要求是__________、__________、__________、__________。

4. 企业的资产负债表的格式有两种类型：__________、__________；利润表的格式则有__________、__________两种。

5. 资产负债表中的资产负债项目是按__________排列，而所有者权益项目则是按__________排列。

6. 某企业8月份的利润表从经济内容角度看，它是__________报表；从报表编制时间看，它是__________报表；从编制单位编报范围看，它是__________报表；从反映资金运动的状况看，它是__________报表；从编制用途看，它是__________报表。

7. 某企业8月底“待摊费用”账户的期末余额为借方5 000元，“预提费用”账户的期末余额为借方800元，则“待摊费用”项目在资产负债表中应填列__________元。

8. 某企业8月底“预收账款”总账户期末借方余额为2 000元，其明细账户情况为：“预收账款——甲”期末借方余额10 000元，“预收账款——乙”期末贷方余额8 000元，则“预收账款”项目在资产负债表应填列__________元。

9. __________和__________之间的关系，是表表关系的主体。

10. 流动比率是__________与__________之间的比率。

四、单项选择题

1. 下列属于静态报表的是（　　）。

A. 资产负债表　　B. 现金流量表　　C. 利润表　　D. 利润分配表

2. 资产负债表和利润表及利润分配表项目的数据直接来源于（　　）。

A. 原始凭证　　B. 记账凭证　　C. 日记账　　D. 账簿记录

3. 资产负债表中的“存货”项目，是指（　　）的期末余额。

A. 物资采购、原材料　　B. 库存商品、物资采购和原材料

C. 生产成本　　D. 以上都是

4. 编制资产负债表中应付账款项目时，应考虑（　　）的期末余额。

A. “应付账款”总账户

B. “应付账款”各明细账户

C. “应付账款”各明细账户与“预付账款”各明细账户

D. “应付账款”与“预付账款”总账户

5. 如果企业本月利润表中的主营业务利润为1 000元，其他业务利润为500元，管理费用为100元，财务费用为50元，营业费用为50元，则其营业利润应填列（　　）。

A. 1 000元　　B. 1 500元　　C. 1 400元　　D. 1 300元

6. 如果企业月末资产负债表中，“固定资产原价”为100万元，“累计折旧”40万元，“固定资产净值”60万元，则企业“固定资产合计”数应填列（　　）。

A. 100万元　　B. 60万元　　C. 140万元　　D. 160万元

7. 资产负债表中需要计算填列的有（　　）。

A. 短期投资　　B. 货币资金　　C. 累计折旧　　D. 应付福利费

8. 企业利润表是通过分步计算确认当期实现的净利润的，依次是（　　）。

A. 营业利润、投资净收益、营业外收支净额、净利润

B. 营业利润、其他业务利润、利润总额、净利润

C. 产品销售利润、营业利润、利润总额、净利润

D. 产品销售利润、销售毛利、利润总额、净利润

9. 反映资产营运能力的指标是（　　）。

A. 资产负债率　　B. 流动比率　　C. 速动比率　　D. 应收账款周转率

10. 存货周转率是（　　）和平均存货成本之间的比率。

A. 主营业务收入　　B. 主营业务成本　　C. 费用合计　　D. 利润总额

五、多项选择题

1. 会计报表的使用者一般包括（　　）。

A. 企业管理人员　　B. 政府有关部门
C. 银行及其他商业债权人　　D. 债权人
E. 社会公众

2. 会计报表的表头部分包括以下几个要素（　　）。
A. 表名　B. 制表人　C. 编表单位　D. 编表时间
E. 货币计量单位

3.（　　）属于资产负债表的项目。
A. 预提费用　B. 应交税金　C. 未分配利润　D. 所得税
E. 固定资产原价

4. 资产负债表的项目中，需要根据明细账户的期末余额计算分析填列的有（　　）。
A. 存货　B. 货币资金　C. 应收账款　D. 应付账款
E. 待摊费用

5. 下列报表属于企业月报的有（　　）。
A. 资产负债表　　B. 利润表
C. 现金流量表　　D. 应交增值税明细表
E. 利润分配表

6. 有关利润表的说法正确的有（　　）。
A. 是总括反映企业在一定时期内经营过程与结果的会计报表
B. 是动态报表，是年报
C. 表体形式为单步式和多步式
D. 报表右边的金额数字包括本月数和本年累计数
E. 投资损失和利润总额为亏损均以"－"号填列

7. 编制资产负债表中的"预收账款"项目，应依据（　　）账户分析填列。
A. 预收账款　B. 应付账款　C. 预付账款　D. 应收账款
E. 其他应收款

8. 利润表中的主营业务利润，是由以下（　　）几个项目计算得出。
A. 主营业务收入　　B. 管理费用
C. 主营业务成本　　D. 主营业务税金及附加
E. 财务费用

9. 现金流量表中的现金是指广义的现金，它包括（　　）。
A. 库存现金　B. 银行存款　C. 其他货币资金　D. 现金等价物
E. 应收账款

10. 编制资产负债表中的"待摊费用"项目，应依据（　　）分析填列。
A. "待摊费用"账户借方余额
B. "预提费用"账户借方余额
C. "预提费用"账户贷方余额
D. "长期待摊费用"账户中将于1年内到期的部分
E. 财务费用

六、业务与计算题

练习一

目的：练习资产负债表部分项目的填列。

资料：东风工厂2010年3月31日有关账户期末余额如下：

单位：元

账户	余额	
	借方	贷方
现金	800	
银行存款	440 000	
应收账款——甲厂	75 000	
坏账准备		375
原材料	423 500	
生产成本	134 000	
库存商品	72 000	
待摊费用——预付保险费	6 000	
固定资产	820 000	
累计折旧		250 000
应付账款——乙厂		83 000
——丙厂	42 000	
预提费用——固定资产修理费	800	
本年利润		84 000
利润分配——提取盈余公积	12 000	
——应付股利	18 000	

要求：根据所提供的资料填列资产负债表中有关项目。

练习二

目的：练习资产负债表和利润表的编制。

资料：大华工厂2010年1月发生额及余额表如下：

2010年1月本期发生额及余额表

单位：元

序号	账户名称	期初余额		本期发生额		期末余额	
		借方	贷方	借方	贷方	借方	贷方
1	现金	3 800		62 340	62 760	3 380	
2	银行存款	25 000		185 300	173 660	36 640	

（续上表）

序号	账户名称	期初余额		本期发生额		期末余额	
		借方	贷方	借方	贷方	借方	贷方
3	应收账款	98 000			88 000	10 000	
4	其他应收款			400	400		
5	物资采购			8 000	8 000		
6	原材料	45 000		8 000	26 000	27 000	
7	库存商品	40 800		86 976	41 111. 5	86 664. 5	
8	生产成本			86 976	86 976		
9	制造费用			10 376	10 376		
10	固定资产	210 000		20 000		230 000	
11	累计折旧		38 000		3 080		41 080
12	待摊费用	800			200	600	
13	短期借款		50 000	40 000			10 000
14	应付账款		38 000	29 200			8 800
15	其他应付款				4 696		4 696
16	应付工资			60 000	60 000		
17	应付福利费		800	1 000	8 400		8 200
18	应交税金		7 800	9 160	18 720. 61		17 360. 61
19	应付股利				5 000		5 000
20	预提费用		800		1 500		2 300
21	实收资本		200 000				200 000
22	资本公积		30 000				30 000
23	盈余公积		48 000		2 077. 18		50 077. 18
24	本年利润			71 552. 11	85 400		13 847. 89
25	利润分配		10 000	7 077. 18			2 922. 82
26	主营业务收入			70 000	70 000		
27	主营业务成本			41 111. 5	41 111. 5		
28	营业费用			2 400	2 400		
29	其他业务收入			15 000	15 000		
30	其他业务支出			9 000	9 000		
31	管理费用			7 720	7 720		
32	财务费用			1 500	1 500		
33	营业外收入			400	400		
34	营业外支出			3 000	3 000		
35	所得税			6 820. 61	6 820. 61		
合计		423 400	423 400	843 309. 4	843 309. 4	394 284. 50	394 284. 50

根据大华工厂2010年1月份本期发生额及余额表的资料，编表时调整以下项目：

1. 上年结转未分配利润10 000元，经厂部研究决定，转入盈余公积账户的公益金项目待用。

2. “应收账款”总账借方余额10 000元由以下各明细科目组成：

大成工厂借方余额	8 000元	中成工厂借方余额	9 000元
立成工厂贷方余额	4 000元	新成工厂贷方余额	3 000元

3. “应付账款”总账贷方余额8 800元由以下各明细科目组成：

大中公司借方余额	14 200元	小中公司贷方余额	16 000元
立中公司贷方余额	7 000元		

4. “预付账款”总账持平，原因如下：

中新公司借方余额	5 000元	延中公司贷方余额	5 000元

5. “预收账款”总账持平，原因如下：

信托公司借方余额	8 000元	华联公司贷方余额	8 000元

要求：

（1）编制大华工厂2010年1月份利润表。

（2）编制大华工厂2010年1月份资产负债表。

第十二章 会计工作管理体制和工作组织

第一节 会计工作管理体制

一、会计工作领导体制

国家会计工作管理体制是指国家管理会计工作的组织形式和基本制度，包括管理机构的设置、职责范围的确定和管理职权的划分，是国家会计法律、法规、规章、制度和方针、政策得以贯彻落实的组织保障和制度保障。

会计工作管理体制包括会计工作管理组织形式、管理权限划分、管理机构设置等内容。会计工作是一项经济管理活动，为了规范会计工作，保证会计工作在经济管理中发挥作用，政府部门应在宏观上对会计工作进行必要的指导、监督和管理。

（一）会计工作的领导部门

《中华人民共和国会计法》（以下简称《会计法》）第七条规定，国务院财政部门主管全国的会计工作，县级以上地方各级人民政府财政部门管理本行政区域内的会计工作。由各级人民政府财政部门管理本行政区域内的会计工作，体现了“统一领导，分级管理”的原则。因此，会计工作的主管部门为各级财政部门，在全国为财政部，在地方为县级以上地方各级人民政府财政部门。

除了财政部门主管会计工作以外，审计、税务、各行业的财务主管部门也要结合自己的业务特点，来配合财政部门管理会计工作。《会计法》第三十三条第一款规定，财政、审计、税务、人民银行、证券监管、保险监管等部门应当依照有关法律、行政法规规定的职责，对有关单位的会计资料实施监督检查。这一规定体现了财政部门与其他政府管理部门在管理会计事务中相互协作、配合的关系。

（二）会计制度制定体制

会计制度是指政府管理部门对处理会计事务所制定的规章、准则、办法等规范性文件的总称，包括对会计工作、会计核算、会计监督、会计人员、会计档案等方面所作出的规范性文件。会计制度既是各单位组织会计管理工作和产生相互可比、口径一致的会计资料的依据，也是国家财政经济政策在会计工作中的具体体现。因此，会计制度作为法制化经济管理手段的重要组成部分，必须纳入政府部门的管理范围。

《会计法》第八条规定："国家实行统一的会计制度。国家统一的会计制度由国务院财政部门根据本法制定并公布。国务院有关部门可以依照本法和国家统一的会计制度制定，对会计核算和会计监督有特殊要求的行业实施国家统一的会计制度的具体办法或者补充规定，报国务院财政部门审核批准。中国人民解放军总后勤部可以依照本法和国家统一的会计制度制定军队实施国家统一的会计制度的具体办法，报国务院财政部门备案。"这是对国家统一的会计制度制定权限的规定。

二、会计工作的监督体制

会计工作的监督检查，是指国家财政会计工作实施的国家监督，即政府有关部门依据法律、行政法规的规定和部门的职责权限，对有关单位的会计行为、会计资料所进行的监督检查。根据《会计法》的规定，财政部门为各单位会计工作的监督检查部门，对各单位会计工作行使普遍监督权，其他部门监督检查有关单位的会计资料的权限界定在法定范围之内，以避免重复查账。

（一）财政部门依法对会计工作实施会计监督

根据《会计法》的规定，财政部门对各单位的会计工作实施监督检查，具体包括监督检查各单位是否依法设置会计账簿、各单位的会计凭证、会计账簿、财务会计报告和其他会计资料是否真实、完整、各单位会计核算是否符合本法和国家统一的会计制度的规定、各单位从事会计工作的人员是否具备从业资格。在实施监督检查中发现重大违法嫌疑时，国务院财政部门及其派出机构可以向与被监督单位有经济业务往来的单位和被监督单位开立账户的金融机构查询有关情况，有关单位和金融机构应当给予支持。

（二）其他部门依法监督检查有关单位的会计资料

在财政会计工作的国家监督中，除财政部门的普遍性监督外，其他有关部门按照法律、行政法规的授权和部门的职责分工，从行业管理、履行职责的角度出发，也有对有关单位会计资料实施监督检查的职权。因此，《会计法》对财政与审计、税务、人民银行、证券监管、保险监管等部门对有关单位的会计资料实施监督检查作出了原则性规定，突出强调了两个方面的内容：一是有关部门必须在法定职责范围内对有关单位的会计资料实施监督检查。财政部门依据《会计法》对各单位会计资料的真实性、完整性进行监督检查，这是面向各单位的监督，审计、税务、人民银行、证券监管、保险监管等部门对有关单位会计资料实施的监督检查，并不是面向所有单位的，相关法律对此有明确界定，有关部门应当依照法定范围实施监督检查，不能超越范围和权限。二是有关部门应当避免重复查账。有关部门实施会计监督检查后，一方面应当对被检查单位的会计工作和相关会计资料情况作出结论，即出具检查结论，这是对监督检查部门的约束；另一方面，有关检查部门应当尽可能利用已有的检查结论，不必再重新组织重复性的检查，以避免因重复查账而加重被监督检查单位的负担，影响监督检查部门的工作效率和形象。

第二节　会计工作组织

一、会计工作组织的意义

会计工作的组织是指一个单位依据会计法规从事会计工作时，所进行的机构的设置、会计人员的配备及建立健全各项会计规章制度的工作。会计法规、会计机构和会计人员是会计工作组织的三项基本条件。会计工作组织是一项专业性很强的经济管理工作。正确地组织管理会计工作，对于完成会计工作，充分发挥会计的作用，促进国民经济发展，都具有重大的意义。

（一）有利于提高会计工作的质量和效率

会计在反映错综复杂的经济活动时，必须做到严谨细致，要按有关手续，通过记录、分类、计算、汇总、分析、检查等一系列的处理程序，才能产生有用的会计信息，如果有一道手续遗漏、一个步骤脱节或一项数字出现差错，往往导致会计信息不正确或不及时，因而影响会计工作的质量和效率。正确地组织会计工作，有了必需的会计机构、合理配备的会计人员及健全的会计规章制度，可使会计工作按事先规定的手续和处理程序有步骤、严谨地进行，这样可以有效地防止错漏，即使出现错漏也易于纠正，从而提高会计工作的质量和效率。

（二）有利于协调与其他经济管理工作的关系

会计工作是一项综合性经济管理工作，各单位所发生的各项经济业务都必须通过会计工作给以核算和监督，这就使会计工作在发挥其独立职能的同时，与其他的经济管理工作，如统计、计划等工作有着密切的联系，由于它们的目标一致，在共同进行经济管理时，相互影响是必然的，正确地组织会计工作，协调会计工作与其他经济管理工作的关系，使它们相互配合、相互促进，高质量完成经济管理的任务。

（三）有利于加强单位内部控制建设和经济责任制

正确地组织会计工作，规定一切会计事项的处理，在手续上必须经过两个以上部门或组织。从横向看至少要经过彼此不相隶属的两个部门，从纵向看至少要经过两个有关人员之手，这样人员之间、部门之间彼此制约、相互牵制，加强了企业内部控制，保证了会计信息的真实与可靠。

会计作为经济管理的重要组成部分，与经济责任制有密切关系。正确地组织会计工作，可以促进单位内部各部门更好地履行自己的经济责任，按照经济核算的原则行事，管好和用好资金，厉行节约，增收节支，从而提高经济管理水平，讲求最佳经济效益，并保证党和国家各种方针政策的顺利贯彻实施。

总之，科学地组织管理会计工作，有利于企业、事业和其他单位的经济活动顺利进行，有利于充分发挥会计职能，完成会计任务，有利于整个国民经济的发展。

二、会计工作组织的基本原则

正确地组织会计工作，应坚持以下基本原则。

（一）遵循国家对会计工作的统一领导

我国实行的是社会主义市场经济，有关企业、事业和其他单位的经济活动不仅受市场规律的制约，而且是在国家统一的政策、方针和计划指导下进行的。为了便于宏观上进行经济管理，使国民经济协调、高速、高效地发展，国家在许多重要方面都对会计工作作了统一的规定和要求。如《中华人民共和国会计法》，它以法律形式确定了会计工作的地位、任务和作用，它是正确组织会计工作的依据和准绳；《企业会计准则》和《企业会计制度》都对各企业进一步制定自身的会计制度作了统一要求。提供口径统一的会计信息和规范全国的会计管理，是国家确定方针、政策，制订计划、预算，进行国民经济综合平衡的重要保证。因此，遵循国家对会计工作的统一领导是组织会计工作的首要要求。

（二）适应各单位生产经营的特点和管理需要

组织管理会计工作，既要符合国家“统一领导”的要求，又要贯彻“分级管理”的原则，从实际出发，适应单位的特点。因此，在设置会计机构、配备会计人员、制定会计规章制度时，必须适应各单位的生产规模、生产特点、业务繁简程度以及管理要求，以便于加强管理。以工业企业为例，在大中型企业，生产规模大，生产工艺较为复杂，企业内各部门之间、生产单位之间既相互联系，又各有分工，会计事项较多，实行多级经济核算。小型企业，生产规模小，生产较为简单，会计事项少，为此设置的会计机构分工较粗，配备会计人员较少，实行厂部一级核算。

（三）在保证会计工作质量的前提下精简节约，提高效率

在组织管理会计工作时，应该在保证会计工作质量的前提下，根据各单位的实际情况，力求精简节约，在会计机构的设置和会计人员的配备上，力求科学合理，避免机构重设，人浮于事；在会计凭证、账簿及报表的设计使用和各种会计处理手续、程序的规定上，都要尽量简化。目前，会计的处理正在逐步向电算化方向发展，这就要求会计工作的组织也要逐步适应形势发展的需要，以提高工作效率。

三、会计法规

（一）会计法规体系

在会计工作中，会计的行为要受到一定的制约与约束，以保证会计工作合法有序地进行，并使会计提供的信息具有真实性、有用性与可比性。会计法规是指对会计实务起限定、约束作用的法律、法规、准则和制度等的总和，是制约会计行为的专业行事标准，也是对会计工作进行评价的依据。改革开放以来，经过三十多年的努力，我国基本形成了一套以《会计法》为中心、国家会计制度为基础的、具有中国特色的相对比较完整的会计法规体系，如图 12－1 所示。会计法规体系已经成为会计工作顺利进行和健康发展的有力保障，对于社会主义市场经济有序地发展起到重要的保证和促进作用。

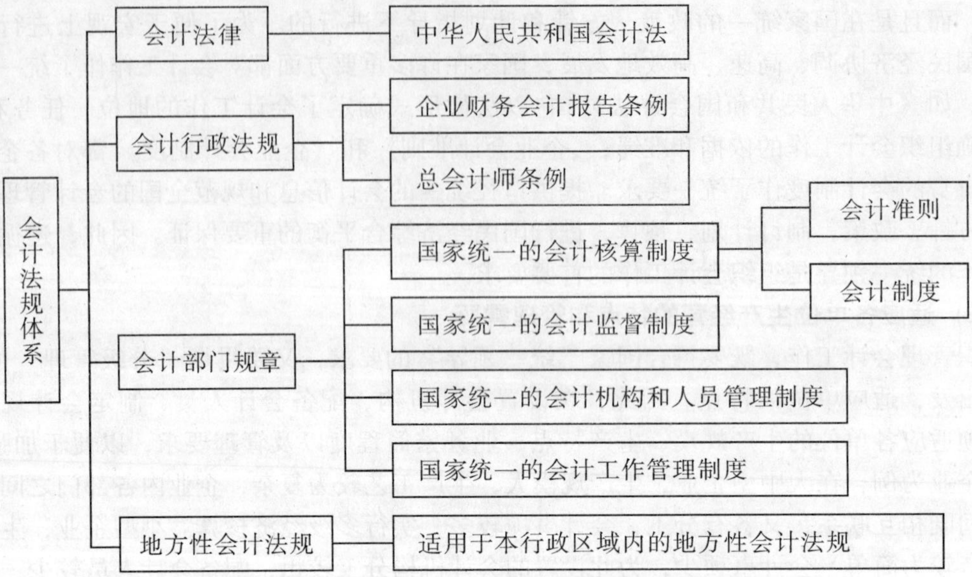

图 12－1　会计法规体系

（二）会计法律

会计法律是指由国家最高权力机关——全国人民代表大会及其常务委员会制定的会计法律规范。在会计领域中，《中华人民共和国会计法》属于国家法律层次。它是会计法规体系中权威性最高、最具法律效力的法律规范，是制定其他各层次会计法规的依据，是会计工作的基本法。

1985 年 1 月 21 日第六届全国人民代表大会常务委员会第九次会议通过了新中国第一部《会计法》，共六章三十一条，自 1985 年 5 月 1 日起施行。1993 年 12 月 29 日第八届全国人民代表大会常务委员会第五次会议通过了《关于修改〈中华人民共和国会计法〉的决定》，自公布之日起施行，修改后的会计法共六章三十条。1999 年 10 月 31 日第九届全国人民代表大会常务委员会第十二次会议决定第二次修订《会计法》，自 2000 年 7 月 1 日起施行。经过二次修订后，《会计法》基本适应发展与完善社会主义市场经济体制的需要。

会计法是适应经济管理需要和经济体制改革要求的一项重要经济立法，是新中国成立以来会计工作经验和会计理论研究成果的集中体现，是会计工作的准绳、依据和总章程。制定和修订会计法，对加强会计工作，保障会计人员依法行使职权，充分发挥会计在经济管理中的作用具有十分重要的意义。

现行的《会计法》共分为七章五十二条，主要包括总则，会计核算，公司、企业会计核算的特别规定，会计监督，会计机构和会计人员，法律责任等。具体内容请见本书附录二。

（三）会计行政法规

会计行政法规是指由国家最高行政机关——国务院制定的会计方面的行政法规。会计行政法规根据会计法律制定，是对会计法律的具体或某个方面的补充。

在我国现行的会计法规中，属于会计行政法规的主要有《企业财务会计报告条例》、《总会计师条例》等。

1.《企业财务会计报告条例》

《企业财务会计报告条例》是国务院于2000年6月21日发布的，自2001年1月1日起施行。它共分为六章四十六条，主要对企业财务会计报告的构成、编制、对外提供和法律责任等作出了规定。

2.《总会计师条例》

《总会计师条例》是国务院发布于1990年12月31日，共分为五章二十三条，该条例主要对总会计师的职责、权限、任免与奖惩等作出了规定。

（四）会计部门规章

会计部门规章是指国家主管会计工作的行政部门——财政部以及其他相关部委制定的会计方面的法律规范。制定会计部门规章必须依据会计法律和会计行政法规的规定，主要有以下几类。

1. 国家统一的会计核算制度

国家统一的会计核算制度主要包括会计准则和会计制度。其中会计准则包括企业会计准则和非企业会计准则；会计制度包括企业会计制度和非企业会计制度。

（1）企业会计准则。企业会计准则是规范企业会计确认、计量、报告的会计准则，它包括企业会计基本准则和企业会计具体准则两个层次。

企业会计基本准则是关于会计核算的基本要求和原则。1992年11月30日由财政部发布，于1993年7月1日在全国实施的《企业会计准则》就是企业会计基本准则。《企业会计准则》共十章六十六条，包括四个部分：①总则。明确会计准则制定的目的与依据，规定了会计准则的适用范围，以及会计核算的基本前提和基础工作。②一般原则。主要规定会计信息的质量要求及会计处理的一般原则。③会计要素。明确了资产、负债、所有者权益、收入、费用、利润六个会计要素，并对这六个要素的确认、计量、记录和报告作出规定。④财务报告。主要对财务会计报告的基本种类、内容和要求作出规定。

基本准则是制定会计制度和进一步制定具体准则的前提和依据，是企业会计核算的依据和指导思想，也是进行会计监督的依据。

企业会计具体准则是关于经济业务核算的具体要求，是企业进行会计核算的直接依据。按规范对象的不同，企业具体会计准则大体可分为四类：①各行业共同经济业务的具体准则，如应收账款、存货、固定资产、收入等具体准则；②有关特殊经济业务的具体会计准则，如外币业务、租赁业务、清算业务、债务重组业务等具体准则；③有关特殊行业的会计准则，如银行会计、保险会计、农业会计等具体准则；④有关披露的具体准则，如现金流量表、中期报告、资产负债表日后事项等具体准则。至2002年12月底，财政部已发布了16项具体准则。

（2）非企业会计准则。非企业会计准则是企业之外的其他单位适用的会计准则，如《事业单位会计准则（试行）》（1997年5月28日发布，自1998年1月1日起试行）等。

（3）企业会计制度。企业会计制度是企业处理会计业务所遵循的规则、方法和程序的总称。它是以《会计法》为依据，根据《企业会计准则》的要求制定的。它是直接指导各个企业办理会计业务，实施会计核算的重要规范，是从事生产经营业务并以盈利为目的的企业法人进行会计核算的重要依据。

2000年12月29日，财政部以财会〔2000〕25号文的形式发布了《关于印发〈企业会计制度〉的通知》，正式颁发了《企业会计制度》，同时废止了《股份有限公司会计制度》，根据《企业会计制度》第一章“总则”第二条的规定：“除了不对外筹集资金、经营规模较小的企业，以及金融保险企业以外，在中华人民共和国境内设立的企业（含公司，下同），执行本制度。”这也就意味着《企业会计制度》的基本定位是一套跨行业、跨经济成分的统一的、通用的会计核算制度。需要说明的是，考虑到会计人员的素质现状、会计制度调整和衔接等多方面的原因，《企业会计制度》采取了“先试点，后推广”的做法。由于股份有限公司对会计信息质量要求较高、会计人员素质相对较高和会计工作基础相对较好的特点，先在股份有限公司范围内执行，同时选择一些国有企业进行试点。但是，我们可以合理地预计到，在不久的将来，《企业会计制度》必将会逐步取代分行业（小规模企业和金融保险等特殊行业除外）、分经济成分的会计制度，真正成为通用的、统一的企业会计核算制度。

《企业会计制度》包括两大部分：一是《企业会计制度》正文，二是《企业会计制度——会计科目和会计报表》。具体内容将在“企业财务会计”课程中说明。

（4）非企业会计制度。非企业会计制度是指除企业以外的其他单位适用的会计制度。主要包括《事业单位会计制度》、《行政单位会计制度》、《财政总预算会计制度》等。

除了会计准则和会计制度之外，财政部还根据会计实务的需要，对会计准则和会计制度中没有规定或者虽有规定但已经不能适应新的情况的会计问题，作出了暂行规定或补充规定，它们也属于国家统一的会计核算制度的范畴。

2. 国家统一的会计监督制度

国家统一的会计监督制度是在会计部门规章中有关会计监督的规定，如《会计基础工作规范》中对于会计监督的规定等。

3. 国家统一的会计机构和会计人员管理制度

国家统一的会计机构和会计人员管理制度主要包括《会计从业资格管理办法》、《会计人员继续教育暂行规定》等。

4. 国家统一的会计工作管理制度

国家统一的会计工作管理制度主要包括《会计档案管理办法》、《会计电算化管理办法》、《代理记账管理暂行办法》等。

四、会计机构

（一）会计机构的设置

会计机构是直接从事或组织领导会计工作的职能部门。它是保证会计工作顺利进行的重要条件。会计机构的设置是否合理，职责分工是否明确，对各单位会计工作能否顺利开展有重要的影响。

1. 会计机构设置的要求

（1）根据业务需要设置会计制度。《会计法》第三十六条规定：“各单位应当根据会计业务的需要，设置会计机构，或者在有关机构中设置会计人员并指定会计主管人员；不具备设置条件的，应当委托经批准设立代理记账业务的中介机构代理记账。”根据业务的需要设置会计机构，体现了实事求是的精神。既不能在业务很少的情况下设置不必要的会计机构，也不能在业务繁多的情况下不设会计机构。

（2）会计机构内部应当建立稽核制度。会计稽核制度是指各单位在会计机构内部指定专人对会计凭证、账簿、报表及其他会计资料进行审核的制度，包括经济业务入账以前的审核和入账以后的审核。内部稽核的目的在于防止会计核算工作上的差错和有关人员的舞弊行为。

（3）实行钱账分管制度。钱账分管制度是对会计机构内部的又一要求。出纳人员不得兼管稽核，会计档案保管和收入、费用、债权、债务方面账目和登记工作。凡涉及货币资金和财物的收付、结算、审核和登记等工作，不得由一人保管。实际工作中，出纳人员并不是完全不许记账，只要所记的账不是收入、费用、债权、债务等可能给出纳人员造成舞弊之机的账目。出纳人员是可以记一部分账的，如出纳人员兼记固定资产明细账也是可以的。

2. 会计机构的设置

会计机构是直接从事和组织领导会计工作和职能部门，它包括直接从事和组织领导会计工作的机构（即基层单位会计机构和各级主管部门的会计机构）、会计监督机构和会计咨询机构等。这里仅介绍会计工作机构。建立和健全会计工作机构是做好会计工作的组织保证，是会计工作顺利进行，实现会计目标的重要条件。

在我国，由于会计工作和财务工作都是综合性的经济管理工作，它们之间有着非常密切的联系，因此通常把二者合为一体，设置一个财务会计机构，统一办理财务会计业务，所以，会计机构通常是指财务会计部门。

（1）各级主管部门的会计机构。在我国，会计工作受财政部门和各级业务主管部门的双重领导。

我国财政部是负责管理全国会计工作的领导机构，其内部设置会计事务管理司，主管全国的会计事务工作。它的主要任务是：负责制定和组织实施全国统一的会计法规、准则和制度；制定全国会计干部培训计划；管理全国会计干部技术职称评定工作；管理和监督注册会计师事务所工作；根据我国会计工作中出现的新问题、新情况，组织全国范围内的会计工作经验交流，不断提出改进和实施意见。各级地方政府财政部门一般设置会计处、科、股等机构，主管本地区所属单位的会计工作。

各级业务主管部门会计机构是指各级主管部门执行总预算的会计机构，一般设置会计（财务）司、局、处、科，主管本系统所属单位的会计工作。它们的主要任务是：根据国家统一会计法规、制度的实施细则，审核并批复所属单位上报的会计报表，同时汇总编制本系统的汇总会计报表；检查和指导所属单位的会计工作，帮助其解决工作上的问题，总结和交流所属单位会计工作的先进经验；核算本单位与财政机关以及上下级之间有关款项缴拨的会计事项，负责本地区、本系统会计人员的培训工作等。各企业主管部门在会计业务上要受同级财政部门的指导和监督。

（2）基层单位会计机构。一般说来，为了保证会计工作的顺利进行和充分发挥其职能作用，凡是具有法人资格、实行独立核算的企业和实行企业化管理的事业单位，以及财务收支数额较大，会计业务较多的机关、团体，都需要单独设置会计机构，称之为会计（财务）处、科、股、组等。在一些规模小、会计业务简单的单位，也可以不单独设置会计机构，但要在有关机构中设置专职的会计人员来办理会计业务，并指定会计主管人员。这里所说的“会计主管人员”是一个特指的概念，是指负责组织管理会计事务、行使会计机构负责人职权的负责人，不同于通常说的“会计主管”或“主管会计”等。不具备设置条件的，应当委托经批准设立从事会计代理记账业务的中介机构代理记账。在国有或国有资产占控股地位或主导地位的大中型企业单位必须设置总会计师，主管本单位的经济核算和财务工作，总会计师要由会计师以上技术职称的人员担任，小型企业也要指定一名副厂长行使总会计师的职责。

基层单位会计机构的主要任务是组织和处理单位的会计工作，如实反映本单位的经营活动情况并及时地向有关部门和人员提供有效的会计信息，参与企业经济管理的预测和决策，帮助制订企业生产经营计划，严格贯彻和执行国家财经制度，管好、用好资金，尽量降低成本，增收节支，努力提高经济效益。

在一些规模较大、会计业务复杂且量大的单位内部，会计的职能部门还要分成若干个职能组，每组配备一定量的会计人员分管会计某方面的工作。在实行逐级核算的单位内部，可根据统一领导、分级管理的原则，设立各级、各部门的会计组织或会计核算员。

对于不具备单独设置会计机构的单位，如财务收支数额不大，经济业务比较简单，规模很小的企业、事业、机关、团体单位和个体工商户等，可在单位内部与财务会计工作比较接近的有关机构或综合部门，如计划、统计、办公室等部门，配备专职会计人员，并指定对财务会计工作负责的会计主管人员。

（二）会计机构的形式

1. 独立核算与非独立核算

会计工作在会计机构同本单位各部门之间的关系是分工协作、分级核算的关系，一般可采用独立核算和非独立核算两种核算方式。

（1）独立核算。所谓独立核算是指企业单位对其本身生产经营活动或业务活动过程及其结果，进行全面、系统、独立的记账、算账，定期编制会计报表，并对其经营活动进行分析检查等一系列工作。实行独立核算的企业通常都拥有供生产、经营活动用的资金，在银行中独立开设账户，并对外办理结算业务，具有完整的凭证、账簿系统，独立编制计划，独立核算，自负盈亏。对于某些独立核算的单位，如果会计核算业务不多，也可不单独设置专门的会计机构，而只配备专职的会计人员。

（2）非独立核算。所谓非独立核算是指企业单位向上级机构领取一定量的物资和备用金从事业务活动；平时只进行原始凭证的填制、整理、汇总以及现金、实物明细账的登记等一系列具体的会计工作；企业并不独立核算，自负盈亏，也不单独编制会计报表；企业定期将收入、支出向上级报销，并定期将有关核算资料报送上级机构，由上级机构汇总记账。实行非独立核算的企业单位一般不专设会计机构，只配备专职会计人员。

2. 集中核算与非集中核算

在实行独立核算方式的单位里，会计工作的组织形式一般分为集中核算和非集中核算两种。

（1）集中核算。集中核算就是把整个企业的主要会计工作集中在企业财务会计部门，企业内部的其他部门和下属单位只对其发生的经济业务填制原始凭证，定期将原始凭证或原始凭证汇总表送交会计部门，由会计部门审核，然后据以填制记账凭证，登记总分类账和明细分类账，编制会计报表。实行集中核算，会计部门可以集中掌握有关资料，便于了解企业全面经济活动情况，减少核算层次。

（2）非集中核算。非集中核算又称分散核算，是相对于集中核算而言的。单位内部会计部门以外的其他部门和下属单位，在会计部门的指导下，对其所发生的经济业务填制原始凭证或原始凭证汇总表，然后分别登记总分类账和另一部分明细分类账，编制会计报表，并进行其他会计工作。实行非集中核算，可以使各职能部门和车间随时了解本部门、车间的经济活动情况，及时分析问题和解决问题。

一个单位是采用集中核算还是采用非集中核算，主要取决于企业内部经营管理上的需要，取决于企业内部是否实行分级管理、分级核算。集中核算与非集中核算是相对的，在一个企业内部，可以根据管理上的需要对其各个业务部门分别采用集中核算和非集中核算两种形式，集中核算或非集中核算的具体内容和方法也不一定完全相同。但是无论采取哪种形式，企业对外的现金收付、银行存款收付、物资供销、应收和应付款项的结算等，都应集中在会计部门进行。在实行内部经济核算制的情况下，各企业、各业务部门可以拥有企业核给的一定量的资金，也可以拥有一定的业务经营和管理权。为了反映和考核自身的经营活动，还可以进行比较全面的经济核算，单独计算盈亏和编报各种会计报表。但是，这些业务部门与独立核算单位不同，不能独立对外签订各种交易合同和在银行设立结算账户。

（三）会计工作岗位的设置

会计工作组织健全的单位，还要建立会计工作岗位责任制，使每项会计工作都有专人负责，每个会计人员都明确自己的职责。会计人员之间既相互协作配合，又相互监督促进，确保按质、按量、按期地完成各项会计工作。

在规模较大的制造企业，一般可设置以下会计岗位：会计机构负责人或会计主管人员、出纳、存货核算、工资核算、成本费用核算、固定资产和无形资产核算、财务成果核算、资金核算、债权债务核算、总账报表稽核、档案管理等。对每个会计岗位的职责，均应作出详细的规定，并与本单位的经济责任制相联系。上述会计工作岗位可以一人一岗，一人多岗或一岗多人，各单位应根据行业特点、企业规模大小、业务繁简和人员多少等具体情况确定。但出纳人员不得兼管稽核、会计档案保管和收入、费用、债权债务账目登记等工作。

五、会计人员

会计人员是指从事日常会计业务处理工作的专职人员。配备一定数量和素质的、具备会计从业资格的会计人员是各单位会计工作得以正常开展的重要条件。各单位应根据规模的大小、业务的多少及会计机构岗位设置的要求，配置适量的会计人员。

（一）会计人员的从业资格

配备的会计人员应具备哪些从业资格？财政部发布的《会计从业资格证书管理办法》规定了会计人员从业资格条件。

会计从业资格管理制度是在会计证管理制度的基础上发展起来的。根据我国现行《会计法》的规定，会计人员必须取得从业资格证书才能从事会计工作。

1. 会计从业资格证书的管理

会计从业资格证书的管理体制，主要实行属地原则，由县级以上财政部门会计管理机构按照属地原则进行所辖范围内的会计人员从业资格管理。考虑到我国国情和管理工作的实际需要，对于个别中央业务主管部门，经财政部授权，负责所辖部门或系统的会计从业资格管理，包括发证、年检和继续教育等。

2. 取得会计从业资格的条件

取得会计从业资格的条件，也就是从事会计工作应具备的资格。①取得会计从业资格，首先必须具备一定的基本条件，包括：坚持原则，具备良好的职业道德；遵守国家财经和会计法律、法规、规章制度；具备一定的会计专业知识和技能；身体健康，能够胜任本职工作的需要。②具备规定学历的，应直接获取会计从业资格。具备大学专科会计专业学历的（含大学专科），同时符合基本条件的，可直接获得会计从业资格。③不具备规定学历的，应通过考试取得会计从业资格。对于不具备大学专科以上会计专业学历的人员，要从事会计工作，必须通过考试取得会计从业资格。考试实行全国统一考试科目、考试大纲。考试的科目主要包括：经济法规、会计基础知识、会计实务、珠算或初级会计电算化。

对于符合条件取得会计从业资格的，由各级会计从业资格管理部门发放会计从业资格证书。会计从业资格证书由财政部统一设计，各省、自治区、直辖市和中央主管部门负责编号、颁发和管理，并同时建立有关会计从业资格人员的各种资料和信息。

3. 从业资格证书注册登记和年检制度

为了加强对会计从业资格证书的有效管理，督促会计人员持证上岗，树立会计从业资格证书的权威性，对会计从业资格证书实行注册登记制度和年检制度。

注册登记制度即会计人员因离退、解聘、停薪留职、辞职等原因离开单位的，应由本人或所在单位在30日内向原发证机关申请备案。离岗后又重新从事会计工作的，应由本人或所在单位立即到单位所在地财政部门或中央主管部门进行注册登记，接受管理。

年检制度即年度检查验证制度，一般一年进行一次。年检时间、年检范围和年检内容主要由省级会计从业资格管理部门具体安排。对于不参加年检，又无正当理由的，将给予一定的处分，直至取消会计从业资格，吊销其会计从业资格证书。

4. 会计从业资格的监管

为了督促会计人员持证上岗和依法履行职责，必须加强对会计从业资格情况的监督。监督工作由会计从业资格管理部门组织实施。检查和监督的形式包括：实行全面检查和重点抽查相结合、政府检查与社会监督相结合，发现违法违纪行为，严肃查处。根据《会计法》规定，会计人员有下列情形下之一，情节严重的，县级以上人民政府财政部门吊销会计从业资格证书，五年内不得重新取得会计从业资格证书：①会计人员被动地受单位领导指使弄虚作假，没有造成严重后果，且本人认罪态度较好，有悔改行为的。②连续几年无正当理由不参加会计人员继续教育的。③不依法设置和私设会计账簿的。④未按规定填制、取得原始凭证或者填制、取得的原始凭证不符合规定的；以未经审核的会计凭证为依据登记会计账簿或者登记会计账簿不符合规定。⑤随意变更会计处理方法的，向不同的会计资料使用者提供的财务会计报告编制依据不一致的。⑥未按照规定使用会计记录文字或者记账本位币的。⑦拒绝依法实施的监督或者隐匿、谎报有关情况等。

会计人员用假学历等欺骗手段骗取“会计从业资格证书”的，由会计从业资格管理部门吊销其“会计从业资格证书”，并自吊销之日起两年内（含两年）不得重新申请取得“会计从业资格证书”。

（二）会计人员的职责和权限

为了使会计工作优质高效地进行，国家有关法规赋予了会计人员一定的工作职责和权限，从而使会计人员有权有责地完成各项会计工作。

1. 会计人员的职责

根据《会计法》中的有关规定，会计人员的主要职责可概括为以下几条：

（1）进行会计核算。当会计主体进行经济活动时，会计人员应根据实际发生的经济业务，客观地进行会计核算，填制会计凭证，登记会计账簿，编制财务会计报告。

（2）实行会计监督。在会计核算过程中，对本单位各项经济业务的合法性、合理性、真实性、正确性进行监督，并对不正确的经济行为进行必要的干预。对不真实、不合法的原始凭证不予受理；对记载不准确、不完整的原始凭证予以退回，要求更正、补充；对违法的收支不予办理。对认为是违法的收支进行制止和纠正；无效的，应当向单位领导人提出书面意见，要求处理。对严重违法损害国家和社会公众利益的收支，会计人员应当向主管单位或者财政部门、审计、税务机关报告。

（3）拟定本单位办理会计事务的具体办法。根据国家的有关政策和会计法规、制度，设计本单位的会计规章制度，规定会计事务处理的具体操作程序。如设计企业内部牵制制度、会计人员岗位责任制度等，规定成本计算的具体办法、账务处理的程序等。

（4）参与拟定经济计划、业务计划。根据所掌握的会计信息，参与拟定固定资产更新、大修理、新产品试制、产品生产和销售、基本建设等计划。会计人员参与经济和业务计划的制订，可以在杜绝浪费、减少耗费、提高经济效益等方面发挥重要作用。

（5）考核，分析预算和财务计划的执行情况。会计人员应根据会计记录、财务报告，结合统计等其他有关信息，对预算、财务计划进行考核、分析，查明预算、财务计划的完成情况或未完成的原因，发现问题，揭露矛盾，总结经验，并提出改进建议和措施。

2. 会计人员的权限

国家赋予会计人员必要的权限，其目的在于保障会计人员能够切实地履行自己的职责。会计人员的权限主要有以下几方面：

（1）会计人员有权要求本企业有关部门人员认真执行国家批准的计划、预算，遵守国家财经纪律和财务会计法规。如有违反，会计人员有权拒绝付款、拒绝报销或拒绝执行，并向本单位领导报告。对于弄虚作假、营私舞弊、欺骗上级等违法乱纪行为，会计人员必须坚决拒绝执行，并向本单位领导人或上级主管单位、财政部门、审计机关报告。如果会计人员对于违反财经纪律、制度的行为不拒绝执行，又不向领导或上级主管部门、财政部门、审计机关提出报告，会计人员将同有关人员负连带责任。

（2）会计人员有权参与本企业计划及预算的编制、定额的制定、经济合同的签订，参加有关生产、经营管理会议，并提出对财务收支和经营决策方面的意见。领导对会计人员的合理建议应予采纳。

（3）有权监督、检查本单位有关部门的财务收支和财产保管、收发、计量等情况。有关部门、人员要积极配合会计人员的工作，要如实提供同财务会计工作有关的情况和资料。

为了保障会计人员行使工作权限，《会计法》明确规定：单位领导人和其他人员对依照本法履行职责的会计人员进行打击报复的，给予行政处分；构成犯罪的，依法追究刑事责任。这就从法律上保护并鼓励会计人员为维护国家利益、投资者权益而坚持实事求是原则，履行自己的职责。

3. 会计人员的专业技术职务

会计人员的专业技术职务是标志会计人员学识水平、业务素质和工作能力的技术职务名称。根据《会计专业职务试行条例》规定，会计专业技术职务定为：高级会计师、会计师、助理会计师、会计员。高级会计师为高级职务，会计师为中级职务，助理会计师和会计员为初级职务。对各级技术职务国家都规定有任职基本条件。

（1）高级会计师。高级会计师的基本条件是：较系统地掌握经济、财务会计理论和专业知识；具有较高的政策水平和丰富的财务会计工作经验；较熟练地掌握一门外语。高级会计师的基本职责是：负责草拟和解释一个地区、一个部门、一个系统施行的财务会计法规、制度、办法；组织和指导一个地区或一个部门、一个系统的经济核算和财务会计工作；培养中级会计人才。

（2）会计师。会计师的基本条件是：较系统地掌握财务会计基础理论和专业知识；掌握并能正确贯彻执行有关的财经方针、政策和财务会计法规、制度；具有一定的财务会计工作经验，能担负一个单位或管理一个地区、一个部门、一个系统某个方面的财务会计工作；取得博士学位并具备履行会计师职责能力，或者取得硕士学位并担任助理会计师职务两年左右，或者取得第二学士学位或研究生班结业证书并担任助理会计师职务二至三年，或者大学本科或专科毕业并担任助理会计师职务四年以上，并取得会计师资格考试合格，掌握一门外语。会计师的基本职责是：负责制定比较重要的财务会计制度、规定、办法，解释、解答财务会计法规、制度中的重要问题，分析检查财务收支和预算执行情况，培养初级会计人才。

（3）助理会计师。助理会计师的基本条件是：掌握一般的会计基础理论和专业知识；熟悉并能正确执行有关的财经方针、政策和财务会计法规、制度；能担负一个方面或一个重要岗位的财务会计工作；助理会计师资格考试合格。助理会计师的基本职责是：负责草拟一般的财务会计制度、规定、办法，解释财务会计法规、制度中的一些规定；分析检查某一方面或某些项目的财务收支和预算的执行情况。

（4）会计员。会计员的基本条件是：初步掌握财务会计知识和技能；熟悉并能按照要求执行有关法规和财务会计制度；能担负一个岗位的财务会计工作；会计员资格考试合格。会计员的基本职责是：负责具体审核和办理财务收支，编制记账凭证，登记会计账簿，编制会计报表和办理其他会计事务。

4. 总会计师

《会计法》第三十六条明确指出："国有的和国有资产占控股地位或者主导地位的大、中型企业必须设置总会计师。" 1990 年 12 月 31 日，国务院发布了《总会计师条例》，确定了总会计师的职权和地位，使总会计师在加强经济管理、提高经济效益中充分发挥其作用。

总会计师是单位行政领导成员，是行政领导职务，不是会计专业技术职称。总会计师协助单位主要行政领导人工作，并直接对单位主要行政领导人负责。凡设置总会计师的单位，在单位行政领导成员中不再设与总会计师职权重叠的副职。

按照《总会计师条例》的规定，担任总会计师应当具备以下条件：一是坚持社会主义方向，积极为社会主义市场经济建设和改革开放服务；二是坚持原则、廉洁奉公；三是取得会计师专业技术资格后，主管一个单位或者单位内部一个重要方面的财务会计工作的时间不少于三年；四是要有较高的理论政策水平，熟悉国家财经纪律、法规、方针和政策，掌握现代化管理的有关知识；五是具备本行业的基本业务知识，熟悉行业情况，有较强的组织领导能力；六是身体健康，胜任本职工作。

总会计师的职责主要包括两个方面：一是由总会计师负责组织的工作，包括组织编制和执行预算、财务收支计划，信贷计划、拟订资金筹措和使用方案，开辟财源，有效地使用资金；建立、健全经济核算制度，强化成本管理，进行经济活动分析，精打细算，提高经济效益；负责本单位财务会计机构的设置和会计人员的配备，组织对会计人员进行业务培训和考核；支持会计人员依法行使职权等。二是由总会计师协助、参与的工作。主要有协助单位负责人对本单位的生产经营和业务管理等问题作出决策；参与新产品开发、技术改造、科学研究、商品（劳务）价格和工资、奖金方案的制订；参与重大经济合同和经济协议的研究、审查。

总会计师的权限在于：有权制止或纠正违反国家财经法规、方针、政策、制度和可能造成经济损失的行为；有权组织本单位各职能部门、直属基层组织的经济核算、财务会计和成本管理方面的工作；有权审批财务收支预算、财务收支计划、成本和费用计划、信贷计划、财务专题报告；会计决算报表须经总会计师签署；会计人员的任用、晋升、调动、奖惩，应当事先征求总会计师的意见，总会计师有权对本单位财务机构负责人或者会计主管人员的人选进行业务考核，依照有关规定审批。

5. 会计机构负责人

会计机构负责人（会计主管人员）是在一个单位内具体负责会计工作的中层领导人员。在单位负责人的领导下，会计机构负责人（会计主管人员）负有组织、管理本单位所有会计工作的责任，其工作水平的高低、质量的好坏，直接关系到整个单位会计工作的水平和质量。如果会计机构负责人（会计主管人员）的政治素质好，业务水平高，具有较强的组织领导能力，不仅对于领导和组织本单位的会计工作十分有利，而且对于加强经营管理等也十分有益。可以说，会计机构负责人（会计主管人员）的任用是否适当，对一个单位会计工作的好坏关系重大，对能否保证国家的财经政策在一个单位正确得以贯彻执行关系重大，对能否有效地维护广大投资者、债权人等的合法权益关系重大。因此，《会计法》规定，担任会计机构负责人（会计主管人员）除了要求其具备一般会计人员应具备的条件（必须取得会计从业资格证书）外，还应具备会计师以上专业技术职务资格或者从事会计工作三年以上经历。

6. 会计人员继续教育

为了便于会计人员及时更新知识、不断提高自身素质、适应工作需要，根据统一规划、分级管理的原则，各地、各部门要认真组织包括国家机关、社会团体、企业、事业单位和其他组织在内的，从事会计工作并已取得会计从业资格的会计人员接受培训学习，做好会计人员的继续教育工作。

按照有关规定，各单位必须在时间上保证会计人员继续教育。中高级会计人员继续教育时间每年不少于68小时，其中接受培训时间不少于20小时；初级会计人员继续教育的时间每年不少于72小时，其中接受时间每年累计不少于24小时。

会计人员继续教育的内容要坚持联系实际、讲求实效、学以致用的原则。教育的具体内容包括会计理论与实务，财务、会计法规制度，会计职业道德规范以及其他相关知识与法规等。继续教育讲究“新”和“实”，其内容必须新颖和实用。

继续教育主管部门要督促会计人员接受继续教育。对年度内未接受继续教育或未按规定完成继续教育学时的会计人员，无正当理由，予以警告；连续两年未接受继续教育或连续两年未完成规定学时的，不予办理会计从业资格证书的年检，不得参加高一档次的会计专业技术资格考试或评审，不得参加先进会计工作者的评选；连续三年未参加继续教育或未完成规定学时的，吊销会计专业技术资格，其会计从业资格证书也自行失效。

7. 会计人员职业道德

会计人员职业道德是会计人员从事会计工作应当遵循的道德标准与基本行为准则。建立会计人员职业道德规范，既是对会计人员强化道德约束，防止和杜绝会计人员在工作中出现不道德行为的措施，又是会计工作应对社会所承担的责任与义务。

按照财政部1996年发布的《会计基础工作规范》，会计职业道德主要包括以下几个方面的内容：

（1）爱岗敬业。会计人员应当热爱本职工作，努力钻研业务，使自己的知识和技能适应所从事工作的要求。

（2）熟悉法规。会计人员应当熟悉财经法律、法规、规章和国家统一会计制度，并结合会计工作进行广泛宣传。

（3）依法办事。会计人员应当按照会计法律、法规和国家统一会计制度规定的程序和要求进行会计工作，保证所提供的会计信息合法、真实、准确、及时、完整。

（4）客观公正。会计人员办理会计事务应当实事求是、客观公正。

（5）搞好服务。会计人员应当熟悉本单位的生产经营和业务管理情况，运用掌握的会计信息和会计方法，为改善单位内部管理、提高经济效益做好服务工作。会计人员要正确处理监督与服务的关系，将二者统一起来，而不能对立起来。

（6）保守秘密。会计人员应当保守本单位的商业秘密。除法规规定和单位领导人同意外，不能私自向外界提供或者泄露本单位的会计信息。

【能力训练】

一、名词解释

会计工作组织　会计法规　会计法　企业会计准则　企业会计制度　会计机构　会计人员　独立核算　非独立核算　集中核算　非集中核算　总会计师　会计机构负责人　会计人员职业道德

二、单项选择题

1. 根据我国《公司法》的规定，以发起设立方式设立股份有限公司的，其发起人的人数最低应为（　　）。

A. 2人　　B. 3人　　C. 5人　　D. 50人

2. 甲、乙、丙共同出资设立一有限责任公司，主营商品批发业务，根据我国《公司法》的规定，该公司注册资本最低金额就是（　　）万元。

A. 10　　B. 30　　C. 50　　D. 100

3. 根据我国《公司法》的规定，上市公司应当在每一会计年度结束之日起一定期限内向国务院证券监督管理机构和证券交易所提交年度报告并予以公告。这里的一定期限内是指（　　）。

A. 1 个月之内　　B. 2 个月之内　　C. 3 个月之内　　D. 4 个月之内

4. 根据我国《公司法》的规定，股份有限公司将公司法定公积金转增资本时，其留存的法定公积金最低比例应为（　　）。

A. 注册资本的10%　　B. 注册资本的15%　　C. 注册资本的20%　　D. 注册资本的25%

5. 根据我国《担保法》的规定，以企业债券进行质押的，质押合同生效的时间是（　　）。

A. 主合同签订之日　　B. 质押合同签订之日

C. 将债券交付质权人之日　　D. 办理出质登记之日

6. 甲公司与乙公司签订了购买10辆汽车的合同。就在乙公司将汽车交付甲公司时，被工商行政管理部门查出该批汽车是走私物品而予以查封。根据我国《合同法》关于合同效力的规定，该买卖汽车合同属于（　　）。

A. 有效合同　　B. 无效合同　　C. 可撤销合同　　D. 效力待定合同

7. 根据我国《合同法》的规定，当事人对合同价款约定不明确，又没有政府定价或指导价可供参照时，合同价款的确定规则为（　　）。

A. 按照订立合同时履行地的市场价格履行

B. 按照履行合同时履行地的市场价格履行

C. 按照纠纷发生时履行地的市场价格履行

D. 按照订立合同时订立地的市场价格履行

8. 根据我国《会计法》的规定，外来原始凭证的金额有错误时，应当采取的正确做法是（　　）。

A. 由出具单位重开

B. 由出具单位更正并加盖接受单位印章

C. 由接受单位更正并加盖接受单位印章

D. 由经办人员更正并加盖经办人员印章

9. 根据《会计基础工作规范》的规定，单位负责人的直系亲属不得在本单位担任的会计工作岗位是（　　）。

A. 会计机构负责人　　B. 稽核　　C. 会计档案保管　　D. 出纳

10. 某印刷厂购进一台印刷机器，买价12万元，取得对方开具的增值税专用发票上注明的税金为2.04万元，另支付运杂费0.2万元，安装费0.3万元。根据我国《企业所得税暂行条例》及其实施细则的规定，该印刷机器作为固定资产的计价金额应是（　　）万元。

A. 12　　B. 12.5　　C. 14.04　　D. 14.54

二、多项选择题

1. 根据我国《合同法》的规定，因债务人的下列行为给债权人造成损害，债权人可以请求人民法院撤销债务人行为的有（　　）。

A. 债务人放弃其到期债权

B. 债务人无偿转让其财产

C. 债务人以明显不合理的低价转让其财产，受让人知道该情形

D. 债务人以明显不合理的低价转让其财产，受让人不知道该情形

2. 育红学校欲组建电脑教室，分别向几个电脑商发函，称“我校急需电脑50台，如你公司有货，请速告知”。华夏公司第二日即派人将电脑50台送到学校，而育红学校此时已决定购买另一电脑商的电脑，故拒绝接受华夏公司的电脑，由此发生纠纷。关于本案的下列表述中，正确的有（　　）。

A. 育红学校的发函属于要约邀请

B. 育红学校的发函属于要约

C. 育红学校拒绝接受华夏公司电脑属于违约行为

D. 育红学校拒绝接受华夏公司电脑不属于违约行为

3. 根据《会计基础工作规范》的规定，下列各项中，属于会计档案的有（　　）。

A. 原始凭证　　B. 单位内部控制制度

C. 记账凭证　　D. 会计档案保管清册

4. 根据我国《会计法》的规定，下列各项中，属于企业财务会计报告组成部分的有（　　）。

A. 会计报表　　B. 财务情况说明书

C. 会计报表附注　　D. 注册会计师审计报告

5. 根据《支付结算办法》的规定，下列各项中，属于无效票据的有（　　）。

A. 更改签发日期的票据

B. 更改收款单位名称的票据

C. 中文大写金额和阿拉伯数码金额不一致的票据

D. 出票日期使用中文大写，但该中文大写未按要求规范填写的票据

6. 根据《支付结算办法》的规定，下列支付结算的种类中，没有金额起点限制的有（　　）。

A. 委托收款　　B. 支票　　C. 托收承付　　D. 汇兑

7. 根据我国《企业所得税暂行条例》及其实施细则的规定，纳税人取得的下列收入中，应计入应纳税所得额的有（　　）。

A. 银行存款利息收入　　B. 金融债券利息收入

C. 国债利息收入　　D. 国家重点建设债券利息收入

8. 根据我国《税收征收管理法》及其实施细则的规定，税务机关在实施税务检查中，可以采取的措施有（　　）。

A. 检查纳税人会计资料

B. 检查纳税人存放地的应纳税商品

C. 检查纳税人托运、邮寄应纳税商品的单据、凭证

D. 经法定程序批准，查核纳税人在银行的存款账户

9. 根据我国《营业税暂行条例》及其实施细则的规定，下列各项中，属于营业税征收范围的有（　　）。

A. 广告业　　B. 旅游业　　C. 租赁业　　D. 修理修配业

10. 根据我国《营业税暂行条例》及其实施细则的规定，在计算金融保险业的营业税时，下列有关营业额的确定方法符合税法规定的有（　　）。

A. 一般贷款业务以利息收入全额为营业额
B. 有价证券买卖业务以卖出价为营业额
C. 转贷业务以贷款利息收入减去借款利息支出后的余额为营业额
D. 外汇买卖业务以卖出价减去买入价后的余额为营业额

三、简答题

1. 正确组织会计工作有什么积极意义？应遵守哪些基本原则？
2. 简述我国会计法规体系的构成与内容。
3. 企业设置会计机构应遵循什么要求？
4. 独立核算与非独立核算，集中核算与非集中核算各有什么优缺点？
5. 会计人员有哪些职责和权限？
6. 会计从业资格管理制度主要包括哪些内容？
7. 我国会计人员的专业技术职务分几级，各级的任职基本条件是什么？
8. 简述总会计师的任职条件、职责与工作权限。
9. 什么是会计人员职业道德，包括哪些内容？

附录一

中华人民共和国会计基础工作规范

财政部财会字〔1996〕19号

第一章　总　则

第一条　为了加强会计基础工作，建立规范的会计工作秩序，提高会计工作水平，根据《中华人民共和国会计法》的有关规定，制定本规范。

第二条　国家机关、社会团体、企业、事业单位、个体工商户和其他组织的会计基础工作，应当符合本规范的规定。

第三条　各单位应当依据有关法律、法规和本规范的规定，加强会计基础工作，严格执行会计法规制度，保证会计工作依法有序地进行。

第四条　单位领导人对本单位的会计基础工作负有领导责任。

第五条　各省，自治区、直辖市财政厅（局）要加强对会计基础工作的管理和指导，通过政策引导、经验交流、监督检查等措施，促进基层单位加强会计基础工作，不断提高会计工作水平。国务院各业务主管部门根据职责权限管理本部门的会计基础工作。

第二章　会计机构和会计人员

第一节　会计机构设置和会计人员配备

第六条　各单位应当根据会计业务的需要设置会计机构；不具备单独设置会计机构条件的，应当在有关机构中配备人员。事业行政单位会计机构的设置和会计人员的配备，应当符合国家统一事业行政单位会计制度的规定。设置会计机构，应当配备会计机构负责人；在有关机构中配备专职会计人员，应当在专职会计人员中指定会计主管人员。会计机构负责人、会计主管人员的任免，应当符合《中华人民共和国会计法》和有关法律的规定。

第七条　会计机构负责人、会计主管人员应当具备下列基本条件：

（一）坚持原则，廉洁奉公；

（二）具有会计专业技术资格；

（三）主管一个单位或者单位内一个重要方面的财务会计工作时间不少于2年；

（四）熟悉国家财经法律、法规、规章和方针、政策，掌握本行业业务管理的有关知识；

（五）有较强的组织能力；

（六）身体状况能够适应本职工作的要求。

第八条　没有设置会计机构和配备会计人员的单位，应当根据《代理记账管理暂行办法》委托会计师事务所或者持有代理记账许可证书的其他代理记账机构进行代理记账。

第九条　大、中型企业、事业单位、业务主管部门应当根据法律和国家有关规定设置总会计师。总会计师由具有会计师以上专业技术资格的人员担任。总会计师行使《总会计师条例》规定的职责、权限。总会计师的任命（聘任）、免职（解聘）依照《总会计师条例》和有关法律的规定办理。

第十条　各单位应当根据会计业务需要配备持有会计证的会计人员。未取得会计证的人员，不得从事会计工作。

第十一条　各单位应当根据会计业务需要设置会计工作岗位。会计工作岗位一般可分为：会计机构负责人或者会计主管人员、出纳、财产物资核算、工资核算、成本费用核算；财务成果核算、资金核算、往来结算、总账报表、稽核、档案管理等。开展会计电算化和管理会计的单位，可以根据需要设置相应工作岗位，也可以与其他工作岗位相结合。

第十二条　会计工作岗位，可以一人一岗、一人多岗或者一岗多人。但出纳人员不得兼管审核、会计档案保管和收入、费用、债权债务账目的登记工作。

第十三条　会计人员的工作岗位应当有计划地进行轮换。

第十四条　会计人员应当具备必要的专业知识和专业技能，熟悉国家有关法律、法规，规章和国家统一会计制度，遵守职业道德。会计人员应当按照国家有关规定参加会计业务的培训。各单位应当合理安排会计人员的培训，保证会计人员每年有一定时间用于学习和参加培训。

第十五条　各单位领导人应当支持会计机构、会计人员依法行使职权；对忠于职守，坚持原则，做出显著成绩的会计机构、会计人员，应当给予精神的和物质的奖励。

第十六条　国家机关、国有企业、事业单位任用会计人员应当实行回避制度。单位领导人的直系亲属不得担任本单位的会计机构负责人、会计主管人员。会计机构负责人、会计主管人员的直系亲属不得在本单位会计机构中担任出纳工作。需要回避的直系亲属为：夫妻关系、直系血亲关系、三代以内旁系血亲以及配偶亲关系。

第二节　会计人员职业道德

第十七条　会计人员在会计工作中应当遵守职业道德，树立良好的职业品质、严谨的工作作风，严守工作纪律，努力提高工作效率和工作质量。

第十八条　会计人员应当热爱本职工作，努力钻研业务，使自己的知识和技能适应所从事工作的要求。

第十九条　会计人员应当熟悉财经法律、法规、规章和国家统一会计制度，并结合会计工作进行广泛宣传。

第二十条　会计人员应当按照会计法律、法规和国家统一会计制度规定的程序和要求进行会计工作，保证所提供的会计信息合法、真实、准确、及时、完整。

第二十一条　会计人员办理会计事务应当实事求是、客观公正。

第二十二条　会计人员应当熟悉本单位的生产经营和业务管理情况，运用掌握的会计信息和会计方法，为改善单位内部管理、提高经济效益服务。

第二十三条　会计人员应当保守本单位的商业秘密。除法律规定和单位领导人同意外，不能私自向外界提供或者泄露单位的会计信息。

第二十四条　财政部门、业务主管部门和各单位应当定期检查会计人员遵守职业道德的情况，并作为会计人员晋升、晋级、聘任专业职务、表彰奖励的重要考核依据。会计人员违反职业道德的，由所在单位进行处罚；情节严重的，由会计证发证机关吊销其会计证。

第三节　会计工作交接

第二十五条　会计人员工作调动或者因故离职，必须将本人所经管的会计工作全部移交给接替人员。没有办清交接手续的，不得调动或者离职。

第二十六条　接替人员应当认真接管移交工作，并继续办理移交的未了事项。

第二十七条　会计人员办理移交手续前，必须及时做好以下工作：

（一）已经受理的经济业务尚未填制会计凭证的，应当填制完毕。

（二）尚未登记的账目，应当登记完毕，并在最后一笔余额后加盖经办人员印章。

（三）整理应该移交的各项资料，对未了事项写出书面材料。

（四）编制移交清册，列明应当移交的会计凭证、会计账簿、会计报表、印章、现金、有价证券、支票簿、发票、文件、其他会计资料和物品等内容；实行会计电算化的单位，从事该项工作的移交人员还应当在移交清册中列明会计软件及密码、会计软件数据磁盘（磁带等）及有关资料、实物等内容。

第二十八条　会计人员办理交接手续，必须有监交人负责监交。一般会计人员交接，由单位会计机构负责人、会计主管人员负责监交；会计机构负责人、会计主管人员交接，由单位领导人负责监交，必要时可由上级主管部门派人会同监交。

第二十九条　移交人员在办理移交时，要按移交清册逐项移交；接替人员要逐项核对点收。

（一）现金、有价证券要根据会计账簿有关记录进行点交。库存现金、有价证券必须与会计账簿记录保持一致。不一致时，移交人员必须限期查清。

（二）会计凭证、会计账簿、会计报表和其他会计资料必须完整无缺。如有短缺，必须查清原因，并在移交清册中注明，由移交人员负责。

（三）银行存款账户余额要与银行对账单核对，如不一致，应当编制银行存款余额调节表调节相符，各种财产物资和债权债务的明细账户余额要与总账有关账户余额核对相符；必要时，要抽查个别账户的余额，与实物核对相符，或者与往来单位、个人核对清楚。

（四）移交人员经管的票据、印章和其他实物等，必须交接清楚；移交人员从事会计电算化工作的，要对有关电子数据在实际操作状态下进行交接。

第三十条　会计机构负责人、会计主管人员移交时，还必须将全部财务会计工作、重大财务收支和会计人员的情况等，向接替人员详细介绍。对需要移交的遗留问题，应当写出书面材料。

第三十一条　交接完毕后，交接双方和监交人员要在移交清册上签名或者盖章，并应在移交清册上注明：单位名称，交接日期，交接双方和监交人员的职务、姓名，移交清册页数以及需要说明的问题和意见等。移交清册一般应当填制一式三份，交接双方各执一份，存档一份。

第三十二条　接替人员应当继续使用移交的会计账簿，不得自行另立新账，以保持会计记录的连续性。

第三十三条　会计人员临时离职或者因病不能工作且需要接替或者代理的，会计机构负责人、会计主管人员或者单位领导人必须指定有关人员接替或者代理，并办理交接手续。临时离职或者因病不能工作的会计人员恢复工作的，应当与接替或者代理人员办理交接手续。移交人员因病或者其他特殊原因不能亲自办理移交的，经单位领导人批准，可由移交人员委托他人代办移交，但委托人应当承担本规范第三十五条规定的责任。

第三十四条　单位撤销时，必须留有必要的会计人员，会同有关人员办理清理工作，编制决算。未移交前，不得离职。接收单位和移交日期由主管部门确定。单位合并、分立的，其会计工作交接手续比照上述有关规定办理。

第三十五　条移交人员对所移交的会计凭证、会计账簿、会计报表和其他有关资料的合法性、真实性承担法律责任。

第三章　会计核算

第一节　会计核算一般要求

第三十六条　各单位应当按照《中华人民共和国会计法》和国家统一会计制度的规定建立会计账册，进行会计核算，及时提供合法、真实、准确、完整的会计信息。

第三十七条　各单位发生的下列事项，应当及时办理会计手续、进行会计核算：

（一）款项和有价证券的收付；

（二）财物的收发、增减和使用；

（三）债权债务的发生和结算；

（四）资本、基金的增减；

（五）收入、支出、费用、成本的计算；

（六）财务成果的计算和处理；

（七）其他需要办理会计手续、进行会计核算的事项。

第三十八条　各单位的会计核算应当以实际发生的经济业务为依据，按照规定的会计处理方法进行，保证会计指标的口径一致、相互可比和会计处理方法的前后各期相一致。

第三十九条　会计年度自公历1月1日起至12月31日止。

第四十条　会计核算以人民币为记账本位币。收支业务以外国货币为主的单位，也可以选定某种外国货币作为记账本位市，但是编制的会计报表应当折算为人民币反映。境外单位向国内有关部门编报的会计报表，应当折算为人民币反映。

第四十一条　各单位根据国家统一会计制度的要求，在不影响会计核算要求、会计报表指标汇总和对外统一会计报表的前提下，可以根据实际情况自行设置和使用会计科目。事业行政单位会计科目的设置和使用，应当符合国家统一事业行政单位会计制度的规定。

第四十二条　会计凭证、会计账簿、会计报表和其他会计资料的内容和要求必须符合国家统一会计制度的规定，不得伪造、变造会计凭证和会计账簿，不得设置账外账，不得报送虚假会计报表。

第四十三条　各单位对外报送的会计报表格式由财政部统一规定。

第四十四条　实行会计电算化的单位，对使用的会计软件及其生成的会计凭证、会计账簿。会计报表和其他会计资料的要求，应当符合财政部关于会计电算化的有关规定。

第四十五条　各单位的会计凭证、会计账簿、会计报表和其他会计资料，应当建立档案，妥善保管。会计档案建档要求、保管期限、销毁办法等依据《会计档案管理办法》的规定进行。实行会计电算化的单位，有关电子数据、会计软件资料等应当作为会计档案进行管理。

第四十六条　会计记录的文字应当使用中文，少数民族自治地区可以同时使用少数民族文字。中国境内的外商投资企业、外国企业和其他外国经济组织也可以同时使用某种外国文字。

第二节　填制会计凭证

第四十七条　各单位办理本规范第三十七条规定的事项，必须取得或者填制原始凭证，并及时送交会计机构。

第四十八条　原始凭证的基本要求是：

（一）原始凭证的内容必须具备：凭证的名称；填制凭证的日期；填制凭证单位名称或者填制人姓名；经办人员的签名或者盖章；接受凭证单位名称；经济业务内容；数量、单价和金额。

（二）从外单位取得的原始凭证，必须盖有填制单位的公章；从个人取得的原始凭证，必须有填制人员的签名或者盖章。自制原始凭证必须有经办单位领导人或者其指定的人员签名或者盖章。对外开出的原始凭证，必须加盖本单位公章。

（三）凡填有大写和小写金额的原始凭证，大写与小写金额必须相符。购买实物的原始凭证，必须有验收证明。支付款项的原始凭证，必须有收款单位和收款人的收款证明。

（四）一式几联的原始凭证，应当注明各联的用途，只能以一联作为报销凭证。一式几联的发票和收据，必须用双面复写纸（发票和收据本身具备复写纸功能的除外）套写，并连续编号。作废时应当加盖“作废”戳记，连同存根一起保存，不得撕毁。

（五）发生销货退回的，除填制退货发票外，还必须有退货验收证明；退款时，必须取得对方的收款收据或者汇款银行的凭证，不得以退货发票代替收据。

（六）职工公出借款凭据，必须附在记账凭证之后。收回借款时，应当另开收据或者退还借据副本，不得退还原借款收据。

（七）经上级有关部门批准的经济业务，应当将批准文件作为原始凭证附件；如果批准文件需要单独归档的，应当在凭证上注明批准机关名称、日期和文件字号。

第四十九条　原始凭证不得涂改、挖补。发现原始凭证有错误的，应当由开出单位重开或者更正，更正处应当加盖开出单位的公章。

第五十条　会计机构、会计人员要根据审核无误的原始凭证填制记账凭证。记账凭证可以分为收款凭证、付款凭证和转账凭证，也可以使用通用记账凭证。

第五十一条　记账凭证的基本要求是：

（一）记账凭证的内容必须具备：填制凭证的日期；凭证编号；经济业务摘要；会计科目；金额；所附原始凭证张数；填制凭证人员、稽核人员、记账人员、会计机构负责人、会计主管人员签名或者盖章。收款和付款记账凭证还应当由出纳人员签名或者盖章。以自制的原始凭证或者原始凭证汇总表代替记账凭证的，也必须具备记账凭证应有的项目。

（二）填制记账凭证时，应当对记账凭证进行连续编号。一笔经济业务需要填制两张以上记账凭证的，可以采用分数编号法编号。

（三）记账凭证可以根据每一张原始凭证填制，或者根据若干张同类原始凭证汇总填制，也可以根据原始凭证汇总表填制。但不得将不同内容和类别的原始凭证汇总填制在一张记账凭证上。

（四）除结账和更正错误的记账凭证可以不附原始凭证外，其他记账凭证必须附有原始凭证。如果一张原始凭证涉及几张记账凭证，可以把原始凭证附在一张主要的记账凭证后面，并在其他记账凭证上注明附有该原始凭证的记账凭证的编号或者附原始凭证复印件。一张原始凭证所列支出需要几个单位共同负担的，应当将其他单位负担的部分，开给对方原始凭证分割单，进行结算。原始凭证分割单必须具备原始凭证的基本内容：凭证名称；填制凭证日期；填制凭证单位名称或者填制人姓名；经办人的签名或者盖章；接受凭证单位名称；经济业务内容、数量、单价、金额和费用分摊情况等。

（五）如果在填制记账凭证时发生错误，应当重新填制。已经登记入账的记账凭证，在当年内发现填写错误时，可以用红字填写一张与原内容相同的记账凭证，在摘要栏注明"注销某月某日某号凭证"字样，同时再用蓝字重新填制一张正确的记账凭证，注明"订正某月某日某号凭证"字样。如果会计科目没有错误，只是金额错误，也可以将正确数字与错误数字之间的差额，另编一张调整的记账凭证，调增金额用蓝字，调减金额用红字。发现以前年度记账凭证有错误的，应当用蓝字填制一张更正的记账凭证。

（六）记账凭证填制完经济业务事项后，如有空行，应当自金额栏最后一笔金额数字下的空行处至合计数上的空行处划线注销。

第五十二条　填制会计凭证，字迹必须清晰、工整，并符合下列要求：

（一）阿拉伯数字应当一个一个地写，不得连笔写。阿拉伯金额数字前面应当书写货币币种符号或者货币名称简写和币种符号。币种符号与阿拉伯金额数字之间不得留有空白。凡阿拉伯数字前写有币种符号的，数字后面不再写货币单位。

（二）所有以元为单位（其他货币种类为货币基本单位，下同）的阿拉伯数字，除表示单价等情况外，一律填写到角分；元角分的，角位和分位可写"00"，或者符号"－"；有角无分的，分位应当写"0"，不得用符号"－"代替。

（三）汉字大写数字金额如零、壹、贰、叁、肆、伍、陆、柒、捌、玖、拾、佰、仟、万、亿等，一律用正楷或者行书体书写，不得用○、一、二、三、四、五、六、七、八、九、十等简化字代替，不得任意自造简化字。大写金额数字到元或者角为止的，在"元"或者"角"字之后应当写"整"字或者"正"字；大写金额数字有分的，分字后面不写"整"或者"正"字。

（四）大写金额数字前未印有货币名称的，应当加填货币名称，货币名称与金额数字之间不得留有空白。

（五）阿拉伯金额数字中间有"0"时，汉字大写金额要写"零"字；阿拉伯数字金额中间连续有几个

“0”时，汉字大写金额中可以只写一个“零”字；阿拉伯金额数字元位是“0”，或者数字中间连续有几个“0”，元位也是“0”但角位不是“0”时，汉字大写金额可以只写一个“零”字，也可以不写“零”字。

第五十三条　实行会计电算化的单位，对于机制记账凭证，要认真审核，做到会计科目使用正确，数字准确无误。打印出的机制记账凭证要加盖制单人员、审核人员、记账人员及会计机构负责人、会计主管人员印章或者签字。

第五十四条　各单位会计凭证的传递程序应当科学、合理，具体办法由各单位根据会计业务需要自行规定。

第五十五条　会计机构、会计人员要妥善保管会计凭证。

（一）会计凭证应当及时传递，不得积压。

（二）会计凭证登记完毕后，应当按照分类和编号顺序保管，不得散乱丢失。

（三）记账凭证应当连同所附的原始凭证或者原始凭证汇总表，按照编号顺序，折叠整齐，按期装订成册，并加具封面，注明单位名称、年度、月份和起讫日期、凭证种类、起讫号码，由装订人在装订线封签外签名或者盖章。对于数量过多的原始凭证，可以单独装订保管，在封面上注明记账凭证日期、编号、种类，同时在记账凭证上注明“附件另订”和原始凭证名称及编号。各种经济合同、存出保证金收据以及涉外文件等重要原始凭证，应当另编目录，单独登记保管，并在有关的记账凭证和原始凭证上相互注明日期和编号。

（四）原始凭证不得外借，其他单位如因特殊原因需要使用原始凭证时，经本单位会计机构负责人、会计主管人员批准，可以复制。向外单位提供的原始凭证复制件，应当在专设的登记簿上登记，并由提供人员和收取人员共同签名或者盖章。

（五）从外单位取得的原始凭证如有遗失，应当取得原开出单位盖有公章的证明，并注明原来凭证的号码、金额和内容等，由经办单位会计机构负责人、会计主管人员和单位领导人批准后，才能代作原始凭证。如果确实无法取得证明的，如火车、轮船、飞机票等凭证，由当事人写出详细情况，由经办单位会计机构负责人、会计主管人员和单位领导人批准后，代作原始凭证。

第三节　登记会计账簿

第五十六条　各单位应当按照国家统一会计制度的规定和会计业务的需要设置会计账簿。会计账簿包括总账、明细账、日记账和其他辅助性账簿。

第五十七条　现金日记账和银行存款日记账必须采用订本式账簿。不得用银行对账单或者其他方法代替日记账。

第五十八条　实行会计电算化的单位，用计算机打印的会计账簿必须连续编号，经审核无误后装订成册，并由记账人员和会计机构负责人、会计主管人员签字或者盖章。

第五十九条　启用会计账簿时，应当在账簿封面上写明单位名称和账簿名称。在账簿扉页上应当附启用表，内容包括：启用日期、账簿页数、记账人员和会计机构负责人、会计主管人员姓名，并加盖名章和单位公章。记账人员或者会计机构负责人、会计主管人员调动工作时，应当注明交接日期、接办人员或者监交人员姓名，并由交接双方人员签名或者盖章。启用订本式账簿，应当从第一页到最后一页顺序编定页数，不得跳页、缺号。使用活页式账页，应当按账户顺序编号，并须定期装订成册。装订后再按实际使用的账页顺序编定页码。另加目录，记明每个账户的名称和页次。

第六十条　会计人员应当根据审核无误的会计凭证登记会计账簿。登记账簿的基本要求是：

（一）登记会计账簿时，应当将会计凭证日期、编号、业务内容摘要、金额和其他有关资料逐项记入账内；做到数字准确、摘要清楚、登记及时、字迹工整。

（二）登记完毕后，要在记账凭证上签名或者盖章，并注明已经登账的符号，表示已经记账。

（三）账簿中书写的文字和数字上面要留有适当空格，不要写满格；一般应占格距的二分之一。

（四）登记账簿要用蓝黑墨水或者碳素墨水书写，不得使用圆珠笔（银行的复写账簿除外）或者铅笔书写。

（五）下列情况，可以用红色墨水记账：

1. 按照红字冲账的记账凭证，冲销错误记录；

2. 在不设借贷等栏的多栏式账页中，登记减少数；

3. 在三栏式账户的余额栏前，如未印明余额方面的，在余额栏内登记负数余额；

4. 根据国家统一会计制度的规定可以用红字登记的其他会计记录。

（六）各种账簿按页次顺序连续登记，不得跳行、隔页。如果发生跳行、隔页，应当将空行、空页划线注销，或者注明“此行空白”、“此页空白”字样，并由记账人员签名或者盖章。

（七）凡需要结出余额的账户，结出余额后。应当在“借或贷”等栏内写明“借”或者“贷”等字样。没有余额的账户，应当在“借”或“贷”等栏内写“平”字，并在余额栏内用“Q”表示。现金日记账和银行存款日记账必须逐日结出余额。

（八）每一账页登记完毕结转下页时，应当结出本页合计数及余额，写在本页最后一行和下页第一行有关栏内，并在摘要栏内注明“过次页”和“承前页”字样；也可以将本页合计数及金额只写在下页第一行有关栏内，并在摘要栏内注明“承前页”字样。对需要结计本月发生额的账户，结计“过次页”的本页合计数应当为自本月初起至本页末止的发生额合计数；对需要结计本年累计发生额的账户，结计“过次页”的本页合计数应当为自年初起至本页末止的累计数；对既不需要结计本月发生额也不需要结计本年累计发生额的账户，可以只将每页末的余额结转次页。

第六十一条　实行会计电算化的单位，总账和明细账应当定期打印。发生收款和付款业务的，在输入收款凭证和付款凭证的当天必须打印出现金日记账和银行存款日记账，并与库存现金核对无误。

第六十二条　账簿记录发生错误，不准涂改、挖补、刮擦或者用药水消除字迹，不准重新抄写，必须按照下列方法进行更正：

（一）登记账簿时发生错误，应当将错误的文字或者数字划红线注销，但必须使原有字迹仍可辨认；然后在划线上方填写正确的文字或者数字，并由记账人员在更正处盖章。对于错误的数字，应当全部划红线更正，不得只更正其中的错误数字。对于文字错误，可只划去错误的部分。

（二）由于记账凭证错误而使账簿记录发生错误，应当按更正的记账凭证登记账簿。

第六十三条　各单位应当定期对会计账簿记录的有关数字与库存实物、货币资金、有价证券、往来单位或者个人等进行相互核对，保证账证相符、账账相符、账实相符。对账工作每年至少进行一次。

（一）账证核对。核对会计账簿记录与原始凭证、记账凭证的时间、凭证字号、内容、金额是否一致，记账方向是否相符。

（二）账账核对。核对不同会计账簿之间的账簿记录是否相符，包括：总账有关账户的余额核对，总账与明细账核对，总账与日记账核对，会计部门的财产物资明细账与财产物资保管和使用部门的有关明细账核对等。

（三）账实核对。核对会计账簿记录与财产等实有数额是否相符。包括：现金日记账账面余额与现金实际库存数相核对；银行存款日记账账面余额定期与银行对账单相核对；各种财物明细账账面余额与财物实存数额相核对；各种应收、应付款明细账账面余额与有关债务、债权单位或者个人核对等。

第六十四条　各单位应当按照规定定期结账。

（一）结账前，必须将本期内所发生的各项经济业务全部登记入账。

（二）结账时，应当结出每个账户的期末余额。需要结出当月发生额的，应当在摘要栏内注明“本月合计”字样，并在下面通栏划单红线。需要结出本年累计发生额的，应当在摘要栏内注明“本年累计”字样，并在下面通栏划单红线；12 月末的“本年累计”就是全年累计发生额。全年累计发生额下面应当通栏划双红线。年度终了结账时，所有总账账户都应当结出全年发生额和年末余额。

（三）年度终了，要把各账户的余额结转到下一会计年度，并在摘要栏注明“结转下年”字样；在下一会计年度新建有关会计账簿的第一行余额栏内填写上年结转的余额，并在摘要栏注明“上年结转”字样。

第四节 编制财务报告

第六十五条 各单位必须按照国家统一会计制度的规定，定期编制财务报告。财务报告包括会计报表及其说明。会计报表包括会计报表主表、会计报表附表、会计报表附注。

第六十六条 各单位对外报送的财务报告应当根据国家统一会计制度规定的格式和要求编制。单位内部使用的财务报告，其格式和要求由各单位自行规定。

第六十七条 会计报表应当根据登记完整、核对无误的会计账簿记录和其他有关资料编制，做到数字真实、计算准确、内容完整、说明清楚。任何人不得篡改或者授意、指使、强令他人篡改会计报表的有关数字。

第六十八条 会计报表之间、会计报表各项目之间，凡有对应关系的数字，应当相互一致。本期会计报表与上期会计报表之间有关的数字应当相互衔接。如果不同会计年度会计报表中各项目的内容和核算方法有变更的，应当在年度会计报表中加以说明。

第六十九条 各单位应当按照国家统一会计制度的规定认真编写会计报表附注及其说明，做到项目齐全，内容完整。

第七十条 各单位应当按照国家规定的期限对外报送财务报告。对外报送的财务报告，应当依次编定页码，加具封面，装订成册，加盖公章。封面上应当注明：单位名称，单位地址，财务报告所属年度、季度、月度，送出日期，并由单位领导人、总会计师、会计机构负责人、会计主管人员签名或者盖章。单位领导人对财务报告的合法性、真实性负法律责任。

第七十一条 根据法律和国家有关规定应当对财务报告进行审计的，财务报告编制单位应当先行委托注册会计师进行审计，并将注册会计师出具的审计报告随同财务报告按照规定的期限报送有关部门。

第七十二条 如果发现对外报送的财务报告有错误，应当及时办理更正手续。除更正本单位留存的财务报告外，并应同时通知接受财务报告的单位更正。错误较多的，应当重新编报。

第四章 会计监督

第七十三条 各单位的会计机构、会计人员对本单位的经济活动进行会计监督。

第七十四条 会计机构、会计人员进行会计监督的依据是：

（一）财经法律、法规、规章；

（二）会计法律、法规和国家统一会计制度；

（三）各省、自治区、直辖市财政厅（局）和国务院业务主管部门根据《中华人民共和国会计法》和国家统一会计制度制定的具体实施办法或者补充规定；

（四）各单位根据《中华人民共和国会计法》和国家统一会计制度制定的单位内部会计管理制度；

（五）各单位内部的预算、财务计划、经济计划、业务计划。

第七十五条 会计机构、会计人员应当对原始凭证进行审核和监督。对不真实、不合法的原始凭证，不予受理。对弄虚作假、严重违法的原始凭证，在不予受理的同时，应当予以扣留，并及时向单位领导人报告，请求查明原因，追究当事人的责任。对记载不明确、不完整的原始凭证，予以退回，要求经办人员更正、补充。

第七十六条 会计机构、会计人员对伪造、变造、故意毁灭会计账簿或者账外设账行为，应当制止和纠正；制止和纠正无效的，应当向上级主管单位报告，请求作出处理。

第七十七条 会计机构、会计人员应当对实物、款项进行监督，督促建立并严格执行财产清查制度。发现账簿记录与实物、款项不符时，应当按照国家有关规定进行处理。超出会计机构、会计人员职权范围的，应当立即向本单位领导报告，请求查明原因，作出处理。

第七十八条 会计机构、会计人员对指使、强令编造、篡改财务报告行为，应当制止和纠正；制止和纠正无效的，应当向上级主管单位报告，请求处理。

第七十九条 会计机构、会计人员应当对财务收支进行监督。

（一）对审批手续不全的财务收支，应当退回，要求补充、更正。

（二）对违反规定不纳入单位统一会计核算的财务收支，应当制止和纠正。

（三）对违反国家统一的财政、财务、会计制度规定的财务收支，不予办理。

（四）对认为是违反国家统一的财政、财务、会计制度规定的财务收支，应当制止和纠正；制止和纠正无效的，应当向单位领导人提出书面意见，请求处理。单位领导人应当在接到书面意见起十日内作出书面决定，并对决定承担责任。

（五）对违反国家统一的财政、财务、会计制度规定的财务收支，不予制止和纠正，又不向单位领导人提出书面意见的，也应当承担责任。

（六）对严重违反国家利益和社会公众利益的财务收支，应当向主管单位或者财政、审计、税务机关报告。

第八十条　会计机构、会计人员对违反单位内部会计管理制度的经济活动，应当制止和纠正；制止和纠正无效的，向单位领导人报告，请求处理。

第八十一条　会计机构、会计人员应当对单位制定的预算、财务计划、经济计划、业务计划的执行情况进行监督。

第八十二条　各单位必须依照法律和国家有关规定接受财政、审计、税务等机关的监督，如实提供会计凭证、会计账簿、会计报表和其他会计资料以及有关情况，不得拒绝、隐匿、谎报。

第八十三条　按照法律规定应当委托注册会计师进行审计的单位，应当委托注册会计师进行审计，并配合注册会计师的工作，如实提供会计凭证、会计账簿、会计报表和其他会计资料以及有关情况，不得拒绝、隐匿、谎报；不得示意注册会计师出具不当的审计报告。

第五章　内部会计管理制度

第八十四条　各单位应当根据《中华人民共和国会计法》和国家统一会计制度的规定，结合单位类型和内容管理的需要，建立健全相应的内部会计管理制度。

第八十五条　各单位制定内部会计管理制度应当遵循下列原则：

（一）应当执行法律、法规和国家统一的财务会计制度。

（二）应当体现本单位的生产经营、业务管理的特点和要求。

（三）应当全面规范本单位的各项会计工作，建立健全会计基础，保证会计工作的有序进行。

（四）应当科学、合理，便于操作和执行。

（五）应当定期检查执行情况。

（六）应当根据管理需要和执行中的问题不断完善。

第八十六条　各单位应当建立内部会计管理体系。主要内容包括：单位领导人、总会计师对会计工作的领导职责；会计部门及其会计机构负责人、会计主管人员的职责、权限；会计部门与其他职能部门的关系；会计核算的组织形式等。

第八十七条　各单位应当建立会计人员岗位责任制度。主要内容包括：会计人员的工作岗位设置；各会计工作岗位的职责和标准；各会计工作岗位的人员和具体分工；会计工作岗位轮换办法；对各会计工作岗位的考核办法。

第八十八条　各单位应当建立账务处理程序制度。主要内容包括：会计科目及其明细科目的设置和使用；会计凭证的格式、审核要求和传递程序；会计核算方法；会计账簿的设置；编制会计报表的种类和要求；单位会计指标体系。

第八十九条　各单位应当建立内部牵制制度。主要内容包括：内部牵制制度的原则；组织分工；出纳岗位的职责和限制条件；有关岗位的职责和权限。

第九十条　各单位应当建立稽核制度。主要内容包括：稽核工作的组织形式和具体分工；稽核工作的职责、权限；审核会计凭证和复核会计账簿、会计报表的方法。

第九十一条　各单位应当建立原始记录管理制度。主要内容包括：原始记录的内容和填制方法；原始记录的格式；原始记录的审核；原始记录填制人的责任；原始记录签署；传递、汇集要求。

第九十二条　各单位应当建立定额管理制度。主要内容包括：定额管理的范围；制定和修订定额的依据、程序和方法；定额的执行；定额考核和奖惩办法等。

第九十三条　各单位应当建立计量验收制度。主要内容包括：计量检测手段和方法；计量验收管理的要求；计量验收人员的责任和奖惩办法。

第九十四条　各单位应当建立财产清查制度。主要内容包括：财产清查的范围；财产清查的组织；财产清查的期限和方法；对财产清查中发现问题的处理办法；对财产管理人员的奖惩办法。

第九十五条　各单位应当建立财务收支审批制度。主要内容包括：财务收支审批人员和审批权限；财务收支审批程序；财务收支审批人员的责任。

第九十六条　实行成本核算的单位应当建立成本核算制度。主要内容包括：成本核算的对象；成本核算的方法和程序；成本分析等。

第九十七条　各单位应当建立财务会计分析制度。主要内容包括：财务会计分析的主要内容；财务会计分析的基本要求和组织程序；财务会计分析的具体方法；财务会计分析报告的编写要求等。

第六章　附　则

第九十八条　本规范所称国家统一会计制度，是指由财政部制定、或者财政部与国务院有关部门联合制定、或者经财政部审核批准的在全国范围内统一执行的会计规章、准则、办法等规范性文件。本规范所称会计主管人员，是指不设置会计机构、只在其他机构中设置专职会计人员的单位行使会计机构负责人职权的人员。本规范第三章第二节和第三节关于填制会计凭证、登记会计账簿的规定，除特别指出外，一般适用于手工记账。实行会计电算化的单位，填制会计凭证和登记会计账簿的有关要求，应当符合财政部关于会计电算化的有关规定。

第九十九条　各省、自治区、直辖市财政厅（局）、国务院各业务主管部门可以根据本规范的原则，结合本地区、本部门的具体情况，制定具体实施办法，报财政部备案。

第一百条　本规范由财政部负责解释、修改。

第一百零一条　本规范自公布之日起实施。1984 年 4 月 24 日财政部发布的《会计人员工作规则》同时废止。

附录二

中华人民共和国会计法

（中华人民共和国主席令）

（1985 年 1 月 21 日第六届全国人民代表大会常务委员会第九次会议通过　根据 1993 年 12 月 29 日第八届全国人民代表大会常务委员会第五次会议《关于修改〈中华人民共和国会计法〉的决定》修正，1999 年 10 月 31 日第九届全国人民代表大会常务委员会第十二次会议修订）

第一章　总　则

第一条　为了规范会计行为，保证会计资料真实、完整，加强经济管理和财务管理，提高经济效益，维护社会主义市场经济秩序，制定本法。

第二条　国家机关、社会团体、公司、企业、事业单位和其他组织（以下统称单位）必须依照本法办理会计事务。

第三条　各单位必须依法设置会计账簿，并保证其真实、完整。

第四条　单位负责人对本单位的会计工作和会计资料的真实性、完整性负责。

第五条　会计机构、会计人员依照本法规定进行会计核算，实行会计监督。

任何单位或者个人不得以任何方式授意、指使、强令会计机构、会计人员伪造、变造会计凭证、会计账簿和其他会计资料，提供虚假财务会计报告。

任何单位或者个人不得对依法履行职责、抵制违反本法规定行为的会计人员实行打击报复。

第六条　对认真执行本法，忠于职守，坚持原则，做出显著成绩的会计人员，给予精神的或者物质的奖励。

第七条　国务院财政部门主管全国的会计工作。

县级以上地方各级人民政府财政部门管理本行政区域内的会计工作。

第八条　国家实行统一的会计制度。国家统一的会计制度由国务院财政部门根据本法制定并公布。

国务院有关部门可以依照本法和国家统一的会计制度制定对会计核算和会计监督有特殊要求的行业实施国家统一的会计制度的具体办法或者补充规定，报国务院财政部门审核批准。

中国人民解放军总后勤部可以依照本法和国家统一的会计制度制定军队实施国家统一的会计制度的具体办法，报国务院财政部门备案。

第二章　会计核算

第九条　各单位必须根据实际发生的经济业务事项进行会计核算，填制会计凭证，登记会计账簿，编制财务会计报告。

任何单位不得以虚假的经济业务事项或者资料进行会计核算。

第十条　下列经济业务事项，应当办理会计手续，进行会计核算：

（一）款项和有价证券的收付；

（二）财物的收发、增减和使用；

（三）债权债务的发生和结算；

（四）资本、基金的增减；

（五）收入、支出、费用、成本的计算；

（六）财务成果的计算和处理；

（七）需要办理会计手续、进行会计核算的其他事项。

第十一条　会计年度自公历1月1日起至12月31日止。

第十二条　会计核算以人民币为记账本位币。

业务收支以人民币以外的货币为主的单位，可以选定其中一种货币作为记账本位币，但是编报的财务会计报告应当折算为人民币。

第十三条　会计凭证、会计账簿、财务会计报告和其他会计资料，必须符合国家统一的会计制度的规定。

使用电子计算机进行会计核算的，其软件及其生成的会计凭证、会计账簿、财务会计报告和其他会计资料，也必须符合国家统一的会计制度的规定。

任何单位和个人不得伪造、变造会计凭证、会计账簿及其他会计资料，不得提供虚假的财务会计报告。

第十四条　会计凭证包括原始凭证和记账凭证。

办理本法第十条所列的经济业务事项，必须填制或者取得原始凭证并及时送交会计机构。

会计机构、会计人员必须按照国家统一的会计制度的规定对原始凭证进行审核，对不真实、不合法的原始凭证有权不予接受，并向单位负责人报告；对记载不准确、不完整的原始凭证予以退回，并要求按照国家统一的会计制度的规定更正、补充。

原始凭证记载的各项内容均不得涂改；原始凭证有错误的，应当由出具单位重开或者更正，更正处应当加盖出具单位印章。原始凭证金额有错误的，应当由出具单位重开，不得在原始凭证上更正。

记账凭证应当根据经过审核的原始凭证及有关资料编制。

第十五条　会计账簿登记，必须以经过审核的会计凭证为依据，并符合有关法律、行政法规和国家统一的会计制度的规定。会计账簿包括总账、明细账、日记账和其他辅助性账簿。

会计账簿应当按照连续编号的页码顺序登记。会计账簿记录发生错误或者隔页、缺号、跳行的，应当按照国家统一的会计制度规定的方法更正，并由会计人员和会计机构负责人（会计主管人员）在更正处盖章。

使用电子计算机进行会计核算的，其会计账簿的登记、更正，应当符合国家统一的会计制度的规定。

第十六条　各单位发生的各项经济业务事项应当在依法设置的会计账簿上统一登记、核算，不得违反本法和国家统一的会计制度的规定私设会计账簿登记、核算。

第十七条　各单位应当定期将会计账簿记录与实物、款项及有关资料相互核对，保证会计账簿记录与实物及款项的实有数额相符、会计账簿记录与会计凭证的有关内容相符、会计账簿之间相对应的记录相符、会计账簿记录与会计报表的有关内容相符。

第十八条　各单位采用的会计处理方法，前后各期应当一致，不得随意变更；确有必要变更的，应当按照国家统一的会计制度的规定变更，并将变更的原因、情况及影响在财务会计报告中说明。

第十九条　单位提供的担保、未决诉讼等或有事项，应当按照国家统一的会计制度的规定，在财务会计报告中予以说明。

第二十条　财务会计报告应当根据经过审核的会计账簿记录和有关资料编制，并符合本法和国家统一的会计制度关于财务会计报告的编制要求、提供对象和提供期限的规定；其他法律、行政法规另有规定的，从其规定。

财务会计报告由会计报表、会计报表附注和财务情况说明书组成。向不同的会计资料使用者提供的财务会计报告，其编制依据应当一致。有关法律、行政法规规定会计报表、会计报表附注和财务情况说明书须经注册会计师审计的，注册会计师及其所在的会计师事务所出具的审计报告应当随同财务会计报告一并提供。

第二十一条　财务会计报告应当由单位负责人和主管会计工作的负责人、会计机构负责人（会计主管人员）签名并盖章；设置总会计师的单位，还须由总会计师签名并盖章。单位负责人应当保证财务会计报告真实、完整。

第二十二条　会计记录的文字应当使用中文。在民族自治地方，会计记录可以同时使用当地通用的一种民族文字。在中华人民共和国境内的外商投资企业、外国企业和其他外国组织的会计记录可以同时使用一种外国文字。

第二十三条　各单位对会计凭证、会计账簿、财务会计报告和其他会计资料应当建立档案，妥善保管。会计档案的保管期限和销毁办法，由国务院财政部门会同有关部门制定。

第三章　公司、企业会计核算的特别规定

第二十四条　公司、企业进行会计核算，除应当遵守本法第二章的规定外，还应当遵守本章规定。

第二十五条　公司、企业必须根据实际发生的经济业务事项，按照国家统一的会计制度的规定确认、计量和记录资产、负债、所有者权益、收入、费用、成本和利润。

第二十六条　公司、企业进行会计核算不得有下列行为：

（一）随意改变资产、负债、所有者权益的确认标准或者计量方法，虚列、多列、不列或者少列资产、负债、所有者权益；

（二）虚列或者隐瞒收入，推迟或者提前确认收入；

（三）随意改变费用、成本的确认标准或者计量方法，虚列、多列、不列或者少列费用、成本；

（四）随意调整利润的计算、分配方法，编造虚假利润或者隐瞒利润；

（五）违反国家统一的会计制度规定的其他行为。

第四章　会计监督

第二十七条　各单位应当建立、健全本单位内部会计监督制度。单位内部会计监督制度应当符合下列要求：

（一）记账人员与经济业务事项和会计事项的审批人员、经办人员、财物保管人员的职责权限应当明确，并相互分离、相互制约；

（二）重大对外投资、资产处置、资金调度和其他重要经济业务事项的决策和执行的相互监督、相互制约程序应当明确；

（三）财产清查的范围、期限和组织程序应当明确；

（四）对会计资料定期进行内部审计的办法和程序应当明确。

第二十八条　单位负责人应当保证会计机构、会计人员依法履行职责，不得授意、指使、强令会计机构、会计人员违法办理会计事项。

会计机构、会计人员对违反本法和国家统一的会计制度规定的会计事项，有权拒绝办理或者按照职权予以纠正。

第二十九条　会计机构、会计人员发现会计账簿记录与实物、款项及有关资料不相符的，按照国家统一的会计制度的规定有权自行处理的，应当及时处理；无权处理的，应当立即向单位负责人报告，请求查明原因，作出处理。

第三十条　任何单位和个人对违反本法和国家统一的会计制度规定的行为，有权检举。收到检举的部门有权处理的，应当依法按照职责分工及时处理；无权处理的，应当及时移送有权处理的部门处理。收到检举

的部门、负责处理的部门应当为检举人保密，不得将检举人姓名和检举材料转给被检举单位和被检举人个人。

第三十一条　有关法律、行政法规规定，须经注册会计师进行审计的单位，应当向受委托的会计师事务所如实提供会计凭证、会计账簿、财务会计报告和其他会计资料以及有关情况。

任何单位或者个人不得以任何方式要求或者示意注册会计师及其所在的会计师事务所出具不实或者不当的审计报告。

财政部门有权对会计师事务所出具审计报告的程序和内容进行监督。

第三十二条　财政部门对各单位的下列情况实施监督：

（一）是否依法设置会计账簿；

（二）会计凭证、会计账簿、财务会计报告和其他会计资料是否真实、完整；

（三）会计核算是否符合本法和国家统一的会计制度的规定；

（四）从事会计工作的人员是否具备从业资格。

在对前款第（二）项所列事项实施监督，发现重大违法嫌疑时，国务院财政部门及其派出机构可以向与被监督单位有经济业务往来的单位和被监督单位开立账户的金融机构查询有关情况，有关单位和金融机构应当给予支持。

第三十三条　财政、审计、税务、人民银行、证券监管、保险监管等部门应当依照有关法律、行政法规规定的职责，对有关单位的会计资料实施监督检查。

前款所列监督检查部门对有关单位的会计资料依法实施监督检查后，应当出具检查结论。有关监督检查部门已经作出的检查结论能够满足其他监督检查部门履行本部门职责需要的，其他监督检查部门应当加以利用，避免重复查账。

第三十四条　依法对有关单位的会计资料实施监督检查的部门及其工作人员对在监督检查中知悉的国家秘密和商业秘密负有保密义务。

第三十五条　各单位必须依照有关法律、行政法规的规定，接受有关监督检查部门依法实施的监督检查，如实提供会计凭证、会计账簿、财务会计报告和其他会计资料以及有关情况，不得拒绝、隐匿、谎报。

第五章　会计机构和会计人员

第三十六条　各单位应当根据会计业务的需要，设置会计机构，或者在有关机构中设置会计人员并指定会计主管人员；不具备设置条件的，应当委托经批准设立从事会计代理记账业务的中介机构代理记账。

国有的和国有资产占控股地位或者主导地位的大、中型企业必须设置总会计师。总会计师的任职资格、任免程序、职责权限由国务院规定。

第三十七条　会计机构内部应当建立稽核制度。

出纳人员不得兼任稽核、会计档案保管和收入、支出、费用、债权债务账目的登记工作。

第三十八条　从事会计工作的人员，必须取得会计从业资格证书。

担任单位会计机构负责人（会计主管人员）的，除取得会计从业资格证书外，还应当具备会计师以上专业技术职务资格或者从事会计工作三年以上经历。

会计人员从业资格管理办法由国务院财政部门规定。

第三十九条　会计人员应当遵守职业道德，提高业务素质。对会计人员的教育和培训工作应当加强。

第四十条　因有提供虚假财务会计报告，做假账，隐匿或者故意销毁会计凭证、会计账簿、财务会计报告，贪污，挪用公款，职务侵占等与会计职务有关的违法行为被依法追究刑事责任的人员，不得取得或者重新取得会计从业资格证书。

除前款规定的人员外，因违法违纪行为被吊销会计从业资格证书的人员，自被吊销会计从业资格证书之日起五年内，不得重新取得会计从业资格证书。

第四十一条　会计人员调动工作或者离职，必须与接管人员办清交接手续。

一般会计人员办理交接手续，由会计机构负责人（会计主管人员）监交；会计机构负责人（会计主管人员）办理交接手续，由单位负责人监交，必要时主管单位可以派人会同监交。

第六章　法律责任

第四十二条　违反本法规定，有下列行为之一的，由县级以上人民政府财政部门责令限期改正，可以对单位并处三千元以上五万元以下的罚款；对其直接负责的主管人员和其他直接责任人员，可以处两千元以上二万元以下的罚款；属于国家工作人员的，还应当由其所在单位或者有关单位依法给予行政处分。

（一）不依法设置会计账簿的；

（二）私设会计账簿的；

（三）未按照规定填制、取得原始凭证或者填制、取得的原始凭证不符合规定的；

（四）以未经审核的会计凭证为依据登记会计账簿或者登记会计账簿不符合规定的；

（五）随意变更会计处理方法的；

（六）向不同的会计资料使用者提供的财务会计报告编制依据不一致的；

（七）未按照规定使用会计记录文字或者记账本位币的；

（八）未按照规定保管会计资料，致使会计资料毁损、灭失的；

（九）未按照规定建立并实施单位内部会计监督制度或者拒绝依法实施的监督或者不如实提供有关会计资料及有关情况的；

（十）任用会计人员不符合本法规定的。

有前款所列行为之一，构成犯罪的，依法追究刑事责任。

会计人员有第一款所列行为之一，情节严重的，由县级以上人民政府财政部门吊销会计从业资格证书。

有关法律对第一款所列行为的处罚另有规定的，依照有关法律的规定办理。

第四十三条　伪造、变造会计凭证、会计账簿，编制虚假财务会计报告，构成犯罪的，依法追究刑事责任。

有前款行为，尚不构成犯罪的，由县级以上人民政府财政部门予以通报，可以对单位并处五千元以上十万元以下的罚款；对其直接负责的主管人员和其他直接责任人员，可以处三千元以上五万元以下的罚款；属于国家工作人员的，还应当由其所在单位或者有关单位依法给予撤职直至开除的行政处分；对其中的会计人员，并由县级以上人民政府财政部门吊销会计从业资格证书。

第四十四条　隐匿或者故意销毁依法应当保存的会计凭证、会计账簿、财务会计报告，构成犯罪的，依法追究刑事责任。

有前款行为，尚不构成犯罪的，由县级以上人民政府财政部门予以通报，可以对单位并处五千元以上十万元以下的罚款；对其直接负责的主管人员和其他直接责任人员，可以处三千元以上五万元以下的罚款；属于国家工作人员的，还应当由其所在单位或者有关单位依法给予撤职直至开除的行政处分；对其中的会计人员，并由县级以上人民政府财政部门吊销会计从业资格证书。

第四十五条　授意、指使、强令会计机构、会计人员及其他人员伪造、变造会计凭证、会计账簿，编制虚假财务会计报告或者隐匿、故意销毁依法应当保存的会计凭证、会计账簿、财务会计报告，构成犯罪的，依法追究刑事责任；尚不构成犯罪的，可以处五千元以上五万元以下的罚款；属于国家工作人员的，还应当由其所在单位或者有关单位依法给予降级、撤职、开除的行政处分。

第四十六条　单位负责人对依法履行职责、抵制违反本法规定行为的会计人员以降级、撤职、调离工作岗位、解聘或者开除等方式实行打击报复，构成犯罪的，依法追究刑事责任；尚不构成犯罪的，由其所在单位或者有关单位依法给予行政处分。对受打击报复的会计人员，应当恢复其名誉和原有职务、级别。

第四十七条　财政部门及有关行政部门的工作人员在实施监督管理中滥用职权、玩忽职守、徇私舞弊或者泄露国家秘密、商业秘密，构成犯罪的，依法追究刑事责任；尚不构成犯罪的，依法给予行政处分。

第四十八条　违反本法第三十条规定，将检举人姓名和检举材料转给被检举单位和被检举人个人的，由所在单位或者有关单位依法给予行政处分。

第四十九条　违反本法规定，同时违反其他法律规定的，由有关部门在各自职权范围内依法进行处罚。

第七章　附　则

第五十条　本法下列用语的含义：

单位负责人，是指单位法定代表人或者法律、行政法规规定代表单位行使职权的主要负责人。

国家统一的会计制度，是指国务院财政部门根据本法制定的关于会计核算、会计监督、会计机构和会计人员以及会计工作管理的制度。

第五十一条　个体工商户会计管理的具体办法，由国务院财政部门根据本法的原则另行规定。

第五十二条　本法自2000年7月1日起施行。

参考文献

法规和著作：

［1］《中华人民共和国会计法》（2007 年 1 月 1 日起实施）

［2］《中华人民共和国会计基础工作规范》（财政部财会字〔1996〕19 号）

［3］《企业财务报告条例》（国务院 2000 年 6 月 21 日颁布，2001 年 1 月 1 日起实施）

［4］《企业会计制度——基本准则》（财政部 2006 年 2 月 15 日发布，2007 年 1 月 1 日起实施）

［5］会计从业资格考试培训教材编写组．会计基础．北京：经济科学出版社，2008

［6］最新财经法规文件编写组．最新财经法规文件选编．北京：新华出版社，2008

［7］李海波．会计学原理（第 14 版）．上海：立信会计出版社，2008

［8］李立新．会计基础．北京：化学工业出版社，2009

［9］李泽岚．基础会计全真实训．北京：清华大学出版社，2009

［10］戚素文．基础会计实务．北京：清华大学出版社，2009

［11］廖启军．会计基础与实务．上海：立信会计出版社，2007

［12］王觉．基础会计．大连：东北财经大学出版社，2008

网站：

1. ACCA 官方网站：http：//www. accaglobal. com/
2. 中国注册会计师协会：http：//www. cicpa. org. cn/
3. 中国会计学会：http：//219. 143. 74. 24：8080/asc/
4. 国际会计准则委员会：http：//www. iasb. org. uk/
5. 美国注册会计师协会：http：//www. aicpa. org/
6. 中华会计网校：http：//www. chinaacc. com/